本著系广西哲学社会科学后期资助项目

（编号：14HQ02）的最终成果

民族地区价值观建设的路径研究

以广西都安瑶族自治县为例

黄焕汉 著

人民出版社

责任编辑：杨文霞

封面设计：姚　菲

图书在版编目(CIP)数据

民族地区价值观建设的路径研究：以广西都安瑶族自治县为例/
黄焕汉 著. —北京：人民出版社，2024.5
ISBN 978－7－01－024554－6

Ⅰ.①民…　Ⅱ.①黄…　Ⅲ.①瑶族-价值论(哲学)-研究-广西
Ⅳ.①K285.1

中国版本图书馆 CIP 数据核字(2022)第 028372 号

民族地区价值观建设的路径研究

MINZU DIQU JIAZHIGUAN JIANSHE DE LUJING YANJIU

——以广西都安瑶族自治县为例

黄焕汉　著

人民出版社 出版发行

(100706　北京市东城区隆福寺街 99 号)

北京九州迅驰传媒文化有限公司印刷　新华书店经销

2024 年 5 月第 1 版　2024 年 5 月北京第 1 次印刷
开本：710 毫米×1000 毫米 1/16　印张：14
字数：210 千字

ISBN 978－7－01－024554－6　定价：69.00 元

邮购地址 100706　北京市东城区隆福寺街 99 号
人民东方图书销售中心　电话 (010)65250042　65289539

序　言

中山大学　叶启绩

在经济全球化、政治多极化、文化多样化、社会信息化的时代背景下，人们的价值观向多元化发展，各种价值观相互碰撞、相互影响、相互作用甚至相互冲突。加强对少数民族价值观建设的研究，探讨少数民族群众价值观的现代转化问题，是一个关系到民族地区和谐稳定和国家长治久安的重要课题。

研究少数民族特定地区特定群体的价值观，充分认识这些价值观的发展历程和现状，探讨当今瑶族价值观与我国主导价值观的冲突与融合，以社会主义核心价值观为导向推进民族地区的价值观建设，一方面有利于少数民族原有的传统价值观得到尊重和传承，另一方面有利于适应新形势的价值观能为少数民族群众所接受和认同，从而有助于避免或减少价值观冲突，推动民族地区经济社会发展。

黄焕汉的专著以民族地区价值观建设为研究对象，以马克思主义理论为指导，以价值观与生活实践的关系为主线，对瑶族价值观历史演变进行了梳理，从经济价值观、政治价值观、文化价值观和社会价值观四个方面概括出瑶族传统价值观的主要特点、剖析了瑶族价值观传承机制，用社会调查的方法对瑶族价值观开展实证研究，在掌握大量第一手资料的基础上分析了瑶族价值观现状，找出瑶族价值观建设需要解决的问题，创新性地提出了瑶族价值观建设的目标、内容、方法和措施。从共时性的视角，本书研究了瑶族居民的价值观实际情况，把握到了瑶族价值观的独特

1

性与特点,提出了应当加强建设的内容;从历时性的视角,研究了瑶族价值观的历史演变过程,寻找这一民族价值观的发展规律和传承机制,提出瑶族地区价值观建设的可行性建议。

本书的内容主要特点有:一是通过对现有瑶族文献资料的挖掘,创新性地从瑶族民众的经济生活、政治生活、文化生活、社会生活的变迁总结出瑶族传统价值观的主要特点,同时探讨了瑶族价值观的传承机制,分别对瑶族价值观的传承主体、传承客体、传承内容、传承活动进行了较为详细的分析。二是通过问卷调查、个别访谈、田野调查等方式,掌握了大量第一手资料,并在这个基础上创新性地从经济价值观、政治价值观、社会价值观和文化价值观四个方面对都安县布努瑶的价值观进行了实证分析,从总体上把握瑶族价值观的现实状况,查找瑶族价值观建设需要解决的问题。三是在如何推进瑶族价值观建设的问题上,建设性地论述了瑶族价值观建设的理论基础,瑶族价值观建设的目标、内容与方法,瑶族价值观建设的具体措施。

本书的主要创新之处有:一是研究选题的创新性,一般研究价值观的学者没有针对瑶族进行专门研究,并且一般研究瑶族的学者也没有对瑶族价值观进行专门研究。二是研究方法的创新性,采用跨学科研究的方法,对不同的问题依据不同的学科理论为基础进行研究,这在瑶族价值观研究领域是一种新的尝试。在研究价值观的本质、发生、发展、功能、社会主义主导价值观等问题上,主要采用文献法、专家访谈法;在研究瑶族价值观的历史、传承和嬗变问题上,主要采用民族志方法与文献法、专家访谈法、个案访谈法;在研究现时瑶族价值观的特征问题上,主要采用问卷调查法、典型案例法、田野调查法,对问卷的设计主要依据社会学的方法进行。在研究过程中做到理论与实际相结合、定性分析与定量分析相结合。三是材料新,一方面从已有文献中整理出关于瑶族价值观历史演变的丰富资料,另一方面通过实证调研掌握了关于瑶族价值观现状的第一手资料,这些新资料对关心相关研究的学者提供了新的参考资料。四是提出了创新性的观点,对瑶族价值观的历史演变进行了理论分析,概括出瑶族传统价值观的主要特点,从经济价值观、政治价值观、文化价值观和社会价值观四个方面对瑶族价值观的现状作出了新的概括,对加强广西瑶族地区的价值观建设提出建设性的新思路、新方法。最可贵的是,不仅研究了瑶族传统价值观如何进行现代转型,而且研究了瑶族价值观如何与社会主义核心价值观相适应等重大问题。

对瑶族价值观建设的专门研究是一项具有开拓性的工作,可提供瑶族研究中对价值观的专门研究,同时可提供价值观研究中对瑶族的专门研究。目前,学术界关于瑶族研究的专著还没有专门研究价值观的成果,本书的出版将有助于填补这方面的学术空缺。同时对其他民族价值观的研究,提供了一种范本。但有些问题的研究有待进一步深化,在理论与实践的结合上需要进一步提高。

是为序。

2023 年 10 月 30 日

目　　录

绪　　论

一、民族地区价值观建设研究的重要意义

当前,我国各族人民正在中国共产党的领导和带领下,进入了中国特色社会主义发展的新时期。这个新的时期,是我国历史上少有的快速发展、多民族共同繁荣昌盛、共同进步的历史时期。正是全国各民族大团结的大好局面,为全国各族人民共同努力争取早日实现中华民族伟大复兴的伟大梦想提供了难得的历史机遇。在这样的历史背景下,探讨"如何才能通过推动民族地区的价值观建设,进一步增强各民族对中华文化的认同,进一步打牢各民族同心共筑中国梦的共同思想基础,进一步凝聚起各民族广大群众同心共筑中国梦的磅礴力量"的问题,是一个直接关系到国家统一、边疆巩固,直接关系到各民族平等、团结、互助、和谐共处和社会稳定的时代课题,也是直接关系到我国的长治久安和中华民族伟大复兴的中国梦顺利实现的重大课题。习近平同志曾指出:我国是一个统一的多民族国家,处理好民族问题对于国家的长治久安十分重要;要全面贯彻党的民族政策,积极引导各族群众增强对伟大祖国的认同、对中华民族的认同、对中华文化的认同、对中国共产党的认同、对中国特色社会主义的认同,促进民族团结。①

我国的社会发展正处在一个改革开放的剧烈变动时期,在经济建设、

---

① 参见《习近平总书记系列重要讲话读本》,学习出版社、人民出版社 2016 年版,第 178 页。

政治建设、文化建设、社会建设和生态文明建设等各个方面都全面进入了快速发展期。这既是我国经济社会发展的黄金时期,同时又是社会矛盾的凸显期。这主要表现在两个方面:第一,由于社会生产力和人民群众的物质文化生活水平普遍有了较大幅度的提高,这就有利于激发各族人民群众的生产积极性、有利于经济社会的进一步向前发展,在这个意义上来说是中国特色社会主义事业发展的黄金发展期;第二,由于历史原因与现实的差异,人们的思维方式和生活方式的差异等因素,各地区各民族经济文化发展不平衡、不充分,不同地区、不同行业、不同部门的从业人员的收入差距也出现了逐渐拉大的趋势,部分地区出现了局部贫富不均的现象,在这个意义上说这就会产生各种利益冲突或者矛盾,这就会影响一部分人的生产积极性,因此这个时期也可能会成为各类社会矛盾的凸显期。在这样的特定历史背景下,人们的价值观相应地发生了急剧且深刻的变化,不同的价值观在人们的生活中相互碰撞,价值观的冲突和调适成为人们共同关注的重大问题。特别是在民族地区,价值观的多元化与复杂化也日益成为关系到国家民族团结、边疆稳定的重大问题。从另一个角度来说,影响社会和谐的主要原因是各种不同主体的利益冲突,而影响利益诉求的深层次原因是人们的价值观。因此,价值观是影响民族地区社会和谐与稳定的重要因素之一。

文化的核心就是价值观,一种文化区别于另一种文化的根本点其实就在于两者所承载的价值观相异。因此,所谓的"文明的冲突",其本质在某种意义上说就是价值观的冲突。我们知道,存在于人的头脑中的价值观是十分复杂的。价值观的复杂性如果要用一个自然现象去类比,它就如同一个大水银球落在地面的情形一样:分散而自圆,掷地而无声,无孔而不入;当我们试图去收集这些散落的小水银球时,总是捡起一个漏掉一个,甚至已经捡到的过了不久也分成更小的水银球或者丢掉了。当今世界,在经济全球化与区域化共存、国家意识与民族意识强化与弱化并存,人们的价值观向多元化发展,各种价值观相互影响、相互作用甚至相互冲突的今天,研究少数民族特定地区特定群体的价值观,充分认识这些价值观的发展历程和现状,从而进一步探讨少数民族民众价值观与我国主导价值观的冲突与融合,并根据民族地区的实际以社会主义核心价值体系、社会主义核心价值观为参照,推进民族地区的价值观建设,一方面可以保证少数民族原有的价值观得到尊重和传承,另一方面可以使适应新形势的价值观能为民族地区人们所认同和接受并转化为其行动的指南,这样有助于避免或减少各种不同价值观的冲突,巩固和发展平等团结互助和谐的社会主义民族关系,促进民族团结和民族地区的和谐与稳定,推动我国各族人民尤其是民族地区社会主义和谐社会建设,共同为实现中华民族伟大复兴而奋斗。

近年来,我国学者对少数民族的价值观研究重视不够,尽管有些社会心理学和伦理学的学者涉及此研究领域,但这方面的研究不够深入,主要是以从理论到理论的探讨为主,实证研究比较少,尤其是对广西瑶族价值观的专门研究更少。因此,对广西瑶族价值观的研究能够从某种程度上弥补这方面研究的缺失。

广西是全国五个少数民族自治区之一,也是全国少数民族人口最多的省区,广西少数民族人口占全自治区总人口的38%左右。同时,广西是全国瑶族人口最多的地区,广西瑶族人口总数约占全国瑶族总人口的56%以上[①]。广西都安县是广西瑶族人口总量最多的自治县。瑶族拥有50多个分支,其中最重要的分支之一是布努瑶,而布努瑶基本上都分布在广西河池,其中都安县是布努瑶的最为主要聚居地,都安瑶族基本上都属于布努瑶,所以下面文中所指称的都安布努瑶其实就是都安县瑶族人的别称。另一方面,都安县地形以石山为主,自然条件恶劣,境内石山面积占总面积的90%以上[②],少数民族的艰苦生存环境的特点在都安瑶族自治县体现得十分突出。

因此,广西都安县瑶族价值观对民族地区价值观而言具有一定的代

---

①　参见玉时阶:《瑶族文化变迁》,民族出版社2005年版,第1页。

②　参见覃乃昌主编:《广西世居民族》,广西民族出版社2004年版,第71页。

表性,选择都安县作为实证研究的对象县开展民族地区价值观研究是非常合适的。人们的价值观总是与其生存环境相关联的,瑶族人民的特殊生存环境就是瑶族价值观产生和发展的基础。都安县瑶族具有瑶族人的一般特点,同时也具有鲜明的地方特点,可以作为民族地区价值观研究的典型。

二、价值观研究的理论基础

(一)基本概念:价值与价值观

价值与价值观是研究价值观问题的两个常用范畴。对价值本质的理解,一般有以下不同方式:一是实体观,就是把价值当实体,认为价值就是有价值的事物;二是属性观,就是把价值当作事物的属性,认为价值就是客体所固有的一种属性且主要是指"有用"这一属性;三是理念观,就是把价值当作一种理念,认为价值是一种主观的东西;四是关系观,就是把价值当作一种关系,这种关系是人们在其生产生活实践基础上形成的一种主体与客体的关系,并且主要是指客体满足主体需要的关系。前两种理解方式,把价值理解为与主体无关的客观存在,是离开了人而谈价值,因此这是不全面的。只有最后一种理解,从主客体结合的角度才能全面把握价值的科学内涵。

马克思主义经典作家们曾经指出,价值的概念的基础是外界物对人们的需要的满足。因此,我们可以从马克思主义哲学的视角这样定义价值:价值是客体的存在、属性、功能及其变化同主体需要之间的关系[1],其实质是客体对主体的意义[2]。

当人们思考"客体能否满足主体的需要、客体是否对主体有意义"的问题时,人们便产生了价值观。价值观是人们对价值问题的根本看法,是

---

① 参见赵德兴等:《社会转型期西北少数民族居民价值观的嬗变》,人民出版社 2007 年版,第9页。
② 参见刘俊哲:《四川藏族价值观研究》,民族出版社 2005 年版,第2页。

人们对事物是否对自己有意义、有价值的基本态度、基本看法或基本观点①。价值观本质上就是人关于价值的主观意识。因此，人们在处理价值关系时所持的观点、态度和看法，人们内心深处相信什么（怀疑什么）、坚持什么（反对什么）、追求什么（放弃什么）等往往是其所持价值观的表现。换言之，人们相信什么、坚持什么、追求什么可以表明人们的价值观。也正是在这个意义上，价值观是可以从人们的观点、态度和看法中进行把握的，这也是对价值观进行实证研究的基本理论依据之一。

在这个基础上，我们应该如何认识价值观的功能？价值观总是特定主体的价值观，我们可以从价值观对主体（这个主体可以是个体，也可以是群体）的作用的角度分析价值观的功能。

其一，价值观具有主体行为的动力功能。这是把价值观指向人的行为动因的观点。按照这样的逻辑，价值观就表现为一种价值追求、一种价值取向，也就是主体为实现特定的目标而努力的倾向。主体的这种价值取向和价值目标，使得主体产生了为实现其价值目标而采取行动的动力。在这个意义上讲，价值观是人们采取行动的出发点。

其二，价值观具有主体行为的权衡与选择功能。一般来讲，人们的价值观蕴含着一定的价值标准，能指导主体对于自己行为的利害、得失、善恶、美丑进行价值判断，从而影响人们对客观事物的态度。在这个意义上讲，价值观是人们是否采取行动的选择性空间。

其三，价值观具有主体行为的调节功能。人们往往根据自己的判断，选择对自身有利的事物，同时往往会避开对自己不利的事物；对能促进实现目标的行动加倍努力，对偏离实现目标的行动进行纠正或停止。在这个意义上讲，价值观是人们调节自己行动的调节器。

正是由于价值观具有上述功能，任何社会都会用相应的价值观来整合社会，对人们的各种行为提供价值引领，这是人类历史上每个民族都存在的普遍现象，瑶族也一样。

---

① 　参见刘俊哲：《四川藏族价值观研究》，民族出版社 2005 年版，第 2 页。

（二）价值观研究的主要理论依据

在研究价值观时，不同学科会有不同的理论出发点。本书将以马克思主义基本原理为指导，主要以唯物史观、马克思主义的民族理论、文化变迁理论为主要理论依据。

第一，唯物史观。马克思主义关于社会存在与社会意识关系的理论，对于瑶族价值观研究具有重要的指导作用，是开展瑶族价值观研究的理论基础。

"社会存在"是指社会物质生活条件的总和，即人类赖以存在和发展的物质生活条件。社会存在的主要内容包括地理环境、人口因素和生产方式，其中生产方式是社会存在的决定性因素。"社会意识"是指人类社会生活的精神方面，是社会存在的主观反映。社会意识的主要内容包括人们的政治、法律思想、哲学、艺术、宗教等意识形态和人们的风俗习惯、社会心理等。一般来说，人类社会的意识结构总是建立在现有社会的经济结构基础之上，并受到特定社会的政治结构所制约，但社会意识有其相对独立性，有其自身的结构、特点和作用。

马克思主义的唯物史观认为：社会存在决定社会意识，社会意识是社会存在的反映；社会存在的性质和发展变化，决定着社会意识的性质和发展变化；社会意识对社会存在具有能动的反作用。这种反作用主要体现在：一方面，先进的、革命的、科学的社会意识对社会存在的发展产生巨大的促进作用；另一方面，落后的、反动的、不科学的社会意识对社会存在的发展起着阻碍作用。正确认识社会存在与社会意识二者的关系，一方面要认识到社会存在的决定作用，另一方面又要认识到社会意识具有相对独立性，社会意识对社会存在具有能动的反作用，社会要引导人们树立正确的社会意识，克服错误的社会意识。反对割裂社会存在与社会意识二者关系，既反对片面夸大社会意识的能动作用、否认社会存在决定作用的唯心主义，又反对否认社会意识能动性的形而上学。这个理论说明了研究价值观应当以研究瑶族的社会存在为出发点。瑶族价值观就是瑶族地区人们的社会意识的主要内容，它的产生和发展离不开瑶族人民的社会存在。研究瑶族价值观的发展,应当着眼于瑶族社会生活的发展变化,考察瑶族价值观的历史、现状,探讨其中与当今时代发展相适应与不相适应的内容,推进瑶族价值观的继承与创新,以瑶族价值观建设推动社会意识对社会存在的积极作用,促进瑶族地区的社会主义和谐社会建设。

第二,马克思主义的民族理论。马克思主义主要理论家有大量文献是论述民族问题的,如马克思的《论犹太人问题》,马克思、恩格斯合著的《德意志意识形态》,马克思、恩格斯合著的《共产党宣言》,马克思的《摩尔根〈古代社会〉一书摘要》,马克思、恩格斯合著的《论殖民主义》,恩格斯的《家庭、私有制和国家的起源》,列宁的《论民族问题和民族殖民地问题》,斯大林的《马克思主义与民族、殖民地问题》等。这些著作对民族问题进行了较为全面的论述,其基本观点可以简单地概括为以下几个方面:民族是一个历史范畴,有它自身形成、发展到消亡的客观规律;民族是人们在历史上形成的一个有共同语言、共同地域、共同经济生活以及共同心理素质相对稳定的人类生活共同体;民族是人类社会发展到一定阶段的产物,民族往往会随着社会历史的发展而不断发展变化,并且民族的发展是受社会发展规律制约的。瑶族也是世界诸多民族中的一个,其发展也同样受到社会发展规律的制约。瑶族价值观研究要以人类发展的历史长河作为参照,从瑶族社会发展的不同历史阶段出发,研究相应阶段的社会生活情况,在此基础上分析人们的价值观。

第三,文化变迁理论。文化与价值观之间关系十分紧密。从哲学角度来看,价值是指事物的意义,价值观是关于什么样的事物是有意义的看法、观点、态度。毛泽东在《新民主主义论》中指出:"一定的文化是一定社会的政治和经济在观念形态上的反映。"[①]也就是说,经济和政治对文化具有决定作用,文化对政治和经济又有反作用。根据这样的定义,文化内涵十分丰富。但文化的核心其实是价值观。一切文化之间的不同,最根本的是价值观的不同。具体来说,可以从以下几个方面来认识:任何一

① 《毛泽东选集》第二卷,人民出版社1991年版,第694页。

个人类社会生活共同体,都有属于自己的文化,也都存在着这个共同体全体成员共同拥有和信奉的价值观;任何一个人类生活共同体的成员,都是特定人类社会生活共同体相应的文化的产物,都有自己接受和遵循的社会群体的价值观;任何群体之所以能够形成生活共同体,都是由于社会个体对群体的文化认同,由于一种共同追求的理想目标而走到一起的。文化人类学研究的相关理论中,文化变迁理论比较适合运用于民族地区价值观研究。因为这个理论具有两大特点:其一,把文化变迁看作一个不断进化的过程。这一观点的出发点是,价值观是文化的核心,文化发展与社会发展一样存在着普遍规律,文化发展是在客观规律的支配下,由低级向高级、由简单到复杂的不断发展的过程。这样,文化变迁研究以寻找文化线性发展上各个不同的点以及这些点之间的关系为重点。这一理论的优势在于对文化的发展有一个方向性的把握,而不足之处是它注重的是纵向的关联,缺少关注特定生活共同体的结构性的横向联系。其二,把文化看作一个整体,价值观会体现在人们生活的方方面面。研究一个群体的文化时,要把文化当作一个完整的系统,这个系统涉及这些人生活地区相应的历史、自然环境、家庭生活结构、政治经济体制、宗教信仰、艺术等诸多构成因素,关注不同民族生活方式如何形成、又如何传递给下一代的。这就与文化相对论、传播学派、功能学派、符号学派、结构主义学派等文化人类学的理论划清了界限,使得在研究瑶族文化变迁时有基本的方法论基础,有助于分析瑶族价值观的变迁。

根据历史唯物主义的观点,我们可以这样去理解文化变迁的原因:把文化(观念形态的文化)当作社会意识,它是由社会存在所决定的,社会存在的发展是社会意识发展的根本动力。在研究具体群体(特定民族)的文化变迁时,文化人类学提供了较为具体的分析框架。

民族内因方面:促使文化变迁的原因主要来自内部,由社会内部的变化引起发展。[①] 内因性演变的一个显著特点是文化系统中人们的生计活

---

① 参见阿拉腾:《文化的变迁:一个嘎查的故事》,民族出版社 2006 年版,第 13—15 页。

动结果首先使它的生活环境发生改变,然后被改变了的生活环境又反作用于文化系统本身,如此相互促进,使演变不断向前发展。一切源于外因的演变最终都是通过内因性演变来实现的。常见内因主要有以下几种:一是自然环境的原因,例如当人们的生存环境恶化时人们就会采取应对措施来适应环境,引发文化变迁;二是进化的原因,例如人们的发现和发明、各种创新得以运用引发文化变迁;三是人口的原因,例如由食物采集社会进入原始农业社会,在粮食有了剩余的同时,进一步开发生产技术,结果就引发人口的增加,人口增加后,在化解剩余物品时所产生矛盾的过程中,以及在劳动分工及专业化、社会整合等复杂问题的处理过程中引发文化的变迁,当人口增加到一定数量,还会促使与外界的接触。

民族外因方面:相对于内因,外因性演变是由于外界环境因素的作用所引起的文化系统的变化,如迁徙、与其他民族交往、政治制度的改变,导致文化的变迁①。

根据上述的研究思路,笔者将对广西瑶族的族源、不同历史时期的人们的经济生活、政治生活、社会生活和精神生活等方面情况进行分析,以期对广西瑶族人如何定居广西、在不同历史时期的生活方式进行把握,厘清瑶族价值观变迁的历史轨迹。价值观作为一种意识,源于生活,对人们生活的变化可以揭示其相应价值观的变化。正如马克思、恩格斯曾经指出:"意识在任何时候都只能是被意识到了的存在,而人们的存在就是他们的现实生活过程。"②

(三)把握人们的价值观的基本方法

根据马克思主义的观点,价值观是人的实践的产物。马克思在《〈政治经济学批判〉序言》中指出:"物质生活的生产方式制约着整个社会生活、政治生活和精神生活的过程。不是人们的意识决定人们的存在,相反,是人们的社会存在决定人们的意识。"③依此,人的实践的领域,可以

① 参见阿拉腾:《文化的变迁:一个嘎查的故事》,民族出版社2006年版,第13—15页。
② 《马克思恩格斯选集》第1卷,人民出版社2012年版,第152页。
③ 《马克思恩格斯选集》第2卷,人民出版社2012年版,第2页。

分成四个主要的方面:经济领域、政治领域、文化领域、社会领域。当然,这几个方面是紧密相关的,并且往往没有明显的界限。不管是作为个体,还是作为群体,人在不同领域进行活动,其背后总有相应的价值观在起作用。

关于人的观念是如何产生的问题,马克思在与恩格斯合著的《德意志意识形态》中有一段经典的论述:"思想、观念、意识的生产最初是直接与人们的物质活动,与人们的物质交往,与现实生活的语言交织在一起的。人们的想象、思维、精神交往在这里还是人们物质行动的直接产物。表现在某一民族的政治、法律、道德、宗教、形而上学等的语言中的精神生产也是这样。人们是自己的观念、思想等等的生产者,但这里所说的人们是现实的、从事活动的人们,他们受自己的生产力和与之相适应的交往的一定发展——直到交往的最遥远的形态——所制约。"①

这段话指明了社会意识产生的基础(包括价值观产生的基础):人的实践活动(人们物质行动的直接产物),但马克思在这里强调的是生产活动,尤其是物质生产活动。我们知道,人的活动是多种多样的。

正如前面提到的,人的实践领域可以分为经济领域、政治领域、文化领域、社会领域。这四个领域也是紧密相关的,其中的经济领域是最基本的领域,这一领域对其他领域具有决定性的影响。在经济领域,人们的实践活动主要是处理物质生产生活资料相关关系;在政治领域,人们的实践活动是处理人与人之间各种利益关系,其基本内容是对各种权力资源进行合理配置;在文化领域,人们的实践活动主要是从事精神生产、追求精神上的满足;在社会领域,人们的实践活动主要是认同一定的社会角色,并为了群体的存在或个体更好地作为群体的一员而进行的各种活动。当然,这四个实践领域是相互关联的,它们之间没有非常明确而清晰的分界线,很多时候不能说人的某个具体活动就纯粹是经济活动或者政治活动。比如工会为了抗议降低工资而组织的群体性示威游行活动,它具备上述

---

① 《马克思恩格斯选集》第1卷,人民出版社2012年版,第151—152页。

四个方面的全部特点,不能简单地说是经济活动或者是政治活动,它同时也是文化活动(当人们习惯于用这种方式表达不满时,这也成了一种风俗),或者说是社会活动(工人团结地走到了一起)。但是,对一般人的活动来说,进行这样的区分也是可行的,这种区分主要依据两点:一是活动的内在动机,二是活动涉及的外在环境。因此,价值观也相应地可分为在不同领域起着实际作用的四个方面内容,即分为经济价值观、政治价值观、文化价值观和社会价值观四个方面。我们在研究民族地区价值观时采用这一划分方法,即从经济价值观、政治价值观、文化价值观和社会价值观四个方面对民族地区价值观进行研究。

人们的实践活动不管在哪一个领域,总是受相关领域的价值观所指导或制约,这种指导作用就是价值观的功能之所在。正如波兰的价值哲学著名学者斯皮里多维兹所指出的:"假如价值观决定人的动机,那就很容易发现价值观对一个人选择社会活动方向的影响,这可从实现某项计划的过程中观察到,也可以从他对自己和对其他人的态度上观察到。因此,价值观是在某种特定的社会环境中决定行动方向的内在控制系统之重要因素。为便于对价值观进行选择,就得按其重要性排列先后次序,并需要对价值观作出评价。那些最重要、最具吸引力的价值观正是个人所希求的。我们可以得出结论:价值观的功能在于指导人们为达到某个特定目标而采取行动。"①这些论述,明确地指出了价值观的功能以及人们的行动与其主观目标之间的关系,同时也提供了通过人们的行动目的选择、行动本身来观察人们的价值观的方法,这对于我们研究瑶族价值观具有重要的指导意义。

价值观作为主观观念,是人们在实践的基础上形成的,对事物的实然(事实如何)和应然(应当如何)两方面认识的结果。对事物的实然性认识,是为了获取对事物的事实性认知,解决的是"是什么、是怎样、为什么"的问题;对事物的应然性认识,是在人与事物之间建立起需要与被需

---

① 转引自魏秋玲主编:《国外青少年价值观》,社会科学文献出版社 1992 年版,第 161 页。

要的关系后,解决事物对人来说"应该如何"的问题。对于价值观的形成机制,张书琛曾总结为五个环节:一是认识对象"是怎样";二是认识对象与自身需要、感受(体验)的关系如何;三是通过衡量对象与自身需要、情感、意志之间关系是否适合而形成的喜欢或厌恶的价值性态度;四是在构想、想象这种关系"应当怎样"的基础上形成价值性评价;五是各种通过"应当怎样"的设想所构思的各种情境进行需要与可能相统一的理性评价(值不值得)、比较和选择,最后形成所认定的"最好怎样"的价值性的意向和行为取向(价值取向)。[①] 笔者认为这种观点是科学的。对于这个机制的认识,也有助于设计问卷调查来把握人们的价值观,即通过人们的态度、看法来把握人们的价值观。

对于价值观的分类,一般学者都根据自己研究的学科定位与实际需要来提出各自不同的标准。按照跨学科、实证性、可操作性的要求,目前已有成果中,下列几种分类方式对于本书研究有借鉴价值。

一是《当代欧洲人的价值观念》(1982)中从"道德""政治""宗教""家庭价值""价值与劳动""个人、世界与他人"等方面对欧洲人的价值观开展实证研究[②]。

二是《体制转轨时期珠江三角洲人的价值观》(2002)中从政治价值观、法律价值观、道德价值观、信仰价值观、婚姻家庭价值观、工作和经济生活价值观、社会伦理价值观七个方面对珠江三角洲人的价值观进行了实证研究。[③]

三是《四川藏族价值观研究》(2005)中从宗教价值观、道德价值观、生命价值观、生态价值观、文化价值观、婚姻家庭价值观等七个方面对四

① 参见张书琛主编:《体制转轨时期珠江三角洲人的价值观》,人民出版社 2002 年版,第 4—5 页。
② 参见张书琛主编:《体制转轨时期珠江三角洲人的价值观》,人民出版社 2002 年版,第 10 页。
③ 参见张书琛主编:《体制转轨时期珠江三角洲人的价值观》,人民出版社 2002 年版,第 10 页。

川藏族价值观进行了实证研究。①

　　四是《社会转型期西北少数民族居民价值观的嬗变》(2007)中从政治价值观、经济价值观、法律价值观、信仰价值观、婚姻价值观等五个方面对西北地区藏族、蒙古族、土族、维吾尔族、回族、撒拉族的价值观进行了实证研究。②

　　这些学者都在对价值观进行分类后,针对每一类型的价值观设置相关问题,用问卷调查的方式来把握人们的价值观。这种研究方法,对于本课题研究具有重要的启示。

三、民族地区价值观研究综述

　　瑶族是主居住在中国的少数民族之一,研究这个民族的学者主要在国内,而关注瑶族价值观的学者还很少。学术界目前较少人进行这方面的专门研究,专门的实证研究更是少人涉及。在拜访广西民族大学瑶族研究权威专家张有隽研究员时,得知专门研究瑶族价值观这方面资料很难找到,一般学者不专门从事瑶族价值观研究,因为价值观涉及的面比较广泛、研究难度较大。所以,目前还无法找到专门研究瑶族价值观的直接资料,但与广西瑶族价值观相关研究成果还是相当丰富的。

　　(一)价值哲学相关成果为研究民族地区价值观建设提供了基本的话语体系

　　价值观研究较早是源于价值哲学。一般认为,德国思想家洛采(1817—1881)在1864年发表的《微观世界,论自然史与人类史,试论一种人类学》一书是价值哲学的奠基之作,该书的作者最早把经济学领域里的价值范畴引入哲学研究领域,开辟了价值哲学研究的新领域。后来,文德尔班、李凯尔特等人继续推进了价值哲学的研究。随着西学东渐,价值哲学后来也传入我国。1934年张东荪发表的《价值哲学》一书,被认为

---

① 参见刘俊哲:《四川藏族价值观研究》,民族出版社2005年版,第3页。

② 参见赵德兴:《社会转型期西北少数民族居民价值观的嬗变》,人民出版社2007年版,第28页。

是我国专门研究价值哲学的奠基之作。新中国成立之后，由于受到意识形态等多种因素的影响，价值哲学很长时间内被视为资产阶级学说，因此我国在此期间价值哲学方面的研究基本上没有得到进一步发展。改革开放后，学术界迎来了新的发展，人们对价值哲学的研究又逐步得到恢复，哲学界的一批学者纷纷出版了价值哲学与价值观研究的相关专著，代表性作品主要有：李德顺所著的《价值观》（1987），该书运用马克思主义的立场、观点和方法，全面阐述了价值观的相关哲学范畴，探讨了价值现象的本质、发生和存在的基础，系统地梳理和探讨价值意识表现形式和现实实践形态等问题，形成了关于价值的本质和特性、关于价值分类及其方法、关于价值意识与价值观念、关于价值评价与价值评价的标准、价值与真理的辩证关系等一系列理论观点，较早确立了一个比较系统的价值哲学理论框架。袁贵仁所著的《价值学引论》（1991），从历史唯物主义的视角对价值和价值观进行了研究，论述了价值与主客体、价值与需要、价值与事实、价值与文化、价值实践、价值与评价、价值与真理、价值与代价、价值与规范、功利、真、善、美、自由、人的价值、价值观念等问题。赵馥洁所著的《中国传统哲学价值论》（1991），从价值原理、学派取向、范畴系列等三个方面分析了中国传统哲学中的价值理论，王玉樑所著的《价值哲学新探》（1993）研究了价值本质、价值活动、价值意识、价值文化等问题。这些论著为价值观研究提供了相对丰富的概念体系、话语分析体系和方法论体系。后来，在这个基础上，价值哲学研究进一步深化，先后出版了多部价值哲学研究专著：吴振平所著的《市场经济与价值观》（1998），李连科所著的《价值哲学引论》（1999），漆玲、赵兴所著的《价值观导论——兼论马克思主义价值观》（1999），兰久富所著的《社会转型时期的价值观念》（1999），戴茂堂、江畅所著的《传统价值观念与当代中国》（2001）。这些论著，在改革开放的新时期丰富和发展了我国的价值哲学研究。后来，又有一批成果问世，如刘永富所著的《价值哲学的新视野》（2002），陈章龙所著的《价值观研究》（2004），王玉樑所著的《21世纪价值哲学：从自发到自觉》（2006），文兵主编的《价值多元与和谐社会——第八届全国价值哲学暨第一届东亚价值观学术研讨会论文集》(2007)。这些研究成果结合我国马克思主义中国化理论成果对价值观进行了深化研究,为本课题研究提供了重要的理论借鉴。

(二)对于特定群体价值观、特定民族价值观进行有针对性的研究

对价值观的研究,从追求普遍理论到针对特定人群进行研究,这是一个重大的发展。在这方面研究成果中,备受推崇的作品是美国人类学家鲁思·本尼迪克特所著的《菊与刀》(1946)。作者以研究日本的民族性和日本人的行为模式为目的,深刻地分析了日本人十分矛盾的文化心理,用菊和刀象征这种尖锐的矛盾:侵略好斗而又爱好和平,追求武力而又崇尚美感,倨傲自大而又谦逊有礼,冥顽不化而又能伸能屈,温雅驯服而又心怀怨愤,诚实忠诚而又背信弃义,坚强勇敢而又怯懦胆小,墨守成规而又追求时髦。[①]《菊与刀》这一研究成果也成为了学者对特定群体进行价值观研究的典范。

社会心理学领域对特定人群价值观的研究比较活跃。鲁滨逊等人主编的《性格与社会心理测量总览》(1990)一书,系统地总结了从1942年到1986年心理学常用的15个价值观测量工具,为开展价值观量化研究提供了以心理学为基础的学科支撑,这为开展价值观的实证研究提供了方法论上的指导。

社会学家与文化学家也有专门针对特定人群的价值观研究。例如由让·斯托策尔编写的《当代欧洲人的价值观念》(1982)一书,作者在实证研究的基础上,对欧洲的英国、法国、意大利、德国、西班牙、荷兰、比利时、丹麦、爱尔兰等9个主要国家进行了价值观的实证分析。国内也有不少学者在外国学者研究的基础上,利用量化研究的方法,针对我国的青少年、青年大学生、区域性居民的价值观进行了探索,并取得了较丰富的研究成果。

而专门针对少数民族价值观的研究,从目前所掌握的情况来看,还是

[①]　参见[美]鲁思·本尼迪克特:《菊与刀》,黄学益译,中国社会科学出版社2008年版,第1—2页。

十分少见的。民族学、人类学家从文化研究的角度,对少数民族价值观的研究有所涉及,但一般都不是以价值观研究为主题来进行的。最近,刘俊哲研究了藏族价值观,赵德兴研究了西北少数民族价值观,郑涌研究了西南民族价值观,张进辅研究了民族价值观,张敏哲研究了民族伦理学,这些研究对有关少数民族的价值观进行了探索,取得了一定的成果。这些研究的理论分析和所采用的研究方法,对指导瑶族价值观研究具有一定作用。

(三)瑶族历史和文化方面的研究

瑶族作为一个没有统一文字的民族,对其历史和文化方面的研究难度较大。改革开放之后,随着民族学不再受到意识形态影响而得以恢复,瑶族研究也逐步得到了发展。在费孝通的倡议和指导下,胡起望、范宏贵从1980年开始深入广西大瑶山瑶族地区开展田野调查,后来写成《盘村瑶族》(1983)。两位作者运用田野调查所掌握的丰富资料,以从游耕到定居为线索,深入地探讨了瑶族村落从封闭到开放过程中社会文化变迁的过程及发展规律。胡起望主编的《瑶族研究论文集》(1985)中的系列论文从不同视角讨论了瑶族的历史与文化。张有隽在其《瑶族宗教论集》(1986)中,以宗教信仰文化为核心系统地研究瑶族的宗教信仰,概括了瑶族宗教发展的四大阶段:自然崇拜、图腾崇拜、鬼魂崇拜、祖先崇拜,探讨了具有瑶族自身特色的宗教信仰价值观。后来,龚佩华深入广西贺州土瑶地区开展了田野调查,形成了调研论文《广西贺州土瑶的社会和文化》(1990),该文较为全面地展示了这支贺州土瑶的瑶族群体的社会与文化。张有隽在其《瑶族历史与文化》(2001)中比较系统地阐述了瑶族的发展历程,论及瑶族的族种起源、迁徙路线,用丰富史料分析了瑶族社会发展变迁的历史过程。袁同凯在其《走进竹篱教室:土瑶学校教育的民族志研究》(2004)中,以贺州土瑶个案研究民族地区地方政府与少数民族学校教育发展的关系。

另外,专门研究瑶族历史与文化的主要专著还有:张有隽的《人类学与瑶族》(2002),赵廷光的《瑶族祖先崇拜与瑶族文化》(2002),金秀大瑶山瑶族史编纂委员会编著的《金秀大瑶山瑶族史》(2002),李默的《韶州瑶人——粤北瑶族社会发展跟踪调查》(2004),玉时阶的《瑶族文化变迁》(2005),高其才的《瑶族习惯法》(2008)等,这些论著从不同视角探讨了瑶族的社会历史与文化,对瑶族的经济生活、政治生活、文化生活和社会生活的历史发展作出了较为详细的论述,这为瑶族价值观研究提供了大量的文献资料。

(四)民族地区价值观研究相关的主要成果

对于开展民族地区价值观研究,能为运用实证方法开展研究提供借鉴的主要成果有:王新玲的《关于北京市一所中学学生的价值系统与道德判断的调查报告》(1987)是较早运用实证方法开展价值观研究的学术专著,作者用实证研究的方法,针对中学生的价值系统和道德判断设计了调查问卷,通过调研了解了中学生价值观的基本情况。杨国枢的《中国大学生的人生观》(1988),主要针对大学生这一特定群体(中国在校大学生)的人生观进行了实证研究,该专著为瑶族价值观研究提供具有借鉴价值的调研问卷设计方法。黄希庭等著的《我国五城市青少年学生价值观的调查》(1989),以广州、深圳、武汉、成都和重庆等五个城市为例对"青少年学生"(选择 2125 名研究对象)这一特定群体的价值观开展了实证研究,该研究成果提供了有参考价值的价值观调研数据分析的方法。张进辅、张蜀林撰写了《大学生的人生价值观和职业价值观及其相互关系的调查》(1989),作者从心理学的角度、运用心理学的研究方法对大学生的人生观和职业价值观进行了实证研究。彭凯平、陈仲庚撰写了《北京大学学生价值观倾向的初步定量研究》(1989),作者采用价值观研究量表对北京市大学生(样本数量为 960 份)价值观倾向专门开展了一次实证研究。中国社会科学院社会学研究所发表了《中国青年大透视:关于一代人的价值观演变研究》(1993),作者选择了"中国青年人"这一群体,进行了当代中国青年价值观演变方面的实证研究。黄希庭等撰写了《当代中国青年价值观与教育》(1994),作者在开展实证分析的基础上对中国青年大学生价值观教育问题进行了研究。杨德广、晏开利主编了

《中国当代大学生价值观研究》(1998),作者根据 20000 多份问卷调查和大量个案调查材料系统地分析了 20 世纪 90 年代大学生的价值观现状。张书琛主编了《体制转轨时期珠江三角洲人的价值观》(2002),作者从我国计划经济向市场经济转型的视角研究了珠江三角洲地区人们的价值观发展变化情况。刘俊哲写作了《四川藏族价值观研究》(2005),作者探讨了四川藏族价值观的产生过程及发展变迁,并对四川藏族价值观在新的历史条件下的继承和创新问题进行了研究。赵德兴等撰写了《社会转型期西北少数民族居民价值观的嬗变》(2007),该专著对西北地区六个少数民族(藏族、蒙古族、土族、维吾尔族、回族、撒拉族)居民的价值观进行了实证研究。

在以上已有的成果中,《中国当代大学生价值观研究》《体制转轨时期珠江三角洲人的价值观》《四川藏族价值观研究》《社会转型期西北少数民族居民价值观的嬗变》四个研究成果是专门针对特定群体进行的价值观研究,其范畴体系、研究方法、分析框架等方面内容对本课题研究具有十分重要的参考价值。主要参考价值是其实证分析的方法。这些成果,比较全面地分析了对价值观进行实证研究的可行性,设计了较为完整的调查研究方案并对调研结果进行了学术分析,使实证研究具有较高的信度、效度,还具有研究内容的全面性和研究方法的可操作性等特点。

(五)民族地区价值观建设研究方面存在的主要问题

以上几个关于价值观研究的成果,比较完整地奠定了价值观研究的理论基础与方法论基础,对特定人群的价值观研究提供了可借鉴的方法。同时,也存在以下不足之处。

第一,研究的方法论上,一般都以特定学科的话语系统进行,在跨学科进行综合研究方面有待改进。哲学取向的价值观研究,重点关注作为关系的价值观,研究价值观的本质、功能、结构、分类等;民族伦理学取向的价值观研究,重点关注作为群体道德规范的价值观、价值观教育与传承;文化人类学取向的价值观研究,重点关注作为文化之核心的价值观、文化的传承机制;社会心理学取向的价值观研究,重点关注作为稳定心理倾向的价值观,结合具体人群进行实证研究。随着价值观研究的多学科参与,不同的学科都有相对独立的学术话语和研究方法,使得已有的研究往往只在某个特定的学科背景下方显研究的价值,由于过于专业化的术语太多,这对于真正从事民族地区工作的干部群众是难以理解的。这就需要用马克思主义基本原理的指导,结合不同学科的知识,对瑶族价值观进行跨学科的研究,尽量使研究成果能被关心此问题的普通干部和群众所理解。在整合不同学科的优势进行瑶族价值观研究方面,目前学术界还没有取得令人满意的进展。

第二,理论研究为主,实证研究很少。一方面,由于价值观研究的传统是以哲学为主导,人们大多只从理论上进行抽象的研究,很少作实证研究。另一方面,价值观有其复杂性和抽象性,作实证研究难度大。即使有实证研究,往往是通过问卷发放的方式进行,而真正深入群众生活开展田野调查的研究还不多。因此,在理论研究与实证研究的结合上也还没有取得让人满意的成果。

第三,对民族地区价值观建设的研究有待加强。目前对特定人群的价值观研究,一般选择调研工作容易完成的研究对象,如青少年、大学生等,而对民族地区居民价值观建设的研究还很少有人参与,瑶族的价值观还没有学者进行专门的深入研究。其原因是将青少年、大学生等群体作为研究对象时,在调研过程中容易交流和沟通;相反,在少数民族特别是教育普及程度不高的民族地区,则很难开展调研工作。

本书将针对以上问题,进一步深化对民族地区价值观建设的研究。

四、民族地区价值观建设研究思路与方法

(一)研究思路

以民族地区价值观建设为研究对象,以广西壮族自治区都安瑶族自治县为实证研究的调研点,分别对瑶族居民的经济价值观、政治价值观、文化价值观和社会价值观进行研究,以期促进民族地区的价值观建设,推动民族地区的和谐发展。一方面,研究当今瑶族居民的价值观实际情况,

运用价值观研究的一般办法来进行,从中可以发现瑶族价值观的独特性,寻找不利于发展的、需要加强建设的内容。另一方面,研究瑶族价值观的发展脉络,寻找这一民族价值观的发展规律和传承机制,在这个基础上提出瑶族地区价值观建设的可行性建议。

本书将以马克思主义为指导,重点依据马克思主义关于社会存在与社会意识的关系的理论,采用哲学、伦理学、文化人类学、民族学、社会学、心理学等多学科结合的办法,研究广西瑶族价值观的历史变迁与现状,探讨瑶族价值观的产生、发展、嬗变,在实证研究的基础上把握现时瑶族价值观的主要特点,使之与瑶族传统价值观、与当今我国主导价值观进行比较,探讨当今瑶族价值观与其传统价值观的冲突和融合、当今瑶族价值观与我国主导价值观的冲突和融合,探讨瑶族价值观建设应当解决的问题,最后讨论如何用社会主义核心价值体系为指导推进民族地区的价值观建设。

在瑶族价值观的历史变迁方面,本书将把新中国成立前瑶族的历史变迁作为重点,分析瑶族价值观的形成与发展,从而把握瑶族的传统价值观的特点。新中国成立后到改革开放之前的几十年间,许多瑶族聚居地区虽然逐步地进入了社会主义社会,但几十年来他们的生产力水平并没有取得很明显的提升,自然经济依然是人们经济生活的突出特点,这样的生活特点决定了他们这几十年价值观变化不大,基本上是保持原有的传统价值观。所以本书用较少的篇幅简单介绍新中国成立后到改革开放前瑶族价值观的变化。从改革开放至今,本书则在实证分析的基础上对民族地区价值观建设进行研究。

(二)研究方法

在研究价值观的本质、发生、发展、功能、社会主义主导价值观等问题上,主要采用文献法、专家访谈法;在研究瑶族价值观的历史、传承和嬗变问题上,主要采用民族志方法与文献法、专家访谈法、个案访谈法;在研究现时瑶族价值观的特征问题上,主要采用问卷调查法、典型案例法、田野调查法,对问卷的设计依据社会学的方法进行。力求在研究过程中做到理论与实际相结合、定性分析与定量分析相结合,跨学科地进行研究,同时争取使研究成果避免过于学究化,做到通俗易懂,调研问题的设置能被一般学者、干部和群众容易理解。下面介绍研究过程中运用的主要研究方法及相关准备情况。

1. 马克思主义的历史唯物主义

如何才能把握广西瑶族价值观的过去与现状及其变迁,确定研究的基本方法是关键之所在。在以前研究瑶族文化的相关著作中,基本上都是以时间为序,由古至今,从各种神话、民间传说、文献资料等来组织材料的,但其难以解决的问题是:没有准确的时间来论述瑶族的历史发展过程,大多数只是推断而已。马克思在《〈政治经济学批判〉导言》中为我们提供了一种很有价值的方法:"资产阶级社会是最发达的和最多样性的历史的生产组织。因此,那些表现它的各种关系的范畴以及对于它的结构的理解,同时也能使我们透视一切已经覆灭的社会形式的结构和生产关系。资产阶级社会借这些社会形式的残片和因素建立起来,其中一部分是还未克服的遗物,继续在这里存留着,一部分原来只是征兆的东西,发展到具有充分意义,等等。人体解剖对于猴体解剖是一把钥匙。反过来说,低等动物身上表露的高等动物的征兆,只有在高等动物本身已被认识之后才能理解。因此,资产阶级经济为古代经济等等提供了钥匙。"①这一种方法,被复旦大学的俞吾金教授总结为"历史意识",它与"历史主义"的方法相对:历史主义的核心原则是把"理解过去"作为"理解现在"的前提,而历史意识的核心原则是把"理解现在"作为"解释过去"的前提,即把人体解剖视为猴体解剖的钥匙②。换言之,成年人了解自己的处境很容易理解儿童,而儿童无论多么了解自己却难以理解比他大 20 岁的成年人。

按照这样的方法,研究民族地区价值观就应当以把握民族地区价值

① 《马克思恩格斯选集》第 2 卷,人民出版社 2012 年版,第 705 页。
② 参见俞吾金:《人体解剖是猴体解剖的钥匙——历史主义批判》,《探索与争鸣》2007 年第 1 期。

观的现状为基础,这样有利于更科学地探究其过去及历史变迁。当我们审视民族地区价值观时,必然会在当今特定的时代背景下、用与我国现代化建设实践相适应的现代价值观去分析,在这个意义上不可能真正做到"价值无涉"。但是,应当保持"价值有涉"的合理限度,那就是实事求是地听取当地人的真实想法,把这些真实的观念作为分析的基础。也就是说,对于特定群体价值观进行的研究,往往是有价值诉求的,这个诉求就是期盼该群体的价值观能够更好地适应生活的需要,能够提升群体的生存能力,能够拓展群体的生存空间。瑶族也与全国人民一样,必然要随着现代化建设的推进而过上现代生活,与这种生活相应的价值观理应成为瑶族人民生活之所需,这也是对瑶族价值观进行研究的价值之所在,这也是不同于纯粹民族志研究之处。

2. 实证研究法

在瑶族文化发展的研究方面,文化人类学家的方法是值得借鉴的。马克思晚年所写的《人类学笔记》对 5 本人类学著作进行了摘录,其中又以对美国学者摩尔根的《古代社会》进行摘录为重点,摘录中反映出马克思对摩尔根关于社会发展的基本研究结论是十分认同的。如果说马克思发现的唯物史观是在哲学或者政治经济学领域发现的,那么摩尔根则在人类学研究领域发现了这一伟大理论,并且摩尔根能为这一理论提供十分丰富、翔实的实证材料。这可以从马克思的摘录中得到体现:"自从进入文明时代以来,财富的增长是如此巨大,它的形式是如此繁多,它的用途是如此广泛,为了所有者的利益而对它进行的管理又是如此巧妙,以致这种财富对人民说来已经变成了一种无法控制的力量。人类的智慧在自己的创造物面前感到迷惘而不知所措了。然而,总有一天,人类的理智一定会强健到能够支配财富,一定会规定国家对它所保护的财产的关系,以及所有者的权利的范围。社会的利益绝对地高于个人的利益,必须使这两者处于一种公正而和谐的关系之中。只要进步仍将是未来的规律,像它对于过去那样,那么单纯追求财富就不是人类的最终的命运了。自从文明时代开始以来所经过的时间,只是人类已经经历过的生存时间的一小部分,只是人类将要经历的生存时间的一小部分。社会的瓦解,即将成为以财富为唯一的最终目的的那个历程的终结,因为这一历程包含着自我消灭的因素。管理上的民主,社会中的博爱,权利的平等,教育的普及,将揭开社会的下一个更高的阶段,经验、理智和科学正在不断向这个阶段努力。这将是古代氏族的自由、平等和博爱的复活,但却是在更高级形式上的复活。"①

　　这段摘录的内容,也可以被看作是摩尔根从人类学的角度论及了单纯追求财富、以财富为唯一目的的"那个历程"(即资本主义社会)的"终结",未来社会是古代社会"在更高级形式上的复活"。这个摘录,表明了马克思对摩尔根的研究方法与研究结论的高度认同。

　　许多学者认为,在实证研究方法的运用方面,青年毛泽东对中国社会阶级的研究是成功的典范。毛泽东在《寻乌调查》《长冈乡调查》《才溪乡调查》等文章中,也采用了类似于人类学的方法,十分详尽地对与人们生活息息相关的各种情况进行了调查。如对寻乌调查时涉及政治区划、交通、商业、土地关系等,对寻乌这个不足 3000 人的小城的经济生活、政治生活、社会生活、文化生活进行了全面的描述,就连人们吃什么、用什么、市场上的买卖、有几个理发店、哪几个妓女最出名、人们普遍唱的歌"禾头根下毛饭吃"、赌博税、离婚问题等也在调查报告中得到详细的记录。②毛泽东因他的一系列调查,被人类学有关学者认为是近代中国用人类学方法分析中国社会的先行者。同样的道理,我们在分析瑶族价值观的历史变迁和现实状况时,也运用文化人类学的实证研究法。

　　在开展调查之前,笔者作了大量的准备工作,其中最重要的是问卷的设计,问卷设计一方面希望所设计的问题尽可能全面地反映瑶族价值观的情况,一方面希望在实施调研时尽可能具有可操作性,要协调好这两者之间的矛盾并不容易。问卷最初想按社会心理学采用价值观量表的方式

① 《马克思恩格斯全集》第 28 卷,人民出版社 2018 年版,第 207 页。
② 参见《毛泽东文集》第一卷,人民出版社 1993 年版,第 118—243 页。

设计,但后来发现这样设计存在两大难题:一是题量太大,二是可操作性不强。后来参考了张书琛、赵德兴分别在《体制转轨时期珠江三角洲人的价值观》《社会转型期西北少数民族居民价值观的嬗变》中采用的设计方式,在他们探索的基础上,结合广西瑶族实际情况展开问卷设计。初稿从经济价值观、政治价值观、文化价值观和社会价值观四个方面设置了50多个问题,后来导师叶启绩教授建议增加了国家认同、民族认同方面的内容。考虑到心理学量表的方法,会使一个问题变三个,总题量会太大,实际操作会有困难,有些问题在设计时只采用了心理学与社会学相结合的办法,并从张书琛、赵德兴等人设计的问卷中借鉴了部分内容。之后,笔者专门请广西民族大学社会学专业的老师审阅,根据修改意见进行了调整。最后,确定了问卷内容并最终设定 47 个问题开展调查。

在开展调研时,经历了大约 3 个月的时间。2008 年 6 月至 7 月,第一次调研由广西民族大学在校大学生完成,主要是利用暑假开展问卷调查,重点是对东庙、菁盛、下坳、隆福、三只羊、拉烈等瑶民较多的乡镇进行调查。这次调查共发出问卷 180 份,收回 172 份,有效问卷 172 份。2008 年 8 月中旬,第二次调研由笔者到都安瑶族自治县开展了为期 10 天的社会调查。这次调研,得到了都安县民族局、都安县文联、都安县瑶族中学、都安县第二高中等单位有关同志的积极配合,收集到都安概况、都安县志、都安民族、都安民俗、都安教育等方面的文献资料。都安县文联的蓝永红同志除接受我的访谈外,还亲自带我到都安县比较偏僻、但瑶族传统生活习俗保持较为完好的隆福乡葛家村(据说他祖上的前辈有 14 代就生活在这个村附近的山坳)进行瑶族民众生活体验考察与个案访谈。在葛家村,我分别到了拉别屯、拉甲屯,分别找到当地瑶族青年人、老年人进行了个别访谈,其中包括外出打工回老家的蓝姓青年、长期担任乡村教师的蓝姓中年教师、中年道公、老年道公。都安瑶族中学的陈茂双老师及其同事共同担任了访谈的翻译工作。2008 年 9 月,第三次调研由都安县瑶族中学、都安县第二高中的有关老师配合完成,调查方式是由中学老师安排部分在读学生拿问卷对其家长进行问卷调查。通过这种方式,发出问卷

120 份,收回问卷 119 份,有效问卷 118 份。前后两次进行的问卷调查对象,基本上覆盖了都安县所有布努瑶的居民村落。本次调研在当地群众的支持和帮助下,调研对象覆盖面较广,调研材料基本上能达到预期目的。经过近 3 个月的调研,共发出调查问卷 300 份,收回有效问卷 290 份。根据这些样本数据的整理以及实地调研所掌握的情况,笔者取得了都安瑶族价值观研究的第一手材料,为研究瑶族价值观提供了坚实的基础。

第一章　民族地区价值观的历史演变

——以广西都安瑶族自治县为例

　　瑶族价值观有着独特的产生和发展的基本条件。瑶族历史上是一个没有本民族通用文字的民族,其本身的历史缺少详细的文字记载。学者们还没有人专门研究过瑶族价值观的变迁并形成论著,但关于瑶族历史与文化的研究则已经有丰富的论著问世,其中对瑶族历史与文化发展的研究成果可以为瑶族价值观的历史变迁研究提供文献依据。都安瑶族自治县的瑶族作为一个信息相对封闭的瑶族分支,其价值观的历史演变过程实质上就是瑶族传统价值观形成并代代相传的过程。从这个意义上说,研究瑶族价值观的历史变迁,就是研究瑶族传统价值观的形成与传承。

第一节　都安自治县布努瑶的基本情况

　　作为社会意识的价值观,是有其相应的社会存在为基础的。瑶族由于分支多,各支系由于具体地理环境和社会历史背景不同,经济生活、政治生活、文化生活和社会生活等方面差异较大,因此在研究瑶族价值观时一般只能选特定地方为代表来展开。一个地方的文化现象又往往不能完全代表整个民族的文化,但人们研究瑶族文化又往往把瑶族的某个地方作为代表,结合其他地方的相关情况来对整个瑶族进行研究。根据这种办法,我们选择广西都安自治县瑶族作为这样的一个代表。

一、都安瑶族自治县的历史沿革及人口民族构成状况

都安历史悠久。据考古发现，早在旧石器时代晚期，都安就有"干淹人""九楞山人"等古人类在都安这块古老而神奇的土地上劳动、生息、繁衍。据史载，唐虞时代，都安属荆州南徼之地。商、周时代属百越之地。秦代，秦始皇于公元前214年统一岭南，在岭南设置桂林、象、南海三郡，今之都安地域属桂林郡。汉初，南海郡尉赵佗吞并桂林、象郡，建立南越国，都安地域属南越国辖地。西汉元鼎六年，汉武帝平定南越国的分裂和叛乱后，重新统一了岭南，于广西地域设置苍梧、郁林、合浦等郡，今之都安地域属郁林郡定周县。定周县治所在今宜州市。三国时期，都安地域属吴国郁林郡。西晋时，都安地域属广州郁林郡；东晋时，属广州桂林郡。南北朝的宋齐时期，都安地域属广州桂林郡；梁陈时期，属龙州马平郡。后来，都安的行政建制经历了多次调整。民国五年，取都阳、安定两土司名的头一个字命名为都安，都安县政府正式宣告成立。[①]

1949年12月5日都安县全境解放。1955年12月，经国务院批准，以原都安县14个区为基础，将河池县的下坳区，宜山县的三只羊、板岭、拉仁、加贵区，忻城县的嘉仁区，马山县的龙湾区，平果县的江南、百马区，东兰县的板升区等划入，成立都安瑶族自治县，实行民族区域自治。1965年5月18日，都安瑶族自治县属河池专区。1971年至2002年5月，河池专区改为河池地区，都安瑶族自治县改属河池地区。2002年6月，河池地区撤地改市，都安瑶族自治县改属河池市。2005年，撤销三弄乡，并入地苏乡；撤销古山乡，并入澄江乡；撤销五竹乡，并入高岭镇；同时将原澄江乡辖区的阳安、苏利、龙颈和原高岭镇辖区的益梨村委会并入安阳镇管辖，此四个村委会同时改设镇辖社区居委会建制；将原保安乡辖区的永平村委会划归东庙乡管辖。2012年都安辖6个镇13个乡，村民（社区）委

员会 248 个。2013 年 3 月 19 日,都安瑶族自治县地苏、下坳、拉烈、百旺等 4 个乡同日举行撤乡建镇仪式,其所辖行政区域、机构和人员编制不变。2015 年 3 月 24 日,都安瑶族自治县原大兴乡、澄江乡两个乡同时撤销乡级编制,改建为城镇编制,并举行挂牌仪式。至此,都安县 19 个乡镇建制中,城镇编制增加到 8 个。2016 年 5 月 15 日,都安瑶族自治县原拉仁乡撤销乡级编制,改建为城镇编制,并举行挂牌仪式。至此,都安县 19 个乡镇建制中,城镇编制增加到 9 个。2017 年 9 月 18 日,都安瑶族自治县原永安乡撤销乡级编制,改建为城镇编制,并举行挂牌仪式。至此,都安县 19 个乡镇建制中,城镇编制增加到 10 个。2019 年 7 月,经广西壮族自治区批准,在全县 19 个乡镇行政区不变的情况下,在 4 个镇较集中的安置点新增了 5 个社区,分别是:安阳镇安北社区;澄江镇六园社区、仙垌社区;下坳镇红星社区;拉烈镇勤兴社区。

都安县常住人口中,主要有壮族、瑶族、汉族、苗族、毛南族、仫佬族、回族、水族等多个民族的居民。根据 2020 年第七次人口普查数据,全县常住人口 538061 人,其中瑶族人口为 122222 人,占 22.72%;壮族人口为 383670 人,占 71.31%;汉族人口为 22197 人,占 4.13%;各少数民族人口为 515864 人,占 95.87%。①

都安县的民族组成情况表明,壮族与瑶族人口占全县常住人口的比重约 95%,在都安的瑶族人主要与壮族相邻。这与其他地方主要与汉族相邻的瑶族有很大的区别,其宗教信仰、语言、风俗等方面都深受壮族的影响。

二、都安瑶族自治县的现实状况

(一)都安瑶族自治县的自然条件

地理环境是构成社会物质生活条件(社会存在)的重要因素之一,所

---

① 参见都安瑶族自治县统计局:《都安瑶族自治县第七次全国人口普查主要数据公报解读》,2021 年 6 月 18 日,见 http://www.duan.gov.cn/sjfb/tjgb/t9216709.shtml。

以也是影响当地人社会意识的重要因素。都安位于广西中部偏西,地处云贵高原向广西盆地过渡的斜坡上,都阳山脉东段,地势北西高、南东低。境内岩溶地貌约有 3863.33 平方千米,占全县面积的 94.34%。隆福乡葛家村的弄甲山海拔 1048.5 米,为境内最高山;百旺乡龙燕村刁江沿岸海拔 100 米左右,为境内最低海拔。主要河流有红水河、刁江和澄江。已勘明地下河 25 条,干支流共 80 条(其中支流 55 条),其中地苏地下河系为广西最大的地下河系之一。属南亚热带季风气候区边缘。全县年平均气温 19.6℃ ,年平均降雨量 1700 多毫米。境内山地以石灰岩为主,丘陵坡地以红壤为主。都安是全国岩溶地貌(喀斯特地貌)发育最为典型的地区之一。同时也是我国喀斯特土地石漠化的典型地区,其主要特点是:一是土壤少,多分布在石穴、石缝里,土壤覆盖率一般小于 30%,其余的都是大小不等的岩石,有的地方甚至全被裸岩占据;二是土层薄,土层厚度一般为 20—40 厘米,较厚的可达 50—100 厘米;三是坡度大,一般为 35度—70 度,稍平缓的为 20 度—30 度;四是植被稀,植被覆盖度小于 30%,植被类型为稀疏的灌丛、灌草丛或草丛,树木既少又不高;五是水源缺乏,容易干旱①。

　　这样的环境条件是极其恶劣的,人们种玉米也只能在石缝中种。在调研时,当地向导介绍了这样的情况:2005 年联合国教科文组织的有关工作人员到离都安县城不远的地方考察时,曾经对当地干部说过这样的话:山区根本不适合人类生存。可是,都安瑶族人民正是在这样的条件下生活的! 可见,都安人民需要克服诸多自然条件的困难,才能祖祖辈辈、生生不息地生活下去。

　　(二)都安瑶族人口分布

　　都安瑶族自治县是瑶族分支布努瑶最主要的集聚地,瑶族人口占该县总人口的比例约为 23%。都安县瑶族在各乡镇的分布特点是:大分

---

① 参见廖赤眉:《广西喀斯特地区石漠化与生态重建模式研究——以都安瑶族自治县为例》,商务印书馆 2006 年版,第 182 页。

散、小聚居,与其他兄弟民族交错杂居。从乡镇瑶族人口分布情况来看,瑶族人口在各乡镇分布情况差异较大。各主要乡镇中瑶族人口占所在乡镇总人口比例情况为:三只羊(74.35%)、菁盛(47.96%)、东庙(47.2%)、九渡(44.58%)、隆福(33.73%)五个乡镇瑶族人口占总人口比例最高。从都安各乡镇一级瑶族人口分布情况来看,除了少数村落(龙英、花周、龙防、加荷、建良、西隆、上朝、上远、建高等)瑶族人口比重超过75%以外①,在其他瑶族人所在村庄,瑶族人基本上都只占所在村落人口的一小部分,而与瑶族人生活在同一个村的主要其他民族邻居是壮族人。由于长期与壮族人为邻,这里的瑶族人很多都会讲与当地壮族人一样的语言,他们相互交往时常用的语言主要是桂柳话和当地土话。因此,都安瑶族人口分布特点决定了瑶族人的语言、生活习惯等方面深受当地壮族人的影响。正是由于这一原因,这里的瑶族在语言文化方面与广东、贵州、云南、湖南等其他省份的瑶族相比具有很大的差别,主要的区别就在于是否深刻地受到壮族语言文化的影响。这也说明都安瑶族具有明显的地方特色。

都安瑶族自治县各乡镇瑶族人口分布情况见下表。

表 1-1　都安瑶族自治县各乡镇人口分布情况表②

项目 乡镇	人口		
	乡镇总人口 (人)	瑶族人口 (人)	占所在乡镇总人口的 比例(%)
安阳	46658	3663	7.85
高岭	76339	3219	4.22
澄江	46897	6937	14.79
地苏	64088	8433	13.16
东庙	25828	12193	47.21
大兴	31958	5626	17.60
下坳	37492	9974	26.60

---

① 参见韦标亮主编:《布努瑶社会历史》,广西民族出版社 2010 年版,第 12 页。

② 参见韦标亮主编:《布努瑶社会历史》,广西民族出版社 2010 年版,第 13 页。

项目 乡镇	人口		
	乡镇总人口 (人)	瑶族人口 (人)	占所在乡镇总人口的 比例(%)
隆福	17468	5892	33.73
保安	31678	4411	13.92
板岭	33958	1855	4.68
永安	21861	7315	33.44
三只羊	18284	13595	74.35
龙湾	16842	5186	30.79
菁盛	25416	12190	47.96
拉烈	37107	10565	28.47
百旺	31569	6160	19.51
加贵	21657	3490	16.11
拉仁	25603	8101	31.64
九渡	17901	7980	44.58
三弄	14795	898	6.07
五竹	12870	996	7.74
合计	656269	138679	21.13

(三)都安瑶族自治县的经济与社会发展的基本情况

由于自然条件的制约,都安瑶族自治县是广西的贫困地区,也是国家级贫困县。据 2020 年的统计数据,都安县在人均工农生产总值、人均农业总产值、人均工业总产值、人均国内生产总值、人均占有粮食、人均地方财政收入、农民人均纯收入等重要的经济指标上,都与广西的平均水平有较大的差距。具体来说,都安瑶族自治县 2020 年的居民人均可支配收入16385 元,广西全区的居民人均可支配收入 24562 元,都安县居民人均可支配收入只有广西全区居民人均可支配收入的 67%左右。可见,都安县总体经济社会发展相对滞后,人们生活水平与广西其他县份相比处于较低水平,与全国其他经济发达省区的一般县份相比差距会更大。可见,都安县瑶族人民在经济社会发展方面相对滞后。这是瑶族价值观的客观历史基础。

表1-2　都安瑶族自治县2000年人均经济指标与广西平均水平对比①

比较项目	广西	都安瑶族县	都安县平均水平相当于广西平均水平的百分比(%)
人均工农生产总值(元)	5534	1652	29.9
人均农业总产值(元)	3804	567	14.9
人均工业总产值(元)	1752	1085	61.9
人均国内生产总值(元)	4319	1581	36.6
人均占有粮食(公斤)	352	221	62.8
人均地方财政收入(元)	311	76	24.4
农民人均纯收入(元)	1865	1168	62.6

（四）都安布努瑶民族风俗

布努瑶因居住环境、宗教信仰及其他原因,其民俗风情既大量保留瑶族古老传承的文化遗风,又掺和了壮族、汉族文化的因子,这些风俗是布努瑶传统价值观产生的基础。韦标亮主编的《布努瑶社会历史》一书比较全面地研究了布努瑶的发展历程,为研究布努瑶传统价值观提供了重要资料。

第一,生产习俗。布努瑶的经济是山地经济,在长期的靠山、吃山、养山过程中,逐渐形成了一种凸显山地特色的生产习俗。如:砍山前的祭山习俗、为仔猪避邪的习俗、狩猎祭祖的习俗、踩圈积肥的习俗等。② 这些习俗反映了瑶族人对生产资料的独特情感。

第二,禁忌习俗。主要有春节禁忌、建房禁忌、哥与弟媳忌同醮、生育禁忌等。下面是生育方面的禁忌的例子:布努瑶认为妇女有孕时,胎魂常在孕妇周围专管胎儿,所在妇女怀孕期间,禁忌从狗身上跨过,禁忌看动物的怪胎,禁忌参加丧礼,禁忌从新坟边走过,避免秽气污身或鬼魂冲撞胎儿,以免造成流产或胎死腹中。禁忌欺笑残疾人,如违反,可能自己生

---

① 参见廖赤眉:《广西喀斯特地区石漠化与生态重建模式研究——以都安瑶族自治县为例》,商务印书馆2006年版,第184页。

② 参见韦标亮主编:《布努瑶社会历史》,广西民族出版社2010年版,第324—325页。

的儿女也残疾。个别地方,孕妇的丈夫不能参加神判活动,传说违反则可能会惹来灾祸①。

第三,节日习俗。节日是布努瑶传统文化生活的一个重要组成部分,但由于在壮族与汉族的影响下和逐渐融合中,布努瑶既有自己的传统节日,又有壮族与汉族共同的节日。其与壮族和汉族相同的节日有:春节、元宵节、清明节、七月节②,其中最重要的是春节。这些节日的意义对于瑶族人来说,与这些节日对于汉族人是一样的,如春节主要意义是祭祖敬神、感恩祈福、阖家团聚、除旧布新、迎禧接福、祈求丰年。这也说明瑶族受到汉族文化的影响是较深远的。

瑶族特有的传统节日有祝著节、牛节、禁地节③。

祝著节:祝著节是布努瑶最重要的节日,各地的称呼略有不同,都安、大化、巴马一般称为"祝著节",都安、大化、马山的瑶族人也称"达努节"。广西田东布努瑶称为"祖娘节",但习惯称"瑶年节",广西上林称"排玖节"。祝著节是布努瑶一年一度最隆重的传统节日。在瑶族人的观念中,祝著节的目的是纪念人类的始母"密洛陀"的生日:每年农历五月二十九日④。"祝著节"是布努瑶族人民纪念祖先密洛陀的传统佳节,是布努瑶族传统文化的集中展现,是最富民族特色的节日习俗。

都安、大化、巴马、东兰等县的布努瑶过祝著节最为隆重,一般从每年农历五月二十五日开始至二十九日连续五天左右,并且在节日到来前的半个月内甚至一个月内,各家各户都酿制美酒准备着。节日到了,每天都要杀鸡杀鸭或杀猪宰羊,祭祀,邀亲朋好友聚集宴饮。最隆重的是五月二十九日这一天,过去有头年一小祭,第二年中祭,第三年大祭,周而复始,相沿成习。小祭小宴要杀 3 只鸡、1 只羊、1 头猪;中祭中宴杀 8 头猪、1 头黄牛;大祭大宴杀黄牛、水牛、马各 1 头和 8 头猪⑤。宴饮时,先由长者

① 参见韦标亮主编:《布努瑶社会历史》,广西民族出版社 2010 年版,第 327 页。
② 参见韦标亮主编:《布努瑶社会历史》,广西民族出版社 2010 年版,第 339 页。
③ 参见韦标亮主编:《布努瑶社会历史》,广西民族出版社 2010 年版,第 337 页。
④ 参见韦标亮主编:《布努瑶社会历史》,广西民族出版社 2010 年版,第 337 页。
⑤ 参见韦标亮主编:《布努瑶社会历史》,广西民族出版社 2010 年版,第 338 页。

诵念《密洛陀》长歌,歌颂密洛陀和九位大神的功德,然后大家围长桌畅饮,喝祝酒歌。节日期间还以一个寨子(大寨)或几个寨子为单位,举行打铜鼓、跳铜鼓舞和打陀螺、射弩、赛马、斗鸟比赛活动,热闹非凡。① 一直到今天,这个节日还是布努瑶最为隆重的节日,政府每年还投入 10 多万元的专门经费举办一些文体活动。

牛节:按照瑶族民间传说,每年四月初八是牛的生日。② 因此,每年四月初八就被当作牛节,这一天让牛休息一天,不得使用牛干活,有的甚至煮玉米稀粥喂牛,以示对牛神的尊重。这个节日可以看作是瑶族人对感恩的价值观的培育。

禁地节:瑶语称忌捞,时间是农历七月十三日。③ 都安、大化、巴马、凤山等县小部分布努瑶都过这个节日。这个节日不备酒肉祭祀祖先神灵,但男女老幼均不得下地劳动,只得在家休息,男的或聊天喝酒,或做木工、编竹具,女的纺纱织布。如果有急事非进地里不可,入地者则要在入地前抓三把泥土撒入地里,表示破戒。这本来是个比较忙碌的季节,节日则使人的休息成为合理行为。

三、都安布努瑶的发展历史

(一)都安布努瑶的族源

瑶族素有"中国吉卜赛人"之称④,人们对这一民族的历史来源存在不少争议。《瑶族简史》这样概述:"因其历史悠久,史料缺乏,尚难定论。但多数人认为源于'长沙、武陵蛮'或'五溪蛮',原始居住地在长沙、武陵两郡,即湖南的湘江、资江、阮江流域和洞庭湖沿岸地区。目前,我们认为这一看法是比较客观的。"⑤这也是瑶学界广泛认同的关于瑶族源头的观点。

---

① 参见韦标亮主编:《布努瑶社会历史》,广西民族出版社 2010 年版,第 336—339 页。
② 参见玉时阶:《瑶族文化变迁》,广西民族出版社 2005 年版,第 203 页。
③ 参见韦标亮主编:《布努瑶社会历史》,广西民族出版社 2010 年版,第 337 页。
④ 参见覃乃昌主编:《广西世居民族》,广西民族出版社 2004 年版,第 72 页。
⑤ 《瑶族简史》编写组:《瑶族简史》,广西民族出版社 1983 年版,第 12 页。

　　关于都安布努瑶的来源,过去有关研究布努瑶历史文化的文献中,都沿用《瑶族简史》的结论,认为源于湖南的"长沙、武陵蛮"或"五溪蛮"。1993 年出版的《都安瑶族自治县县志》在记载布努瑶来源部分,以布努瑶口碑传说为准,指出布努瑶是"约于明代从邻近的东兰、河池(现金城江区)、宜山县陆续迁入"①。

　　在族源问题上,一般学者都赞同苗族与瑶族是同源的。据此,都安布努瑶源于黄河长江中下游流域的传说可以从苗族的来源地有关论著中得到佐证。广西民族大学朱慧珍教授在《广西苗族》中说:"苗族的祖先至少可追溯到五千多年前的'九黎'部落联盟。'九黎'是我国古代史中的三大部落联盟之一(与黄帝轩辕氏为首的部落联盟、炎帝为首的部落联盟并称三大部落联盟)。大约五千年前,'九黎'生活在黄河中下游和长江中下游以北的济水、淮河流域一带。他们的首领蚩尤是我国古代赫赫有名的人物,是苗族世代传颂的英雄。"②

　　我们从上面的分析可以确定,都安布努瑶的祖先五千年前左右就在黄河中下游、长江中下游流域活动,然后不断向其他地方迁徙。③

　　(二)都安布努瑶的历史迁徙

　　都安县瑶族与河池市其他地方瑶族一样,一般认为是从北向南不断南迁而定居下来。下面以两个有代表性的家族为例进行分析,这也是瑶族整个民族历史变迁的一个缩影。

　　"四姓瑶"的迁徙路线:都安、大化及巴马东山的蓝、罗、韦、蒙四姓瑶约在新石器时代的长江流域北上到"洛立"(今河南洛阳)④,九黎联盟与黄帝联盟打败后,集体迁徙到西北甘肃省(瑶语称为天无鸟飞的"沙向达甘")居住一段时间,接着又东迁到金陵一带(都安下坳乡老歌手罗金福唱的《布努瑶迁徙歌》中有"金陵"这个地名),后来又西迁,过洞庭湖,进

①　《瑶族简史》编写组:《瑶族简史》,广西民族出版社 1983 年版,第 12 页。
②　韦标亮主编:《布努瑶社会历史》,广西民族出版社 2010 年版,第 34 页。
③　参见韦标亮主编:《布努瑶社会历史》,广西民族出版社 2010 年版,第 35 页。
④　参见韦标亮主编:《布努瑶社会历史》,广西民族出版社 2010 年版,第 40 页。

入贵州,约在唐初到贵州省毕节地区(瑶语称为"比车"),不久南下到贵州省荔波、白崖山一带(瑶语称为"毕哩汉"),唐末宋初进入广西河池市东北部山区,一部分住环州、安化州、宜州和南丹的交界山区,一部分住东兰后又转往河池(现金城江区)、环江、宜州。约在宋末明初从宜州、环州、金城江区迁入都安。先在下坳乡的龙品坳居住一段时间,因为人多地少原因,又以姓氏为单位再迁入都安其他地方和大化、巴马等县居住至今①。

蓝姓太建公分支系迁徙路线如下。

据蓝怀昌、蓝常明主编的《蓝姓传略》和河池市蓝姓瑶族都安东西弄支系编修的《蓝氏族谱》载,布努瑶蓝姓太建公分支系于唐文宗开成四年从河南省汝南郡迁徙至江苏省江宁府(即金陵)居住,之后因避战乱从金陵南迁至福建省福州府福清县居住。明永乐年间,蓝氏33代支脉蓝太建"奉调广西总兵,初驻庆远府屯压南北西三巢息盗,除暴安良,后升柳州提台"。"蓝太建退职后在德胜拉惠村(现新惠)居住,他是广西部分蓝姓瑶族的始祖。明代中期明英宗景泰年间(约公元1436—1450年),因战乱,蓝太建携带家族西迁,经河池县、光岩、黑岩(今下坳乡光隆村),到高岭乡弄齐屯居住。后来蓝太建的后人迁至都安的西部东庙乡弄工、巴棚等屯居住,其子孙又迁至雅龙、镇西、七百弄、巴马的东山乡,被称为蓝姓西弄支系。从此以后,蓝太建的子孙遍及都安东部各乡及宜州的龙头、石别、北牙、北山、福龙等乡,部分迁至忻城、大化、马山、上林等县,这部分蓝姓布努瑶又被称为蓝姓东弄支系"。②

以上关于瑶族历史迁徙的史料表明,瑶族在历史上曾经是处于不断迁移、漂泊不定的状态,与其他定居民族如汉族相比,其生存条件是相当恶劣的。

(三)都安布努瑶从不断迁徙转向定居生活

布努瑶迁徙到河池市,可以分两个时间段和两大居住地域。两个时

---

① 参见韦标亮主编:《布努瑶社会历史》,广西民族出版社2010年版,第40页。
② 参见韦标亮主编:《布努瑶社会历史》,广西民族出版社2010年版,第36—37页。

间段分别是唐末至宋末和明初以后。两大居住地域:一是桂西北的罗城、宜州、环江、南丹与贵州省荔波、独山交界山区;二是河池市西南部都阳山脉一带的都安、大化、巴马、东兰四县。瑶族人生活方式的变迁,对于他们的价值观变化起到至关重要的作用。布努瑶到黔桂交界山区居住的时间至少有 500—600 多年时间。

河池市民族局开展的《瑶族通史》资料采集工作中,调查到最早到都安定居的蓝、罗、蒙、韦"四姓瑶"族谱显示,该四姓瑶到都安定居至今约有 800 年。据罗炳高先生搜集整理的《罗姓布努瑶族谱》记载,罗姓布努瑶家族到都安定居已经 40 代,按每代 20 年计,应有 800 年左右。都安瑶族自治县文化局瑶族干部蓝永红编写的七百弄蓝姓瑶族资料显示,蓝姓瑶族到七百弄定居至今已有大约 38 代,约有 760 年①。

这样,我们可以认定布努瑶最早于唐代初期就迁入广西河池市东北部山区,居住地域包括宜州、环江、罗城、金城江区、南丹、贵州的荔波、独山和柳州市的融水等县。其中的一部分瑶民,大约于宋末明初往都安、大化迁徙,并在那里居住至今,时间约有 700—800 年。

从人类发展的历史长河来看,我们研究的这部分瑶族人民的定居生活并没有太长的历史。这从某种意义上也说明了瑶族人历史上最主要的是与大自然斗争,生活中的主要内容还是在与自然作斗争、求生存层面上,而不是处理人与社会的关系方面。这对于瑶族价值观的形成与发展是有重要影响的。

第二节 民族地区价值观的历史变迁

广西都安瑶族与许多少数民族一样,其社会发展历史经历了原始社会、奴隶社会、封建社会,没有真正经历资本主义社会就直接随着新中国的成立和后来我国社会主义基本制度的确立,直接进入了社会主义社会。

---

① 参见韦标亮主编:《布努瑶社会历史》,广西民族出版社 2010 年版,第 49—50 页。

都安瑶族自治县瑶族价值观的历史变迁是与瑶族社会与历史发展相联系的,这个历史过程与瑶族的族源、从不断迁移到定居、定居后的生产力发展和生活方式的变迁紧密相关。价值观变迁的深刻根源是社会生活本身的发展与变化。所以在某种意义上说,探讨价值观变迁就是探讨人们社会生活的变化。

纵观瑶族发展的历史,新中国成立之前瑶族才真正是一个自成体系的价值主体,其价值观传承完全自主地进行着。而随着新中国成立后中央政府对民族地区行政管理上的深度介入,瑶族原来的自我发展模式被打破,逐步融入国家管理体系之中,瑶族的社会发展走向了新的发展模式。因此,下面要探讨的瑶族价值观的历史变迁主要是分析新中国成立前的、瑶族传统价值观的形成与传承的历史。对于新中国成立后到改革开放前布努瑶的价值观变化,我们也简单进行讨论,但由于这方面的文献资料相对较少,研究难度也较大。

瑶族由于分支多,每个支系有各自的特点。一般只能选特定地方为代表进行研究。但由于瑶族历史上没有统一的文字,一个地方的文化现象又往往不能完全代表整个民族的文化,而人们研究瑶族文化又往往必须以特定的瑶族分支为例而对整个民族进行研究。这是在研究瑶族价值观变迁时存在的一大难点,本书也面临同样的问题。但为了使研究对象更加具体化,下面一般选择都安县布努瑶作为例子进行分析,必要时对其他地方瑶族的有关情况进行分析。

一、都安瑶族传统价值观的形成过程

瑶族是一个历史悠久的民族,在其漫长的历史中形成了其独特的价值观。作为一个群体文化核心的价值观,其形成与该群体的历史发展相关联,并且是通过人们的日常生活而形成、强化,并随着生活方式的转变而变化。瑶族历史上不断变迁,使得其生存环境、人口数量、生产方式、宗教信仰、社会交往情况不断变化,特别是与汉族、壮族相邻生活,受到道教、儒家思想的影响,是其传统价值观形成的现实基础。

瑶族的历史最早可追溯到蚩尤时期。[①] 蚩尤是中国远古的传说英雄人物之一,距今约五六千年。他与炎、黄二帝是同时代人,共同开发了黄河中下游一带,为中华文明奠下了最初的基石。后来,尽管蚩尤与炎、黄二帝两大部落发生矛盾和战争,被打败后一部分蚩尤的族人逐渐融合到了以炎黄为代表的华夏集团,但大部分族人却形成了新的三苗集团。直到尧、舜、禹和夏、商、西周王朝对九黎、三苗进行了大规模征伐,三苗部落瓦解,瑶族先民势力日衰,从此被迫离开长江中下游一带,开始了历史的大迁徙。从此之后,瑶族先民为了生存,坚强抗争,不断迁徙。瑶族在历史发展的长河中,不仅以顽强奋斗精神求得自身生存和发展,而且用自己的勤劳、勇敢和智慧,形成了与瑶族生活相适应的独特的价值观。同时,在瑶族不断迁徙的历史过程中,不断学习、吸收了兄弟民族的优秀文化,特别是汉族的道教思想、儒家思想,这些文化思想大大丰富了瑶族自身的文化内涵。经过几千年的沉淀和发展,瑶族传承和积累了极为丰富的文化遗产,从谋生、交往、婚嫁、丧葬、服饰、住宿到节日庆典、信仰禁忌,创造和形成了与其经济形态、生态环境和文化心理素质相适应的、具有特色鲜明的民族习俗和风情,瑶族价值观就蕴藏于其中。这些在长期的历史进程中形成的价值观念和审美观念,深深地融入瑶族民众的血脉之中,成为海内外瑶胞共同的精神记忆和特有的文化基因,成为瑶族团结的基础。[②]

瑶族的传统价值观正是在其长期的经济生活、政治生活、文化生活、社会生活的基础上所形成的,生活的土壤培育了瑶族的传统价值观。

二、都安瑶族传统价值观形成与发展的生活基础

价值观的形成与发展,都有其相应的生活基础。作为维系瑶族人生存与发展的社会组织,是瑶族人民的经济生活、政治生活、社会生活和文

---

① 参见玉时阶:《瑶族历史文化》,广西民族出版社 2000 年版,第 4 页。

② 参见奉恒高:《保护好瑶族非物质文化遗产,始终保持瑶族文化的独特优势》,转引自张有隽、玉时阶总主编:《瑶学研究——非物质文化遗产保护与传承》第 6 辑,香港展望出版社 2008 年版,第 16—17 页。

化生活得以长期延续的生活基础。因此,研究瑶族的传统价值观应当从研究其传统社会组织开始。

中华民族大家庭的 56 个民族,大多都经历了原始社会、奴隶社会、封建社会、半封建半殖民地社会、社会主义社会。但被称为东方吉卜赛人的布努瑶,自从 5000 多年前被炎帝、黄帝打败后,由于统治民族的不断驱赶或者追杀,长期以氏族社会部落群体为单位不断迁徙,直到唐宋时期才迁到广西西北部山区一带相对稳定地居住下来。由于瑶族人隐居深山,并且"山高皇帝远",其社会的内部事务受王朝及其所在地方上的势力的影响不大①,所以布努瑶原有的社会组织——原始社会以血缘关系为联系纽带的部落群体的政治制度一直在发挥作用。有些地方至今还保留着这样的制度,不了解瑶族这样的社会组织传统就无法理解瑶族传统价值观。

韦标亮主编的《布努瑶社会历史》一书,较为详细地论述了瑶族历史上社会组织主要类型及运转情况②。以下主要以该书相关内容为基础,对形成布努瑶传统价值观发生重要作用的社会组织的基本情况进行介绍。

一是密诺组织。传说很久很久以前,都安、大化布努瑶残存一种以血缘关系为纽带的社会组织,瑶语称为"密诺",意思是女(母)族长制。③这种组织一般有一二十户,多的五六十户。这个组织的头人不经选举产生,而是由族内最有威望的女性长者担任。凡是能力超人,生产上成绩最好,平时懂得关照族内各户各人、善于团结大家开展生产、生活活动,办事公道的女长者,得到公认的,大家自然推举她为族长。笔者经与长期从事布努瑶民间文学调查研究的蒙通顺、韦振苏、蓝永红等几位先生探讨,从布努瑶崇拜始祖密洛陀的传说来推断,密诺组织在母系氏族社会时期就已经出现。后来布努瑶进入父系氏族社会后逐渐消亡。目前布努瑶民间虽然没有密诺组织,但这种组织对布努瑶人的政治生活与社会生活产生

---

① 参见韦标亮主编:《布努瑶历史文化研究文集》,贵州民族出版社 2003 年版,第 171 页。
② 参见韦标亮主编:《布努瑶社会历史》,广西民族出版社 2010 年版,第 118—132 页。
③ 参见玉时阶:《瑶族历史文化》,广西民族出版社 2000 年版,第 118 页。

了极大的影响,比如说布努瑶最具影响力的神话故事就是以密洛陀女神的英雄事迹为主要内容。

二是浦洛组织。"浦洛"与"密诺"组织一样,都是纯粹以血缘关系为联系纽带的社会组织。"浦洛",汉译为"族佬制",不同的是,"浦洛"是男性长者担任头人,这种组织同样只能在同一姓氏的布努瑶同住的一个寨子或邻近的几个寨子(峒场)内形成。一个组织一般有三五十户,多的上百户,个别的也有两三个寨子二三百户。"浦洛"组织一般是自然产生一个领袖,没有其他成员。这位领袖就是人们常说的族长,即"浦洛"头人。被推为"浦洛"头人的,一般是族内勤劳、勇敢、办事主持公道,能说会道,敢于与一切损害或侵犯本族群体利益的现象作斗争之人,自然得到大家拥戴的长者。

与都安瑶族类似,其他地方瑶族社会也存在这样的社会组织:油锅组织、目老组织、庙老组织、社老组织、村老组织、石牌组织、瑶老组织、瑶长组织等①。这些组织对瑶族社会发挥着不同的功能和作用。

布努瑶的"密诺""浦洛"等社会组织在维系民族群体的生存和发展中起到过积极作用。一个民族或团体,为了能在艰苦的自然环境和恶劣的社会环境中生存、发展,必须有一个凌驾于社会之上的公共权力组织和管理机构,使之能与这种环境相适应。布努瑶的"密诺""浦洛""浦陶"等社会组织正是根据这一客观需要应运而生的公共权力组织,从出现开始至新中国成立初期(部分地方至今还存在),它们对布努瑶的政治生活和社会生活发挥着如下重要作用。

一是维护族内团结。以血缘关系为联系纽带的布努瑶,把族内户际之间的团结看得很重要②。因此,布努瑶的社会组织如"密诺""浦洛""浦陶"等对民族内部来说其主要职能是及时处理族内户际人际之间的矛盾和纠纷,维护社会秩序。过去布努瑶民风淳朴,邻里团结,兄弟相敬,

---

① 参见玉时阶:《瑶族历史文化》,广西民族出版社 2000 年版,第 118 页。

② 参见韦标亮主编:《布努瑶社会历史》,广西民族出版社 2010 年版,第 135 页。

姑嫂和睦,路不拾遗,夜不闭户,各种社会组织发挥了重要的作用,同时也培育了布努瑶良好的传统道德观念。①

二是对外而言,主要是抵御外部势力的干扰和入侵,维护民族自身的安全②。布努瑶长期以来就因外民族的歧视、欺压和围剿而不断迁徙,因此瑶族人往往会把防范外族的欺压、入侵列为其社会组织的重要职能。一旦族内有人被外民族欺压或殴打,当地瑶族人就会集中成群进行各种方式的斗争。特别是每当封建王朝对其某一部分进行征剿时,瑶族人会通过各种社会组织联合起来,共同抵抗。据统计,从宋初到清末,布努瑶数十次被封建王朝派兵征剿,但总是剿不尽、杀不绝。③ 这种历史也造就了布努瑶顽强拼搏、自强不息的传统精神。

三是保护和发展富有特色的瑶族传统文化。由于布努瑶长期居住在深山,历史上受到的外界文化影响往往较弱,文化娱乐活动较少。一般逢年过节或遇红白喜事时,布努瑶才有机会借助社会组织的头人组织本民族艺人或道公、巫师开展唱歌、跳舞或其他文娱活动,但频率较低,一般每年组织活动的次数不多,每次表演的内容变化不大。密洛陀史诗、瑶族铜鼓舞、说亲词、送祖归源歌等就是以这种方式一代又一代传承下来的,社会组织的重要作用就是使瑶族的传统价值观得以稳定地传承。④

布努瑶在经过长期迁徙到今河池市西北部山区稳定居住下来后,经过几百多年的休养生息,已经适应自然条件并不优越的生存环境,而且生产力已发展到较高的水平,生产的成果已经超出维持生存水平,一般农户开始拥有私有财产。在土司制度统治和壮族、汉族土官、地主豪绅的多种残酷剥削之下,财产纠纷和偷盗行为不时发生,于是以保护私有财产不受侵犯和族群团结为宗旨的布努瑶社会组织就应运而生了。布努瑶部分社会组织之所以能残存到今天,主要有两个方面的原因:一方面,布努瑶迁

---

① 参见韦标亮主编:《布努瑶社会历史》,广西民族出版社 2010 年版,第 135 页。
② 参见韦标亮主编:《布努瑶社会历史》,广西民族出版社 2010 年版,第 135 页。
③ 参见韦标亮主编:《布努瑶社会历史》,广西民族出版社 2010 年版,第 135 页。
④ 参见韦标亮主编:《布努瑶社会历史》,广西民族出版社 2010 年版,第 135 页。

徙到红水河流域的都安、大化、巴马、东兰山区一带相对稳定地居住下来以后,社会生产力十分低下,多数农户仍以刀耕火种的游耕农业为主,单个人或者家庭的力量是很难战胜自然灾害的,因此需要借助原始社会氏族组织的力量与自然灾害作斗争。另外,通过社会组织来保护私有财产不受侵犯、促进族群团结也是瑶族人共同的客观需要。另一方面,布努瑶居住地远离封建王朝的统治中心,而且也远离封建王朝在西南地区的势力范围——各地区的各大中小城镇,封建王朝的统治力鞭长莫及。为了加强对民族地区的统治,尽管朝廷采取以夷制夷的办法在民族地区建立土司制度,让壮族土司代为管理,但土司官只懂得以多种手段剥削布努瑶人民,却没有想到也没有能力从根本上摧毁布努瑶社会组织,这是布努瑶社会组织得以长期存在的重要原因。①

三、都安布努瑶的传统经济价值观

新中国成立以前,瑶族地区人们生产力水平低下,物质生活艰难,经济发展较慢,农业活动是人们的主要经济活动,人们的经济价值观与这个经济发展水平相适应。概括来说,布努瑶传统经济价值观的主要特点有以下几方面。

(一)安于现状,不讲效率

由于瑶族历史上生产力相对落后,刀耕火种的游耕农业是瑶族历史上经济生活的主要特征。同瑶族不断迁移的生活方式相适应,以刀耕火种农业为主,刀耕火种的游耕农业是瑶族定居前经济生活的总体特征。"游耕是人类社会中一种比较独特的生产、生活样式。它以山区居住、从事刀耕火种的旱地农业、数年后因地力耗尽而寻地另垦为特征。由于历史上长期不断地游动耕作,所以游耕是一个从生产力到生产关系、意识形态的综合性的概念,它在人们的衣食住行、生活习惯、意识形态等方面都

---

① 参见韦标亮主编:《布努瑶社会历史》,广西民族出版社 2010 年版,第 135 页。

有所反映。"①这样的生产活动,往往是简单地重复,客观上并不需要太多新的技术和技能就可以实现再生产,所以人们容易安于现状、不图变革和创新;另一方面,由于人们将本地的大自然的资源用完就换地方,在大范围内似乎资源取之不完、用之不竭,所以人们自然不讲效率。"刀耕火种,食尽一山,则移一山。""择土而耕,迁徙无定。""伐木耕土、土薄则他徙。""种山而食,来去无常。"②这些生产生活特点使得人们的效率意识较淡薄。

(二)因循守旧,不图变革

这里我们以布努瑶的耕种为例对这一点进行分析。所谓刀耕火种的游耕农业,就是生活在山区的布努瑶每年农历十二月前后上山,用斧头和砍刀将土坡或半土坡上的树木杂草砍倒,让其慢慢干枯,第二年清明节前后放火焚烧,待灰烬冷却后播撒玉米、高粱、绿豆、小米种子。播小米、高粱、绿豆不用除草护理,只等秋后黄熟即收割。播撒玉米,一般在玉米苗长到一尺高左右时护一次苗;同时播撒饭竹豆种子,以后概不作任何管理。到玉米苞即将黄熟时,在玉米地中间搭一简易工棚,派一男子持猎枪日夜守护,防止野猪践踏。收完玉米一个月后,攀在玉米秆上的饭竹豆也可采摘了。以刀耕火种方式种粮,一般只能种三年。播种方式:第一年撒播,第二、第三年开穴点播。三年以后必须换地方开垦。因为刀耕火种的肥料靠的是腐烂在土壤表层的树叶和灰烬,两三年后这些天然肥料由于农作物的吸收和雨水的冲刷而基本耗尽,而且因雨水冲刷使土层变薄,再种农作物已是"油去灯不亮"了,于是人们只好转移地方开新荒。这样很不发达的生产方式,人们生产生活中只需要不断反复、积累经验、按部就班,没有必要创新、变革。

(三)省吃俭用,吃苦耐劳

历史上瑶族人一般都被外族压迫,深入大山生活,自然条件十分恶

---

① 玉时阶:《瑶族文化变迁》,民族出版社 2005 年版,第 27 页。
② 玉时阶:《瑶族文化变迁》,民族出版社 2005 年版,第 28 页。

劣,地广人稀,气候多变,来自大自然的生存压力很大,所以特别能吃苦。由于生产工具落后、劳动成果不多,人们只能省吃俭用。布努瑶拥有的水田极少,而且都是沟边田和梯田。这些水田的特点,一是依山势走向而狭长弯曲,面积小,大的约有五六分,小的才几厘,故称"巴掌田"。二是缺水,每年要等到谷雨后天下大雨沟溪水满才能引水灌溉播种插秧,所以又称"望天田"。布努瑶的水田由于光照不足、经常遭旱灾,加上鼠害鸟害兽害严重,过去每亩产量一般不足 100 公斤。[①] 所以布努瑶视大米饭为特别珍贵的食品,只有逢年过节才能吃上。因此,节约成为人们的必然选择。

(四)自给自足,耻于经商

瑶族在历史上经济生活的特点是:属于自给自足的自然经济,没有形成民族市场、没有民族工业、没有民族商业。他们生产资料简单,生产工具落后,社会再生产环节少,生产劳动一家一户进行,劳动成果自给自足,日出而作,日落而息,年复一年,周而复始。据调查,都安瑶族自治县(含现在的大化县)新中国成立前共有安阳、地苏、高岭、下坳、保安、大化、古河、都阳八个集市,都在壮族聚居区。都安的隆福、永安、龙湾、三只羊,大化的七百弄、板升、板兰、镇西等瑶族聚居区的瑶族,要卖土特产或日常生活必需品,要用二至三天走小路,来往四五天甚至一个星期,途中投宿壮族人家,其艰辛程度可想而知。

瑶族的商业是在兄弟民族的带动下发展起来的。壮族和汉族商人可从瑶区得到农副土特产品,瑶民们则需要瑶族人自己不能生产的生产生活必需品,如食盐、煤油、棉纱、棉布、炊具、铁农具、文具。瑶族与壮族、汉族商人之间产品交换的目的是要解决本民族的衣食住行问题,保证社会的正常运行,维持族群的生存和发展。交换的实质是民族之间互通有无、优势互补的交换。但商业交往活动并不频繁,因此商业交往的基本价值观如等价交换、信守承诺的观念难以形成。

[①]　参见韦标亮主编:《布努瑶社会历史》,广西民族出版社 2010 年版,第 84 页。

（五）不思进取，平均主义

"巴掌田""望天田"的客观条件使人们很难通过自己的努力去获得更多的收成，所以人们缺少进取精神；但由于总是可以移到有充足食物的地方，总是有东西可收获，收获的东西即使独占也没多少，所以一般会平均分配给其他人，一旦成为习惯，人们就形成了平均主义的传统。如某户某房绝嗣后，其留下的土地由最亲近的叔伯兄弟耕种，或归同宗族集体所有，这部分由某户耕，收入按六四或五五分成，四或五归集体所有，这部分由同宗族各户平均分配，或留作联宗祭祖的开支。这种制度对于瑶族人形成平均主义观念也有重要影响。当然，这对于促进瑶族人内部团结是十分有好处的。另外，反正都是平均分配，所以没必要争取个人利益。

四、都安布努瑶的传统政治价值观

一方面，由于瑶族历史上大多数时间生活在条件恶劣的边远山区，生产力不发达，瑶族人与外界交往少，布努瑶的政治生活与社会生活基本上是在相对封闭的小社会里交织进行的，逐渐形成了维系瑶族社会生存与发展的社会组织。人们正是通过社会组织参与到瑶族社会的各种政治生活与社会生活中的。另一方面，由于历史上瑶族长期与其他民族缺少平等交往机会，这对瑶族的政治价值观产生了较大的影响。概括来说，都安布努瑶的传统政治价值观有以下特点。

（一）依赖集体，服从权威

由于上述社会组织事实上成为瑶族传统社会运作的政治组织，人们的身份必须在社会组织中得到确认才能参与部族的各项事务，而参与过程又受到社会组织各种约定俗成的规则所制约，这些规则主要有头人的权威与社会习惯法，并且头人在规则的制定中扮演了至高无上的角色。从这个意义上说，个人只有作为组织的一员，并且无条件服从于社会组织，才能在瑶族社会上有立足点并获得生存资源，才能参与到瑶族的政治生活与社会生活。

用马克思主义的关于人类社会发展相关观点来分析，这些组织体现了瑶族人长期处于"人的依赖"的发展阶段。在这样的阶段中,人的存在状态表现出两种特性:一是社会联系的直接性,二是个体缺少独立性。这样,瑶族人逐渐形成了族长权威、群体至上的传统价值观,同时人们的独立精神、自主意识、利益诉求没有得到充分的发展,养成人的依附性。所以,他们的政治参与、社会交往就必须以社会组织的相关规则来维系,社会对个人的控制力是十分强的。例如,在社会组织主导下的各种习惯法、婚姻规则、对外界联系等在人们的日常生活中发挥着重要的调控作用。

(二)容忍克制,遵守习惯法

瑶族在历史上作为一个相对弱势群体,总是受到外族的剥削与压迫。外族对瑶族的剥削方式主要有:地租剥削、雇工剥削、高利贷剥削、乱征乱派剥削等。① 这些剥削使瑶族人民本来就不容易的生活更加艰难。受剥削和压迫是瑶族社会历史上的一大特点,这也使得瑶族对外族人一般抱有各种成见。他们也曾经有过一些反抗斗争,但由于瑶族人口规模小、居住分散,没有本民族通用的文字,且往往居住在边远山区、交通不便,所以瑶族的族内交往十分困难,在历史上没有形成过相对稳定的民族政权,很难组织起强有力的反抗活动,一般的反抗斗争也都以失败告终。由于要适应被剥削、被压迫的生活,瑶族培育了特别能容忍、能克制的共同心理倾向。

在古代布努瑶到红水河中游两岸流域定居后,绝大多数人居住在"山高皇帝远"的深山老林,封建王朝制定的各种法律法规,由于交通极其不便、布努瑶人又不识汉字而不能在瑶区贯彻实施。为了调节内部人与人的关系,维护生产和生活秩序,保障人们的财产和生命安全,保证群体的统一和谐,维持个人和民族的生存,推动社会经济的发展,布努瑶在长期历史发展过程中逐渐形成了用以约束和规范社会成员的不成文的原始法律,这被称为习惯法。

瑶族人一般都遵守习惯法。布努瑶聚居区极少发生偷盗抢劫和杀人

---

① 参见韦标亮主编:《布努瑶历史文化研究文集》,贵州民族出版社2003年版,第171页。

放火等案件。但族外婚、男女通奸、斗殴伤人、土地及水利纠纷等案件时有发生。一旦发生上述刑事或民事案件,他们都按历史上形成的刑事习惯法进行处理。布努瑶寨佬拥有至高无上的权力,所以首先由族长出面处理。如发生男女通奸,一般由族长或寨佬强迫犯事双方宴请全寨,并下跪发誓不再重犯;偷他人财物的,一般是偷一罚二或罚三,有的地方是要当事人身挂窃物游村示众;打伤人的,道歉并付医疗费;打死人的,不偿命,但要出资办道场。有的地方,对被发现乱伦的青年男女,要送给族长处置,由族长视乱伦情节给予不同处罚,严重的,罚其砍牛祭寨。具体是由犯事的男女双方各备一头花牛,牵到神地宰杀,祭拜寨神和密洛陀,同时加上若干只鸡、小猪、羊、米酒数坛,宴请全寨男女老少。砍牛祭寨当天,犯事者还要被押解到寨子中央下跪示众,他们要被强迫对天发誓不再重犯。

（三）遵循原始的民主、平等观念

布努瑶各种社会组织赖以建立的思想基础是他们的原始的民主、平等的观念。过去,布努瑶长期受统治阶级和大民族的压迫歧视而不断迁徙,生产生活和生命财产没有安全保障,使得他们深感没有凝聚力就不能生存。而要保持高度的凝聚力,就需要平等相待、有难共当、有福共享。凡有重大事情要处理,即使当了头人的,也要与大家共同协商,意见统一了才去办。这种民主平等观念,通过《密洛陀》史诗得以代代相传下来,并在"浦洛""浦陶"社会组织中得以充分体现。当然,这种原始民主、平等观念,是建立在生产力落后、没有与外族人平等的地位、局限于族内的基础上的,与现代建立在人的自主独立基础上的民主、平等是不同的。

五、都安布努瑶的传统社会价值观

都安瑶族作为一个与外界交往较少的生活共同体,长期在族长权威的有效治理下维持内部的公共生活秩序,其社会交往维系的基础是十分牢固的。概括地说,其传统社会价值观有以下特点。

（一）家族至上，重义轻利

瑶族的家族意识很强烈，重大事情都要以家族利益为重。以婚姻为例，布努瑶实行族内通婚。布努瑶在长期实践中逐步形成了"姑表婚""指腹婚"的习惯法。所谓"姑表婚"，指的是哥哥的儿子一定要娶妹妹的女儿为妻子，但姐妹的子女不能结婚。"指腹婚"指的是孩子未生就定亲。布努瑶人结婚只经双方父母同意还不行，必须得到舅爷点头认可才行。布努瑶有句民谚："在天雷公大，在地舅爷大。"①这是母系社会舅权制残余影响的结果。在布努瑶的婚姻中，舅爷家儿子有优先娶姑妈的女儿的权利。即是说，姑妈的女儿，一定要回嫁给舅爷的儿子。只有舅爷无儿子，或舅爷的儿子已有意中人并不愿娶表妹，姑妈的女儿方可外嫁他人。但在外嫁问题上，舅爷拥有否决权。如果外甥女要嫁的男子属于舅爷的仇敌，或是舅爷特别嫌弃的，他一反对，这门婚事往往因此告吹。可见，在婚姻问题上，家庭利益是至上的。

在一个相对封闭的环境内，人们主要与族内人相处，人与人之间的财富相差不大，贫富基本相当，所以人们对物质利益的诉求并不十分强烈，一般都倾向于重义轻利。

（二）自我封闭，人情交往

从对外交往方面来说，瑶族社会生活的重要特点是局限于社会组织内部、局限于族群内部。原因在于与外族人的交往缺少利益驱动并受到社会习惯的束缚，与外族人的物品交换只是可有可无的补充性交换，不是生活不可或缺的必然性经济往来。另外，族际通婚的断绝，切断了人类社会很重要的族群交往渠道。因此，瑶族人与外族人交往很少。这样便形成瑶族人对自我封闭的广泛认同。当然，新中国成立前瑶族也并不是都不与外族发生任何经济交往，只是交往方式主要是以简单的物物交换为主。原因有三：一是多数布努瑶民手中钱比较少或者根本就没有钱；二是部分布努瑶居住地远离集市，自给自足小农经济观念较浓，购买壮族汉族

---

① 参见玉时阶：《瑶族文化变迁》，民族出版社 2005 年版，第 68—69 页。

先进产品的愿望淡薄;三是壮族汉族货郎担走村串户送货上门,为缺乏货币的瑶民以物易物创造了良好条件。交换的实物,布努瑶民方有大米、玉米、小米、黄豆、饭豆及桐籽、油茶籽、云木耳、兽肉、药材、野鸡和兽皮等。壮汉货郎方有洋油(煤油)、洋火(火柴)、食盐、布匹、棉纱、针线、小农具、化妆品、香火等。兑换比率各地都有约定俗成的不成文的规定。如在都安县三只羊乡,1 公斤煤油兑换 15 公斤玉米,1 盒火柴兑换 1.5 公斤玉米,1 公斤食盐兑换 8 公斤玉米。① 这种以物易物的交换形式,直到 20 世纪 60 年代初在都安的隆福、下坳、三只羊,大化的七百弄、镇西、板升、板兰等地方还存在。

从瑶族内部方面来看,由于社会组织的影响,瑶族社会内部形成了相对稳定的以血缘关系为基础的伦理社会,人们一般一群人共同生产、共同消费,在人与人之间交往中感情起重要作用,社会活动中感性因素比理性因素更被重视,如重交情、讲义气等,而追求物质利益则处于次要位置。人们往往在人际交往中花费大量财富,而且十分高兴,彼此真诚相待,普通家庭一般消耗较多的财物在人际交往上。如上面的兑换比率是约定俗成的、不成文的规定,往往会因交情情况而有较大的变动。

六、都安布努瑶的传统文化价值观

布努瑶的经济生活、政治生活和社会生活相应的传统价值观,是瑶族传统价值观的重要内容,而更为集中反映瑶族传统价值观的是其文化生活。瑶族文化生活相当丰富,表现形式多样,但其中的许多内容则主要靠民间口头传承下来,很难准确说出相应内容产生的具体年代,所以瑶族人的精神生活不能用准确的时间顺序来说明其形成的具体历程,只能探讨瑶族传统文化生活的主要内容,从中探讨瑶族的传统文化价值观。瑶族的宗教信仰、文学艺术、生活风俗、巫术活动等方面从观念上集中反映了瑶族人的精神生活情况,尤其是宗教信仰、祖先崇拜方面,其传统价值观

---

① 参见韦标亮主编:《布努瑶社会历史》,广西民族出版社 2010 年版,第 109 页。

有十分鲜明的民族特色,集中反映在两个方面:一是崇拜祖先,看重来世;二是信仰多神,崇尚巫术;三是崇拜英雄,自强不息。

(一)崇拜祖先,看重来世

瑶族人对祖先十分敬重,祖先崇拜往往与宗教信仰融在一起,使人们关注自己的祖先、关注来世的幸福,这对人们的价值取向有极为重要的影响。

恩格斯在《路德维希·费尔巴哈与德国古典哲学的终结》一书中指出:"在远古时代,人们还完全不知道自己身体的构造,并且受梦中景象的影响,于是就产生一种观念:他们的思维和感觉不是他们身体的活动,而是一种独特的、寓于这个身体之中而在人死亡时就离开身体的灵魂的活动。从这个时候起,人们不得不思考这种灵魂对外部世界的关系。如果灵魂在人死时离开肉体而继续活着,那就没有理由去设想它本身还会死亡;这样就产生了灵魂不死的观念,这种观念在那个发展阶段出现决不是一种安慰,而是一种不可抗拒的命运,并且往往是一种真正的不幸,例如在希腊人那里就是这样。"①

从恩格斯上述文字分析,我们可以得知远古时代就有人认为人是由"肉体"和"灵魂"两部分组成的,而且灵魂是不死的。而这一观念也是布努瑶宗教观念的一个重要的部分。布努瑶人认为,人是有灵魂的。人死了灵魂就离开人体,转入另一个世界生活。但人的灵魂有善恶之分。人生前只做善事不做恶事,死后就变成善鬼,而经常做坏事恶事的人,死后则变成恶鬼。善鬼能保护族人或家人"人丁平安""六畜兴旺""五谷丰登""财气兴隆",因此逢年过节都要祭祀他们,以示酬谢。对于恶鬼,他们既恨又怕。凡人生了病或牲畜得了瘟疫,他们认为这是由恶鬼惹的祸,痛恨之余,又不得不杀猪宰羊或杀鸡鸭,请巫师祭神驱鬼,保佑人畜平安。这样的信仰,是符合人类早期社会意识的普遍规律的。如果把不死的灵魂当作"鬼",以上的解释就为人们常说的"鬼"之所以存在于人们的观念

---

① 《马克思恩格斯选集》第4卷,人民出版社2012年版,第229—230页。

提供了依据。

布努瑶的祖先崇拜是随着鬼魂崇拜发展起来的。古代社会往往是以血缘关系为纽带的氏族部落,在这样的制度下,一些生前强有力的、为氏族部落的生存和发展作出突出贡献的酋长、头人或领袖,死后常常被人尊崇为祖先而进行祭祀。布努瑶的祖先崇拜也属于这一种情况。布努瑶崇拜的神有两类:一类为家神,一类为客神。家神指的是当事人已经过世的家父与家母、祖父与祖母、曾祖父与曾祖母、高曾祖父母等历代已故的宗亲。客神指的是布努瑶共同敬奉的原始神,即九位大神。布努瑶人传说九位大神都是密洛陀创造出来的,分别是阿胜、洛刚、奉易、阿育、蛊祖、坚硬、秦硬、阿令班妙、阿也。① 布努瑶家家户户都设祭祀家神的神台,神台的大小和构造因每个家庭的经济状况会有所不同,家境贫寒房舍小的家庭,一般祭堂设在火灶边的竹篱笆上,神台比较简单;富裕的家庭专门设有厅堂的,神台比较大气。逢年过节,布努瑶有祭祀家神的传统习俗。②

布努瑶的家神崇拜和客神祭拜主要体现在送祖归源和还愿活动两大宗教仪式上。"送祖归源"和还愿活动是布努瑶鬼魂崇拜和祖先崇拜的集大成,又是布努瑶民族精神和宗教文化显现的大舞台,能够充分展现瑶族传统信仰文化及其价值观。下面分别介绍这两种重要的宗教仪式。

一是送祖归源。布努瑶"送祖归源"仪式的历史比较久远。"送祖归源"仪式的来源是一个布努瑶的民间传说。这个传说的内容是:很久很久以前,天上有 12 个太阳和 12 个月亮,晒得大地草木枯萎;为了生存,布努瑶的始祖密洛陀专门派九位大神到天边射日月,最后射落了十一个太阳和十一个月亮,这就惹怒了太阳和月亮的儿子,它们不发光照耀大地,天下一片黑暗;密洛陀带了猪羊鸡去向太阳月亮的儿子赔礼道歉,太阳月亮之子要求将射下的太阳月亮之魂送上九重天复归原位,密洛陀便请人做道场,把太阳月亮的魂送过半阴半阳地,送到了九重天;后来密洛陀临

①　参见韦标亮主编:《布努瑶社会历史》,广西民族出版社 2010 年版,第 319 页。
②　参见韦标亮主编:《布努瑶社会历史》,广西民族出版社 2010 年版,第 319 页。

终时嘱咐自己的儿孙说:"我死后,你们要请来道师做道场,送我阴魂上天堂,送到祖魂居住地",还说"父养子女辛苦,死后也要开道场送父阴魂去归源"。这样,布努瑶就形成了"送祖归源"习俗①。

二是还愿活动。根据布努瑶的民间传说,布努瑶崇拜的九位原始神都是密洛陀的儿子。他们在密洛陀的带领下,射太阳、战旱魔、战蝗灾、战顽兽,造人类,造天造地,造树木花草,创造了布努瑶的太平盛世。因为他们是客神而不是家神,各家庭在每年的节日活动中只祭祀家神,不祭祀客神,因此需要专门搞还愿活动来隆重祭祀密洛陀及其儿子们。"还愿",布努瑶语的意思是"促萦纪布迎杲",也就是祭祀祖宗、祭敬祖神,包括了"祭"和"敬"双重含义。还愿活动也可分为"小还愿"和"大还愿"两种类型。"小还愿"一般是只祭创世神中的一位大神;而大还愿则要祭祀客神和家神,即在祭祀始母密洛陀、九位创世神的同时,祭祀家神。大还愿活动是布努瑶最高规格的祀神活动,参与的人员一般都比较多。②"密洛陀"创世的传说中是这样记载大还愿活动的起源的:密洛陀造天造地后,来到洛立建立大本营;在准备造人类时,突然出现一系列的凶兆,比如母鸡下了无壳蛋、牛绕着圈子走、马蜂到屋里筑巢、两蛇缠绞在一起等;密洛陀请阴阳神常修尹劳问卜得知将会有大难临头,只能通过举行大还愿才能消灾;接着,密洛陀就在洛立城举行大还愿活动,通过仪式来抚慰并送走了降凶兆的鬼神,这样就为布努瑶消了灾,没有发生大的灾难。据说是从那以后,布努瑶民间的大还愿活动就一直流传下米直到今天。③

(二)信仰多神,崇尚巫术

在漫长历史长河中,瑶族人不断迁移,信仰上的主要特点是以民间宗教为主,同时在一定程度上受到道教和佛教的影响。④ 瑶族人的许多重大仪式都有道公的参与。瑶族人以这些信仰和崇拜来支配人的生产生活

---

① 参见韦标亮主编:《布努瑶社会历史》,广西民族出版社 2010 年版,第 307 页。
② 参见韦标亮主编:《布努瑶社会历史》,广西民族出版社 2010 年版,第 309 页。
③ 参见韦标亮主编:《布努瑶社会历史》,广西民族出版社 2010 年版,第 309—310 页。
④ 参见韦标亮主编:《布努瑶社会历史》,广西民族出版社 2010 年版,第 298 页。

方式,规范自身的行为,并使之渗透到社会物质生活、精神文化生活的各个方面,从而形成独特的文化现象,同时对瑶族民众的世界观、人生观和价值观产生深刻影响。应该指出,这些信仰严重阻碍了瑶族人科学观念的确立。

第一,自然崇拜。

多数布努瑶人认为很多事物都有神灵的存在,比如天、地、日、月、风、雷、电、鸟、兽、虫、鱼、江、河、湖、高山、巨石、大树等,它们都有相应的神灵存在。正是在这样的理念指引下,布努瑶人往往会自觉或不自觉地将神灵的作用看作是各种自然灾害、人的生老病死等现象发生的原因所在。这样人们就希望用最好的食物、最美的语言和最诚实的态度来祈求神灵的庇护。自然崇拜就成了布努瑶的普遍现象。[1]

第二,图腾崇拜。

图腾崇拜是许多古老民族的原始宗教形式之一。布努瑶的图腾崇拜是自然崇拜和祖先崇拜结合的产物。其图腾崇拜的直接对象一般是动植物。瑶族很多分支的图腾崇拜对象是动物,如盘瑶崇拜盘瓠龙犬等。许多动物如羊、狗等动物往往都是瑶族的图腾崇拜对象。[2]

第三,巫术盛行。

巫术在布努瑶社会中是常见的,是人们对鬼神信仰的结果。人们一般把巫师和巫术与宗教信仰区别分析,但也同样重视巫师和巫术在人们生活中的作用。当然,我们也不能简单地否定巫术,因为它在许多民族地区的民众生活中还发挥着不同程度的心理调节作用。布努瑶人过去称巫师为"挪魔"或"触陀",但随着瑶族各个族群融合的不断加深,一些地方也称为"魔公"或"鬼师"。[3] 传说在远古时期布努瑶遭灾时,是始祖密洛陀通过在梦中显灵指示他们开展驱鬼活动。后来有位寡妇自称是密洛陀的灵魂附于她的身体,所以会呼风唤雨,能预知阴间鬼事,并说密洛陀告

---

① 参见韦标亮主编:《布努瑶社会历史》,广西民族出版社 2010 年版,第 298 页。
② 参见韦标亮主编:《布努瑶社会历史》,广西民族出版社 2010 年版,第 314 页。
③ 参见韦标亮主编:《布努瑶社会历史》,广西民族出版社 2010 年版,第 319 页。

诉她,她死后只许将此巫术传授给 3 个妇人,如此代代相传,世上便有女巫师。但在这几年的民间调查中,都没有人说他们见过女巫师。大概是在父权制代替母权制的漫长历史长河中,男巫师已逐渐取代了女巫师,成为布努瑶的宗教祭司和主持人。①

占卜是布努瑶巫师的巫术中的主要法术,人们有问题一般都比较喜欢通过占卜来寻求解决之道。在传统社会中,布努瑶家人有病或者是生长不良、遇到各种自然灾害等情况时,一般都要请巫师占卜问神,弄清是何种鬼作祟,然后有针对性地驱鬼。布努瑶占卜的形式主要包括鸡卜、蛋卜、草卜、竹筒卜、黄豆卜、木槁卜、跳马卜、飘烟卜、杀鸡辨认子女卜等。②这些传统到现在还对人们的信仰价值观具有重要影响,许多瑶族村落还存在有病时求巫师、施巫术,而不愿意上医院、不找医生的现象。说明瑶族人的传统价值观里对巫术、巫医是十分认同的。现在我们知道,巫术是不科学的,但由于人们相信它,所以它可以从心理上为处于各种困境中的人提供精神安慰和心理调适。

(三)崇拜英雄,自强不息

瑶族人把祖先神化的同时也将其人格化,用各种民间文学形式塑造英雄形象,用以激励人们战胜万难。

布努瑶人虽然长期以来没有形成自己的文字,但他们在漫长的历史发展过程中,仍然创造十分神秘而且具有浓厚民族特色的形式多样、内容丰富的民间口头文学。布努瑶民间文学包括神话、传说、故事、史诗、歌谣、说词、谚语等,这些文学作品中渗透了瑶族人普遍认可的各种传统价值观,是布努瑶人民勤劳智慧的结晶,是我们研究瑶族价值观的重要依据。布努瑶信仰的核心是密洛陀女神,许多文学作品都是以女神为核心展开的。下面是一些例子。

布努瑶神话中最具代表性作品是传说《密洛陀》。大多数布努瑶聚居

---

① 参见韦标亮主编:《布努瑶社会历史》,广西民族出版社 2010 年版,第 319 页。
② 参见韦标亮主编:《布努瑶社会历史》,广西民族出版社 2010 年版,第 320 页。

地区都有密洛陀神话的传说,但大概因为支系多,分布地域广,而且支系间隔山又隔水,几乎互不来往,又没有形成固定的文字版本,只靠口头传播,因而在不同地域就有不大相同的传说。都安瑶族自治县所属的下坳乡、隆福乡、永安乡、大兴乡等乡镇密洛陀神话的内容基本相近,主要有以下内容。

世界一开始就是混混沌沌的,没有形成物质,但最初有风,天地万物和人类都是由风的吹荡而产生的。万物和人类的始祖是一男一女,女的叫米罗沙,男的叫布罗梳,他们都由风吹而生出来的。后来他俩结了婚,米罗沙用身子去挡风,生了好几个孩子:第一个是太阳,使人们有白昼,人类有了光明;第二个是月亮,使人们在夜里也得到光辉;第三个是雷王,他管理闪电、火焰、云雨、霜雪、冰雹;第四个是天空;第五个是大地;第六个是土壤,万物得以生长;第七个是水,因而出现了江河、湖泊和海洋;第八个是山岭;第九个是树木花草。米罗沙指示说:"好木长在高山顶上,杂树茅草和野草生长在山腰,竹子和大树花果等种在平原。"于是就形成今日各种树木花草的固定生长地点。米罗沙观察了宇宙万物形成之后,觉得还没有动物,于是她创造了蜜蜂去采集花粉来繁殖花果,接着又创造了各种各样的飞禽走兽、牛马羊和昆虫,各传其种,各安其居,各营其生。她看竹生笋,又在竹笋上创造出荧光虫。宇宙万物和人类都完全齐备后,但太阳和月亮自行婚配,又生出十一个太阳和十一个月亮,太空和地面因此像火焰般的炎热,使得万物难以生长,庄稼也不能耕种。米罗沙到处寻找能打下多余的太阳和月亮的人,命令他们去攻打。第一次去攻打的人是简望帝留沙陀(瑶语),但失败了。第二次去攻打的是沙利友和苏洛依两兄弟。由于他们准备了犀利的弓箭和很毒的毒药,终于射落十一个太阳和十一个月亮。为了防止太阳月亮再生儿女,米罗沙把节育的药给太阳月亮吃,从此气候恢复正常,万物都得以生存,人类得到安居乐业①。

这个神话成为都安瑶族人共同的精神支柱,每逢重大节日、重要仪式都要以不同方式敬仰密洛陀女神。在这个神话的基础上,形成了瑶族特

---

① 参见韦标亮主编:《布努瑶社会历史》,广西民族出版社 2010 年版,第 257—258 页。

有的密洛陀创世歌、创世史诗。布努瑶的创世歌是《密洛陀》,个别地方还有《娅台和七子》。《娅台和七子》算是《密洛陀》的续篇。创世歌《密洛陀》是密洛陀神话的歌谣本,以歌的形式叙述布努瑶造天造地、造人类、造万物以及迁徙路线,一般由民间歌手、道公、巫师口头传唱。《娅台和七子》叙述密洛陀造天造地后,分派娅台管地。因为密洛陀造的地太宽阔,娅台一个人管不过来,她又将地划分为七部分,分给七个儿子各管一个地方,并将大印、笔墨、刀斧、称子、犁头、月刮、镰刀分别送给他们,这就意味着人类社会的官、学、工、商、农的分工由此时开始。歌的主要内容是叙述娅台的第七个儿子分得了月刮和镰刀后上山刀耕火种,与猴子结婚生下七男七女,他们都成了人类的祖先。①

经过上面的分析,我们可以看出瑶族的传统价值观具有如下主要特点。

经济生活方面,以自给自足、崇尚农业为价值取向,人们普遍受到安于现状、不思进取、封闭守旧、不讲效率、不图变革、平均主义、耻于经商等价值观的影响。

政治生活方面,以族长权威、群体至上为价值取向,服从权威,以习惯法为准则,在政治活动中人们缺乏独立精神、自主意识、利益诉求。

社会生活方面,以家族为重、崇尚人情礼节为价值取向,社会交往以社会组织的道德准则来维系。个人对家庭、对家族的依赖性较强。

文化生活方面,信仰上以祖先崇拜为主,信仰多神、相信灵魂不死、相信巫术,崇拜祖先,看重来世,崇拜英雄,自强不息。具有较为完备的从神话、传说、巫术到宗教信仰的精神文化生活体系。这样的文化生活习俗,使得人们往往缺乏科学知识和理性精神。

七、新中国成立以来都安布努瑶价值观的历史演变

瑶族从传统社会走向现代社会主要经历了两次重要的历史阶段:一

---

① 参见韦标亮主编:《布努瑶社会历史》,广西民族出版社 2010 年版,第 270 页。

是新中国成立后不久瑶族从传统社会直接进入社会主义社会,二是改革开放后瑶族地区社会主义市场经济体制建立。我们把改革开放之前瑶族价值观变迁当作瑶族价值观变迁史的重要历史阶段,而改革开放之后至今的瑶族价值观我们称为当今瑶族价值观,这部分我们将在后面的章节中在实证研究的基础上进行分析。生活的变化是价值观演变的基础。以此为线索,下面笔者结合以下几个具体的个案从经济生活、政治生活、社会生活和文化生活四个方面的变化,简要地对新中国成立后至改革开放前这几十年瑶族价值观的历史演变进行分析。

(一)经济价值观的变化

新中国成立以来,虽然瑶族人的经济生活摆脱了各种剥削关系,但是人们的经济生活基本上还是停留在传统的自然经济状态,人们还是被紧紧地束缚于集体生产的制度之下,也就是人们的生产活动仅仅是由对集体(生产队)的依赖或依附关系取代对家族的依赖,容易满足、平均主义、不图变革、耻于经商的传统价值观并没有发生根本的变化。

我们以都安瑶族自治县下坳乡加文村为例进行分析。这个村近几十年的经济生活变化主要可分为以下几个阶段:土地改革、互助组、初级农业生产合作社、高级农村生产合作社、人民公社、生产大队、生产小队、家庭联产承包责任制。① 土地改革后,村民摆脱了种种剥削和压迫,但生产资料仍然十分简单,一家一户独立生产,小农经济的规模小、技术落后、生产分散,有的农户根本就缺少必要的生产工具如农具、耕牛等;经济生活不稳定,所以当时的生产力水平还是十分低下的;1953—1954 年,农村开始推广社会主义萌芽性质的互助组,在一定程度上聚集了生产要素,使个别力量变为集体力量进行生产,但生产的主要是粮食,且生产的粮食归各户,这种变化使得农民生产情绪高涨;1955—1956 年的初级社实现了生产的统一化,大家集体劳动,这在增产方面优于互助组,但在评分、计分、计酬

---

① 参见覃主元等:《大石山区的祥和村落——广西布努瑶社会经济文化变迁》,民族出版社 2007 年版,第 39—42 页。

方面存在诸多问题,窝工现象严重,分配不合理;后来的高级社,实行统一核算收入、统一分配粮食,这种方式使农民生产劳动以村屯为单位,但分配却以高级社为单位进行,劳动力统一支配,有些村民要走 10 公里左右的路去集体劳动,并且同时其他人也要等人到齐后才开工,自然村、自然屯之间哪里进度慢就会有人来支援,消极怠工现象严重;1957 年年底萌发的人民公社,实行政社合一政策,各级党委、政府领导可以大规模地无偿调用农村的人力、物力、财力,实行各种大规模的"大办"政策,使农村的社会生活生产秩序受到严重干扰;1958 年 8 月,下坳乡成立人民公社,公社下设生产大队,这样土地同农具、耕畜等生产资料归大队所有,粮食由大队上交到公社集体管理,实行共产主义食堂制度,全民吃"大锅饭",这导致部分社员不愿意下田生产,即使出工也不卖力,反正有东西吃,如果没东西吃就大家挨饿,"干活一窝蜂""出工不出力",使村民生活更加困难;1962 年土地又归入生产小队管理,但还是集体劳动生产,基本情况并没有太大的改观,直到改革开放开始实行家庭联产承包责任制后才有所转变①。

对于许多瑶族人来说,上面加文村的经历是十分具有代表性的,其具体细节可能有所不同,但经济制度的变化基本是相同的。

(二)政治价值观的变化

新中国成立后,瑶族政治生活的主要变化是原来的民间社会组织逐步被政府行政管理体制安排下的农村基层政府组织(村委会)所取代,原来的习惯法所发挥的作用也逐步被国家正式法律法规取代。最重要的是国家废除了原来的民族压迫和民族剥削制度,实行民族区域自治制度,使民族平等在政治上成为可能,少数民族与汉族一起可以平等地参与国家和地方事务的管理,政治地位提高,政治生活发生了根本的变化,现代化的政治价值观开始有了成长的土壤。党和国家先后通过土地改革、建立农村合作社、人民公社、"文化大革命"、改革开放等重大政策调整,一次

---

① 参见覃主元等:《大石山区的祥和村落——广西布努瑶社会经济文化变迁》,民族出版社2007 年版,第 39—42 页。

又一次对布努瑶的政治生活带来冲击,推动人们的政治价值观发生变化。但是,由于人们自然经济的经济基础并没有根本的改变,与之相应的政治生活也同样没有得到根本上的改变。瑶族族长权威虽然由于生产队和村委组织的出现受到影响,但依然主导着村落的政治生活,在处理民众纠纷时,原有的传统社会组织的习惯法有时比国家相关法律还更容易发挥作用、更能得到民众的认同。随着我国市场化改革的推进,越来越多布努瑶人通过人员流动、商品流动等方式接触了现代生产生活方式,人们的政治价值观也相应发生了变化。

(三)社会价值观的变化

新中国成立后到改革开放前,瑶族地区民众的社会生活内容与其传统相比并没有太多的改变,地域限制、家族限制依然如故地制约着人们与外族人的交往,所以其社会价值观也没有发生根本的改变。瑶族传统社会中,瑶老制在其社会生活中发挥重要作用,维系着社会正常有序运行。瑶老制在不同地域和瑶族支系有不同的名称和形式,如油锅组织、目老组织、社老组织、庙老组织、村老组织、密诺组织、石牌组织、瑶老组织、瑶长组织等。① 我们以瑶族的社会组织"油锅"组织为例进行分析。瑶族人一般深居高山地区,历史上长期在与世隔绝、自成体系的封闭环境中生活,形成了一种较为典型的社会组织形式"油锅",这也是瑶族特色的社会组织形式。"油锅"是一种具有原始氏族公社特点的社会组织,一个"油锅"基本上是一个自然村寨,它原则上由同姓、同宗的直系血缘关系的小家庭组成,是一个族内自我管理、自我保护、认祖归宗的社会组织。② 每个"油锅"都有一个头人,头人不脱离生产,无特权,只负责组织"油锅"内部事务、协调处理纠纷、主持开春耕作等。人们的联姻范围很小,社会交往圈子不大,仅局限于同族内部组织③,交往主要围绕血缘关系进行。原来约

---

① 参见玉时阶:《瑶族历史文化》,广西民族出版社 2000 年版,第 118—132 页。
② 参见宋涛等:《传统裂变与现代超越:西部大开发与西南少数民族生活方式变革问题研究》,民族出版社 2006 年版,第 198—199 页。
③ 参见宋涛等:《传统裂变与现代超越:西部大开发与西南少数民族生活方式变革问题研究》,民族出版社 2006 年版,第 206 页。

定俗成的习惯法、民族传统道德仍然主导着人们的社会生活。

（四）文化价值观的变化

新中国成立后到改革开放前，瑶族地区民众的文化生活内容与其传统相比没有发生根本性的改变，但是受到了国家相关政策的强烈冲击，尤其是"文化大革命"时期。以瑶族的宗教信仰为例，一方面，在新中国成立初期，政府虽然不提倡原始宗教信仰，但还尊重少数民族的风俗习惯，瑶族的民间宗教信仰可以较自由地发展；但生产资料公有化后，个人私有财产十分有限。另一方面，人人服从生产队安排的统一劳动，这从人力物力上限制了民间宗教活动的开展，尤其是需要大量人力物力的大道场活动、大还愿活动；到了"文化大革命"时，瑶族的民间宗教活动被当作封建迷信受到了强行压制，不少瑶寨庙毁神亡，严重冲击着人们的宗教信仰。但是，部分布努瑶人还是暗地里偷偷搞其民间宗教活动，比如有的村民在做大道场时选择在三更半夜进行。这说明布努瑶的原始宗教已经深入人们的思想意识中，光靠政治活动是很难彻底改变这些民间宗教信仰的。

第三节 民族地区价值观变迁的主要特点及其传承机制

根据瑶族传统价值观的形成与传承的分析，瑶族的价值观变迁具有以下主要特点：一是从瑶族社会的发展环境来看具有封闭性的特点；二是从内源发展的角度看具有变化速度慢的特点；三是从外源驱动的角度看具有外力推动的特点。这几个方面又是相互作用、彼此关联的。瑶族的传统价值观在长期的历史过程中代代传承，形成了独特的传承机制，研究这一机制对指导瑶族价值观建设具有积极的指导意义。

一、布努瑶价值观变迁的主要特点

（一）封闭性的特点

瑶族价值观是在一个相对封闭的环境下进行发展和变化的，我们可以借助系统论的相关理论进行分析。

系统是一个自然科学的概念,但常常被用于社会科学。值得注意的是,把一个主要用于自然科学的概念引入社会科学研究时,应当区分封闭系统与开放系统之间的区别,并且承认诸多经验研究的往往是针对封闭系统或者使问题化约为这样的水平。换言之,要把封闭系统与开放系统进行区分后才能进行。英国学者马克·J.史密斯指出:在所有试图建立客观知识的学科中,"封闭"都是不可或缺的一部分;认为可以实现"封闭"(通过该过程,无关的变量被排除在外,以便为识别明确的关系而争取一个"不受干涉的地带")的假设仍然作为一个技术广泛流行。[①]

他还对如何区分两种系统进行分析,指出了封闭系统的主要特点是:在增加识别的可能性、可测清楚的关系时,有限数量的可测变量具有简单性的特点,而开放系统则必须考虑环境的复杂性;外部边界关系上,用排斥语句确保了令人迷惑的可能影响的集合具有可被屏蔽的特点,而开放系统则没有假定外部边界的存在,因此每一个目标可以是多重因果关系的一部分,一个人不能以任何程度的确定性去预测一个结果;内在属性方面,所有目标分析在表面价值上进行,可以不予考虑其与环境之间的关系,而开放系统则承认一切目标均有内在属性和结构,这些属性和结构影响了它们在不同环境中的表现。

上面主要从三个方面对封闭系统与开放系统进行了比较,目的是明确区分这两种不同的系统,以便为封闭系统的存在提供理论支持。实际上任何系统都是开放系统,都是具有复杂性的系统,但社会科学又往往通过避开开放系统的复杂性来使研究本身得以简化,建立理想状态的封闭系统。

这种复杂性主要表现在:一是实践的复杂性,其中包括这个认识:简单关系是肤浅的人为创造,因为当我们建构社会存在时,其他因素总会起

---

① 参见[英]马克·J.史密斯:《文化——再造社会科学》,张美川译,吉林人民出版社2005年版,第145—146页。

部分作用(经验世界始终比我们预料的要复杂得多)。二是想象的复杂性,不是把思想看作对我们所研究的事物的反映,重要的是认识到想象性思考组织我们的知觉、感觉和印象的方式(即我们通过想象性思考简化经验的复杂性)。三是情境的复杂性,一切知识形式,包括科学知识在内,都是建立在历史和社会场合中的各种实践的复杂产物。同样,它们负载了文化价值并以这些价值为基础,尽管它们在其他场合会以完全不同的方式被接受。四是表述的复杂性,意义生产本身是一个复杂过程,它由语言的、表征的和文化的要素构成,所有这些要素都可以对社会科学家建构证据、向他人传达主张的方式产生显著的影响。五是结构的复杂性。为了把科学视为可理解的活动,我们所研究的事物必须具有真实的内在属性;但我们表达这些事物的唯一途径是通过表述。①

瑶族价值观在相当长的历史时期内都是在一个相对独立、与外界很少关联的环境下发展的,瑶族社会的物品与商品流动、人员流动、信息流动条件落后。所以,我们在对瑶族价值观的分析中也可以把它当作一个封闭系统来进行。即把布努瑶文化(核心是价值观)当作一个相对封闭的系统,布努瑶的价值观传承在已经过去近1000年中的绝大部分时间基本上是不受外部因素干扰的,基本上符合上面避开五种复杂性的条件。从这个意义上说,瑶族价值观是在一个封闭系统内进行传承的,瑶族价值观的变迁具有封闭性的特点。

(二)价值观变化的速度慢

客观条件的制约使瑶族人民的价值观变化很慢。布努瑶一般居住在偏僻山区,人口分布特点是"大分散、小聚居",一个屯一般只有20户左右,长期以来生活在相对独立但与外族人几乎没有交往的环境中;生活方式表现出单一、封闭、保守的特点;一直以农业为主,副业不发达,商业更是几乎没有,人们赶集往往主要是为了会见亲友而不是商品交换;许多村

① 参见[英]马克·J.史密斯:《文化——再造社会科学》,张美川译,吉林人民出版社2005年版,第145—146页。

庄都没有正规学校,没有本民族通用的文字,价值观的传承只依靠言传身教,内容都局限于传统观念,外来观念影响不大。以婚姻为例,新中国成立前,布努瑶许多地方都是采用族内近亲通婚,血亲婚姻、女不落夫家,甚至有"姑表婚"(女还舅门)制,而其他民族可以通过婚姻增加社会交往、物品流通,带动不同价值观的相互交流。

这主要是因为生活条件艰苦,这些地区又与外界基本没有联系,为了保证人口的繁衍,也只能在亲族之间通婚。如果生活条件没有快速改进,这种风俗也难以在短时间内消失。

为什么布努瑶民众的价值观变化如此慢?简单地说,就是生产力相对落后、社会交往发展慢造成的。具体来说,可从以下几个方面来分析。

第一,生产力落后使人们的消费生活方式相对落后,这影响了布努瑶地区市场经济的发展,也因此制约了人们交往关系的发展。消费由生产决定,但对生产有重要的作用。对于布努瑶民众来说,主要有以下两种观念对发展民族经济最为不利。一是传统的低消费使人们养成进取心不强、知足常乐的心态。在漫长的低生产力水平条件下,布努瑶长期以丰衣足食为生活的主线,对物质生活和精神生活的需求呈现出低层次的状况,"种地饱肚、养猪过年、喂鸡喂鸭换油盐","住上房子,吃饱肚子"就很满足了,普遍缺乏提高生活水平和更新经济活动内容的动力。同样,人们也缺少对新知识、新技能的主动追求。二是传统的低积累、轻财富的观念。"穿在银上,用在鬼上,吃在酒上"是这种观念的真实写照。本来收入就不多,日常生活基本上把劳动所得用光,这造成人们将自己的物品变成商品的机会大大降低,集市交易不活跃,人们参与市场的机会不多,人们没有自我积累的基础,也就没有机会进行各种投资活动,使经济活动长期在小规模、低水平状态下运行。这是导致布努瑶价值观变化缓慢的根本原因。

第二,平均主义的观念催生了部分人具有"等、靠、要"的思想。布努瑶人们一向重义轻利,人情往来是社会生活的重要内容,原始时代形成的平均主义思想依然占据人们的大脑。"隔山打鸟,见者有份","有肉同吃,有酒共饮"还是人们称道的美德。据都安县文联瑶族干部介绍,目前这种思想还在部分村落流行,这户有一样东西多,就会分给没有这样东西的另一户共同享用,这样导致人们生产的积极性不高,反正都有东西用,懒一点也行。这样,依赖心理造成了相当一部分人的无所作为,缺少改变贫困落后的激情和冲动,安于现状。

第三,没有通用的文字,新中国成立前布努瑶绝大多数人不识字、没有接受学校教育的机会。一方面,由于没有民族通用的文字,传承价值观的神话、传说、文学、宗教、艺术等都没有物化符号,这使得传递价值观信息的方式和渠道非常有限,比如学唱"送祖归源(七十二路)"就得花上三到五年时间,一句一句从师父那里学后背诵,反反复复多次才能做到。另一方面,新中国成立前大多数瑶族民众基本上没有上学的机会,民国之前都安的私塾馆、学堂及书斋均为官人教育,能去读的一般只有汉族和壮族官族及富豪子弟,地处偏远的瑶族同胞读书识字的机会几乎为零[1],民国时期的民国政府提出"不分界域、种族统统开展国民教育"政策,少量瑶族青年才有机会接受正规的学校教育,这也使瑶族人民从此有了教育方面的政策扶持。可见,布努瑶在学校教育方面的起步是比较晚的,这导致了这些少数民族群众接受外界思想的机会也相应比较晚才得到。这是造成布努瑶价值观变化缓慢的重要原因。

(三)价值观变迁的动力主要来自外部推动

布努瑶的经济生活、政治生活、社会生活与文化生活的变迁,主要是由于受到瑶族外部力量尤其是中央统治集团的权力或者地方统治势力的影响,影响的主要方式是兴办学校教育。主要原因有以下几方面。

其一,土司制度的制约。

布努瑶首先遇到的是封建主义统治集团的土司制度的冲击,基本上没有自我发展的空间。作为一种对边远偏僻少数民族实行统治的一种方式,土司制度的特点是:一方面是官职世袭,包括地方的最高长官和下级

---

[1]　参见覃圭元等:《大石山区的祥和村落——广西布努瑶社会经济文化变迁》,民族出版社2007年版,第39页。

官员都是世袭,即固定由官员的血亲继承官位;另一方面是官员的俸禄不是由朝廷拨发,而是由分封耕地作为报酬。这样,布努瑶深受土司的剥削与压迫,由于不能有效反抗,就只能过着艰苦的生活,主要是在生存层面上生活,没有发展空间,自我发展的"造血"功能不足。

据都安县志有关文献材料记载,布努瑶的教育发展起步较晚。1841年,清王朝通令各州县均办义学。所谓义学,始于北宋参知政事范仲淹倡导。他曾以原籍土地千亩作为"义田",用以救济同族贫人,免费让同族子弟入学。从那以后,乡里凡由人们捐资或由庙田田租兴办起来的不收学费的学校,均称"义学"。因为有了皇朝通令,都安邑内的安定土巡检司第十六代土官潘凤岗于司衙附近的洲禄村设义学塾馆,土司官规定:除官族子弟皆入学外,只准许其亲爱之戚属朋友子弟入学陪读。1904年,都安县的都阳开办了三所私塾。1908年古河私塾改办两等小学堂。在其影响下,永顺长官司、永定长民司和都阳巡检司先后兴办大中小等类型塾馆。其中有司官出资办的,亦有司民集资办的。安定土巡检司内的高岭、地苏、夷江等地民间也相继办塾馆。巴马瑶族自治县当时未建县,现县域东南部清朝属恩隆(今田东县)管辖。1877年,恩隆县知县陈如金设恩隆县燕圩(今巴马燕洞乡)澄智、篆里敦信(今属大化)两间义学馆,就近训迪学童。这是巴马瑶族自治县兴学元始。而东兰县办义学的时间更晚,直到1907年才办第一所高等小学堂。①

清朝末期办义学后,布努瑶区除凤山土司辖区内因民族歧视不允许布努瑶入学外,布努瑶主要居住地都安、大化、巴马、马山等县对瑶族子弟入学没作任何限制,只要家长交得起学费就可入学,但当时能入学的瑶族子弟寥寥无几。土司官在科举教育上的种种限制,使明清时期桂西北民族地区文化教育几乎处于原始状态,远远落后于其他地区的教育水平。

其二,教育事业发展较慢。

瑶族地区的学校教育发展十分迟,人们基本上没机会通过学校教育

---

① 参见韦标亮主编:《布努瑶社会历史》,广西民族出版社2010年版,第220—221页。

学习其他民族能够比较容易学到的科学文化知识。下面是布努瑶人学校教育方面的发展情况。

明代以前,布努瑶区的早期学校教育(主要是按科举教育体制兴办)无史籍记载。布努瑶聚居区的科举教育开始于明朝末期。明嘉靖七年(1528 年),由于两广巡抚王守仁为了推行其"良知良能之训","饬谕九土司,各设学塾于司衙,劝导本司平民送子弟入学读书"。① 这里的"九土司"指的是明代思恩府下辖的兴隆、白山、那马、安定、都阳、下旺、古零、定罗、旧城等,其范围包括现布努瑶聚居区的大部分地区。这本来是民族地区教育发展的良好机遇,抓得好,民族地区就会得到大发展。但是思恩府"邑内历代各土司官,对中央皇朝只有'额以赋税'和驱调的义务,而对内却有相对的独立性,对本司土民有绝对的统治权力。为了维护土司官的世袭统治,对邑内土民无不施以愚民政治,对非官族子弟入塾读书和参与科举考试,作了种种限制"。大概这个原因所致,当时九土司中仅有"都阳土司即在司衙所在地建造圩亭,设私塾一所供官族子弟入学,学生10 余人"②。这是布努瑶区教育发展的起点。

光绪二十五年(1899 年),巴马长洞一带四十峒布努瑶头人罗桂荣为了提高瑶族人口素质和政治地位,带头在自己家乡长峒屯办了家庭私塾,聘请壮族教师来任教,学生学的课程除识字、农村常用应用文和买卖契约外,还有《三字经》等。③ 这对于促进瑶族地区的教育起到了重要作用。④

清光绪三十年(1904 年),当时都阳管辖下的七百弄、镇西两个乡兴办了私塾三所(其中一所为瑶王蓝有理的父亲蓝义芳出资兴办),每所有布努瑶学生 10 人左右。七百弄乡弄味瑶族私塾是大化瑶族自治县布努瑶自己办学的开始。⑤ 正是有了这第一个私塾的影响,才有民国时期七百弄乡村村办私塾的出现。

---

① 参见韦标亮主编:《布努瑶社会历史》,广西民族出版社 2010 年版,第 220 页。
② 参见韦标亮主编:《布努瑶社会历史》,广西民族出版社 2010 年版,第 223 页。
③ 参见韦标亮主编:《布努瑶社会历史》,广西民族出版社 2010 年版,第 222 页。
④ 参见玉时阶:《瑶族文化变迁》,民族出版社 2005 年版,第 170—186 页。
⑤ 参见韦标亮主编:《布努瑶社会历史》,广西民族出版社 2010 年版,第 223 页。

布努瑶聚居区在科举教育时期,主要以私塾为主。根据学生年龄大小,私塾又分大馆、中馆、小馆三种级别。一般是一师一馆,学生混合编班,年龄相差悬殊,学生成绩无记载,学制无年限,课本亦不相同。壮族地区或壮汉杂居的地方,这三种等级的私塾都有,但瑶族聚居区则不一样,全部是小馆。因为瑶族一般经济状况都较差,只有少数家庭能送子弟读私塾,且其目标定得不高,一般学生只要学会写自己的名字、能掌握简单的算术就辍学了。由于这个原因,布努瑶没有人能考上举人和秀才。①

清代时期的私塾,普遍制定有严格的学规。在私塾的教材设置上,小馆以启蒙教学为主,一般选择以《三字经》《百家姓》《朱子家训》等为课本;中馆私塾,招已进私塾数年、有一定学习基础的学童,以《千家诗》《幼学故事琼林》《秋水轩尺牍》《古文观止》等为课本;大馆私塾,则教以较深的课程,主要学习《四书》《五经》。在教学方法上,小馆对入学儿童进行启蒙教学,只是认、读、写、背,不讲解。中馆教学,主要是讲解课文。大馆,也叫成人私塾,学生年龄 18 岁左右,教学方法是讲习历史、诗、词、歌、赋,开展作文、写诗、对联活动,可为参加科举考试作准备。② 这样,瑶族人在接受学校教育过程中,主要接受我国传统文化儒家思想的熏陶。这些思想对于祖先崇拜、家族观念、尊重权威、伦理本位等瑶族传统价值观,起到了更加强化的作用;而对于改变瑶族原有的宗教信仰、巫术信仰等没有起到明显的积极作用。

正是由于学校教育的不断发展,瑶族人才逐步有机会接受其他民族的文化知识和价值观,并与其他民族学生交流思想,推动瑶族价值观的变化。而这都依靠外部力量的介入才得以实施。

二、瑶族价值观的传承机制

布努瑶的传统价值观是如何实现代代相传,并在人们的生活中发挥其指导作用,使布努瑶群体能够在十分艰苦的环境中得以繁衍,是一个值得

---

① 参见韦标亮主编:《布努瑶社会历史》,广西民族出版社 2010 年版,第 223 页。
② 参见韦标亮主编:《布努瑶社会历史》,广西民族出版社 2010 年版,第 223—224 页。

探讨的问题。由于布努瑶近千年来长期生活在一个相对封闭的边远山区,其价值观的传承也更多地呈现出其民间的特点,并且受外界干扰不大,从这个意义上说,布努瑶价值观的传承存在着其特定的传承机制,民俗学对文化传承机制方面的研究为我们研究价值观的传承提供了理论参考。

价值观传承机制,主要探讨的是下一代人如何认知、认同、接受上一代人的价值观的过程。马克思主义关于社会存在决定社会意识的原理为价值观来源提供了理论基础,指导我们探讨人们价值观的来源与发展问题应该以人们的社会生活实践为出发点,正如上一章所分析的那样。相应地,马克思主义关于社会意识具有相对独立性的原理则可以指导我们,研究价值观传承机制问题可以着重从人们的精神生活去分析,这是本章要探讨的。

关于少数民族价值观的传承问题,学者们在进行民族价值观研究、民族伦理学研究、少数民族非物质文化遗产研究、农村文化建设研究等诸多领域均有类似的探讨,尽管关注重点不一样,但共同之处是对于特定观念体系的代际传承进行了深入的研究,这对开展布努瑶的价值观传承机制研究具有重要的借鉴作用。

(一)价值观传承的内涵、功能、内容

价值观是文化的核心,所以价值观的传承可以说就是文化传承。关于文化传承的含义、功能,许多学者进行了研究。"文化传承"可以这样定义:指文化在民族共同体内的社会成员中作接力棒似的纵向交接的过程,这个过程因受生存环境和文化背景的制约而具有强制性和模式化要求,最终形成文化的传承机制,使民族文化在历史发展中具有稳定性、完整性、延续性等特征,也就是说,文化传承是文化具有民族性的基本机制,也是文化维系民族共同体的内在动因。社会成员正是通过习得和传承共同的民族文化而成为一个稳定的人们共同体的。这在原始的或社会发展相对滞后的民族中更为明显。① 这个定义把文化传承、文化传承机制进

---

① 参见赵世林:《云南少数民族文化传承论纲》,云南民族出版社 2002 年版,第 17 页。

行了分析,指出了文化传承机制的内部性(稳定性)、强制化、模式化的特点,适合于对布努瑶这一群体价值观传承的分析,但这个定义没有对文化的具体内容作出明确规定,如果能体现价值观在文化中的核心地位,那么这个定义也适用于少数民族价值观的传承。

文化传承对于任何群体都具有重要的功能:社会集体的运行,需要文化传承随时输送养分,通过文化传承机制为社会组织系统提供要素的积累和整合,进行"逻辑的、情绪化的或美感的协调",使文化的新旧要素得以连接,社会传统得以保持。① 这是对文化传承功能的概述。

著名纳西族学者白庚胜在《民间文化传承论》中从民间文化研究的角度详细论述了文化传承的概念和内容。他指出:传有传播、传扬、传递之意,承有承受、承续、承接之意;从民间文化的学科立场看,应该有三大部分,即民间文学、民间艺术和民俗;民间文化要传承的主要有七个方面的内容,即传承民族精神,传承民族标识,传承社会组织力、一种社会制度,传承民族文化的传人,传承学术资源,传承一种知识系统,传承情感宝库。具体来说,内容包括:第一,我们要传承的是一种民族精神。民族精神积淀在我们国家漫长的文化史中,中华民族的一切美德、思想、精神,如自强不息、刚健有为、宽厚平和、注重和谐、爱国统一、勤劳勇敢等价值观都可以在中华民族的民间文化里找到。第二,我们要传承的是民族标识。民族标识就是民族文化的符号、形式、特点、气质等的外化,它是在漫长的历史长河中被自觉不自觉地创造、传承下来的文化系统,这些文化系统成为一个民族的精神需要。保护民族的标识,就是在为全人类保护共同的遗产。第三,我们要传承的是社会组织力、一种社会制度。把社会行为固定化、规范化,这就是制度(其本质是人们价值观的制度化)。凝聚我们民族,组织我们社会,和谐我们生活,指引我们的审美观念、道德价值观念的重要资源就在民间文化之中。民间文化对社会的存在起到了较好的维

---

① 参见赵世林:《论民族文化传承的本质》,《北京大学学报》(哲学社会科学版)2002 年第3 期。

系作用、在观念中的反映作用。第四,我们要传承的是民间文化的传人。人是民间文化的主体,培养民间文化传人的后继者,才能使民间文化的延续成为可能。文化传承人也是价值观传承的主体。第五,我们要传承的是学术资源。中国民间文化包括中国民间物质生活、精神生活的一切方面。中国人文精神的重建,当然应该扎根于民间文化的土壤之中。民间文化是很具体的,而上层文化则把具体的、各地的、各民族的文化用一套密码编纂成了概念系统。这个系统是非常重要的。第六,我们要传承的是知识系统。民间文化里存在有生产的技艺、生活的智慧与经验,是一个巨大的知识宝库,呈现出各方面的积累性,不少内容可被后人直接分享。第七,我们要传承的是情感宝库。中华民族重情重义,人们特别重视亲情、友情、爱情,这些情感因素能在民间文化中蕴藏,这些情感宝库与知识宝库一样对于任何民族都十分重要。

从上面所列内容来分析,文化传承的内容不仅仅是价值观,还包括其他方面的内容,同时我们也可以看出,特定群体的价值观其实就蕴含在人们的生活经验、文化符号、民族精神、社会制度、民间艺术等方面。所以,瑶族价值观的传承与上述的文化传承是相通的。

(二)瑶族价值观传承机制及其实际运作

价值观传承中的几个主要要素是:传承主体、传承客体(接受者)、传承内容、传承活动。简言之,价值观传承就是价值观在传承者的主导下,通过一定的传承活动传承给传承接受者的动态过程。而保障这种活动能够持久、稳定、有序地开展的各种制约关系就是价值观传承机制。这样理解的价值观传承机制,就可以把价值观传承活动与人们熟悉的教育活动联系起来。把价值观传承与教育联系起来,是民族伦理学学者对少数民族伦理价值观如何传承进行研究时首先提出的一种理论思考。从价值观传承活动抽象出来的价值观传承机制,还应当回到价值观传承的实际活动中分析。

传承主体、传承客体(接受者)、传承内容、传承活动四大因素的有效互动,才能保证价值观传承机制的良性发展。"文化传承是老一辈将文化传授给下一代人,再由他们依次往下传,目的是使这种文化能够得以保存下来,不至于失传。在文化的传承过程中,老一辈对文化的掌握与传授,下一代的接受与应用,是两个不可或缺的因素,任何一方出现问题,在传承的过程中都会带来很大的影响。"①这只是从传承主体、传承客体两方面进行分析,说明传承主体与传承客体必须各尽其职才能保证传承的顺利进行。其实,传承内容出问题、传承活动出问题,同样会使文化传承出现困难,对于相对稳定的布努瑶社会,传承内容也相对稳定,但传承活动所必需的条件往往也影响到承载价值观传承任务的相关活动的开展。

例如,布努瑶规模最大的祭祀活动"大还愿",这活动是传承光宗耀祖这一价值观的文化盛宴,有着近千年的历史,到了新中国成立生产资料归公后基本上就没有人再搞了。其中重要的原因是社会制度变革,就如蓝永红先生指出的:"大还愿是耗资财特别巨大的祭祀活动。按常规,祭祀神灵需宰杀的主要畜禽有:水牛 2 头,黄牛 3 头,大母猪 1 头,中猪 2 头,大羊 3 只,鸡几十只;还需用作供品的稻谷和小米,以及砂纸、香火、蜡烛等用品。所以,只有少数家底丰厚、经济富足的人家可以单独一家人自己搞这样的活动,一般情况下都是以血亲家族为单位几家乃至几十家人联合出资搞'大还愿'。就其规模而言,也视贫富等承受能力不同而不同,表现在杀牛头数的多少,多则 5 头,最少为 1 头,以及约请客户的多少,少的几十桌,多的上百桌至几百桌。解放后,由于分配制度不允许富户存在,大还愿活动几乎没有了。"②这说明,传承主体、传承客体、传承内容三者如果没有传承活动来作基础,文化传承机制就会失灵,原有的文化传承就会无法实现。

目前,人们研究少数民族的文化传承机制,主要是从道德教育(道德的核心内容也是价值观)的方面来讨论。余文武在其博士学位论文里指

① 姚艳:《文化传承的困境——阿细跳月的个案研究》,《贵州民族学院学报》(哲学社会科学版)2006 年第 1 期。
② 韦标亮主编:《布努瑶历史文化研究文集》,贵州民族出版社 2003 年版,第 434 页。

出:"早期的教育活动主要是道德教育,其本质特征是教育与人类社会实践的浑然天成。族人、牧师或者和长辈全体社会成员所传授的生产、生活的基本技能以及本民族的伦理道德、风俗礼仪,男性在生产中所习得的狩猎、捕鱼、犁地、骑马、射箭和挽弓等,女性在生活中所学会的采集、饲养、纺织、挤奶、酿酒和加工等,皆是在生产实践中演绎传授与接受,没有专门的教育机构和教师,社会即学校,长辈即教师,教育形式社会化,教育内容亦社会化……这样的智慧不是纯然仰承校内的、正规的、正式的学校教育来完成的,而是更多地经由校外的、非正规的、非正式的教育方式来实施。"[1]他在这里想要强调的是少数民族伦理价值观教育的"民间性"。这里所说的情况与都安县布努瑶社会的情况非常相似,他们也是依靠"民间性"的教育活动来传承文化、传承价值观的(后面的章节将针对布努瑶如何利用民间的人生礼仪活动进行价值观教育专门作个案分析)。

关于如何实现少数民族伦理道德(本质上就是少数民族的民族价值观)的民间传承,主要有五个方面的民间活动载体:民间祖先祭祀活动、民间文艺活动、民间宗教活动、民间农事活动和民间神灵崇拜活动。[2] 祖先祭祀活动通过十分严肃的形式,引导世人去确立日常生活的起点以及精神指向,具有重要的伦理教化意义,如前面提到过的布努瑶的"大还愿"活动、送祖归源活动等都是十分典型的例子。民间文艺活动呈现出一种灵活的风格,以人们喜闻乐见的活动传承着价值观念、精神信仰与行为方式,如布努瑶的各种神话、传说等都可以承担价值观传承的任务。民间宗教活动与正规的宗教活动不同,它是以满足实际生活需要为目的,以一种敬畏的态度去诉求和谐幸福,从而对社会的人伦秩序起到维护作用。民间农事活动则从维持生计的实践活动中传承着各种观念,尤其是崇尚勤劳、节俭等。诗歌"锄禾日当午,汗滴禾下土。谁知盘中餐,粒粒皆辛

---

① 余文武:《"学在民间"的道德教育路径审察》,《贵州社会科学》2005 年第 4 期。
② 参见余文武:《"学在民间"的道德教育路径审察》,《贵州社会科学》2005 年第 4 期。

苦"所蕴藏的价值观,在民间从事劳作过程中才能真正被人们所体验到,也只有在这样的过程中这一伦理观念的教育才是最有效的。作为民间社会组织最重要的非正式制度,宗族制度是我国各族社会普遍存在的现象。以同姓血亲为基础的家族社会,把本族人的价值观通过各种家族生活进行传承。家谱、族谱、家训、成年礼、红白喜事等都以家族为基础来展开,每场大的活动都像一所民族伦理的学校,传承丰富的价值观念。布努瑶各姓氏均保留有较为完整的家谱,可见家族的观念在人们心目中的地位是很高的,人们参与家族活动的热情也很高,在这样的活动氛围下传承伦理价值是十分有效的。当然,这五个方面的活动是少数民族最为主要的生活内容,但往往这几个方面是密切相关、不可分割的,比如布努瑶的"大还愿"活动,以家族为基础操办,以祭祀活动为主线,以巫师唱《密洛陀》为主要内容,活动期间还有各种文艺比赛(如铜鼓技巧比赛、铜鼓耐力比赛、皮鼓技巧比赛、铜鼓舞蹈艺术表演、山歌盘唱),这些活动内容基本上涵盖了上述几个方面。

对于布努瑶来说,其文化传承(即价值观传承)的传承主体、传承客体(接受者)、传承内容、传承活动有其特定的内容。

布努瑶文化的传承主体。主要可分为长者与能者两类,长者主要是生活阅历丰富、见多识广之人,一般家庭的年长者、族里的长者就属于这类人;另一类是能者,主要是掌握某种技能的人,这一类主要是师公、道公、巫师等宗教性质文化的传人,少数是生产生活技术人员。如果一个人既为长者又是能者,这个人在族里就起到十分重要的主导作用,能在处理各种族内事务中发挥权威作用。在此,这样的人对于瑶族文化传承至关重要,尤其是在需要以理服人的伦理道德方面,由于这样的人对族内的权力资源拥有相当大的支配权,"教会徒弟饿死老师"的观念还在,所以一般传人数量很少。

布努瑶文化传承的传承客体。主要是年轻人,还有一些对某种技能有所追求的人。年轻人从小到大都必须接受长者的教育,到了成年还要专门搞仪式接受更严格的教育,如成年礼,以前要搞一系列高难度活动,如"上刀山""下火海""摸油锅""跳高台"等。①

布努瑶文化传承的内容。主要有反映布努瑶历史与文化的语言、神话、史诗、故事、传说、谚语、经书、信仰、风俗(礼仪、节庆)、歌谣、舞蹈等,其中的每一部分又包含丰富的内容,布努瑶的价值观就蕴藏在这些文化元素中。

布努瑶文化传承的传承活动。主要有民间祖先祭祀活动、民间文艺活动、民间宗教活动、民间农事活动和民间神灵崇拜活动,又可以分为在场性的活动和在站性的活动。在场性的活动,指的是人们参与时间长、潜移默化地对文化传承起作用的活动,如人们的婚姻生活、信仰生活等;在站性的活动指的是人们参与时间相对较短,但参与时精力集中、全身心投入,以迅速见效的方式对文化传承起作用的活动,如人们的成人仪式、葬礼等。作出这样的区分,对于把握布努瑶文化传承机制的特点、促进各要素的良性互动,从而推动布努瑶文化建设等具有积极意义。

(三)瑶族价值观传承机制实际运作的个案分析

布努瑶传统价值观传承的民间性特点,以及上述瑶族价值观传承机制的实际运作,可以以下面的个案进行分析。

个案 1　生活化的礼仪教育(根据 2008 年访谈记录整理)

布努瑶生活在相对封闭的大石山区,但十分重视社交。不论家里来客人,还是平时上山下地做工或赶圩,路上遇到素不相识的人,都笑脸相迎打招呼,话语格外柔和甜美。这主要得益于礼仪教育。布努瑶的礼仪教育从小孩长到会说话时就开始。最先教的内容有:一是对客人的称呼;二是路上遇见人时(布努瑶区平时很少有陌生人来往)主动打招呼;三是客人上门时如何接待,反复教他们说:凡客人上门,小孩主动打招呼,就要搬凳子给客人坐,接着敬烟或敬酒,是女的要递烟,是男的要敬酒。敬酒不能直接说"请喝酒",而是说"叔叔(伯伯)走山路累了,我家没热茶,只

---

① 参见覃主元等:《大石山区的祥和村落——广西布努瑶社会经济文化变迁》,民族出版社2007 年版,第 220 页。

能喝口凉茶润润喉,对不起"等一类客套话。宴请客人吃饭时,不管小孩与大人一起陪客人吃饭与否,小孩都要主动给客人添饭。客人吃完了饭,小孩要主动向客人递漱口的水。大人与客人谈话时,小孩不能插嘴,不能跷脚,不能从客人面前走过。办红白喜事,不论小孩、大人,与客人同桌吃饭,都不能乱坐上位,吃饭时不许咧嘴嚼咬,不许夹别人面前的菜。同时还教育小孩到亲戚家做客时怎样说话、怎样走路,吃饭时该怎么吃等规矩。对于15岁左右即将步入成年人行列的青年男女,族长、父母辈每逢婚丧嫁娶等红白喜事时,都事先专门请那些做得好的长者进行接待的示范教育,使他们熟悉红白喜事的接待礼仪。布努瑶崇拜祖先、鬼神,所以各村寨、各房族都注意儿童的祭祀礼仪,如春节祭什么神,怎样祭等,祝著节的来由,怎样过祝著节,搞"大还愿"的原因,"大还愿"的准备工作,"大还愿"祭祀活动及各年龄段人的职责等详细内容,都由族长或房族长找时间向青少年或儿童作专门的传授教育。可见,生活化的礼仪教育不但传承了文化,还促进人与人之间关系的融洽。这个例子说明布努瑶是如何把社会交往的基本价值观传承到下一代的。

个案2　瑶族人利用神话来进行价值观传承(根据2008年访谈记录整理)

神话故事里的密洛陀是布努瑶崇拜的人类始母,阿胜、洛刚、奉易、蚩祖、坚硬、阿育、秦硬、阿令班妙、阿也是创世神,是英雄,是布努瑶理想的化身。[1] 他们在密洛陀的带领下,造人类、造万物、射太阳、战旱魔、抗蝗虫、战顽兽、造天地,创造了布努瑶的太平盛世。在布努瑶的信仰文化中,密洛陀和九位大神的地位至高无上,布努瑶人把他们当作祖先来祭祀,因此才有专门纪念密洛陀和九位大神丰功伟绩的祝著节。也因为这个原因,每当他们对各种自然灾异感到迷惑不解时,或者老人过世时,都举行"大还愿"活动,请巫师来歌唱密洛陀和九位大神及祖先神,祈祷密洛陀及九位大神、历代祖先显灵化解灾难,消灾祈福。这些信仰活动的目的不

① 参见韦标亮主编:《布努瑶社会历史》,广西民族出版社2010年版,第307页。

仅是为了追述亲情和血缘关系,更重要的是通过宗教信仰教育凝聚民族群体的向心力,克服各种困难,求得民族的进步和发展。在日常生活中,在阴雨或寒冷的冬季一家围坐在火灶边烤火取暖时,家庭长者都向孩子们讲述密洛陀和九位大神的传奇故事,讲述布努瑶人不断迁徙的艰苦历程和与各种灾难进行不屈不挠斗争的故事,对他们进行民族传统精神教育。就这样,神话就发挥了价值观传承的作用。

（四）瑶族价值观传承的总体特征

瑶族作为一个生活条件相当艰苦的民族,其价值观的传承具有很强的民间性特征,而民间文化又附着于生产、生活之中。瑶族价值观传承机制具有如下特点。

第一,价值观传承的单向性。瑶族价值观一般从长者那里向年轻人灌输,长者有较高的威信和影响力,能够保证传承的效果;年轻人则会虔诚地接受各种价值观教育。例如,在瑶族男子都要进行的重要仪式“度戒”开始之前,男子的父母要把男子送到道公家中去禁闭修身,过上几个昼夜的隐居生活。这期间,师父要将孩子安顿在家中比较僻静的地方（多为楼上）。并规定:不许劳作,不准杀生;要忌食油荤,素食淡饮。用以修心养性,恪守规程;睡觉要侧卧,不得仰视上苍,出门要头戴篾帽,低头行路,不可东张西望,更不得瞭望天空。每当夜深人静之时,师父便将徒弟带到火塘边坐下进行教化,直至鸡叫两遍方能睡觉。传教内容主要是:做人不得伤天害理,天地皆有神灵,人靠天意而生,靠天意而灭。见事不能指天骂地;要尊敬老人,和老人同行时,天晴要跟在后面,天阴要走前面,帮老人开路打露水;为人要勤劳,不贪懒,不占人便宜;不得调戏妇女,不可欺负弱小;等等①。整个教化期间,徒弟只准静思默记,不得插话或提问。这就是瑶族人对进行“度戒”仪式前对男子进行单向价值观传承的典型。

---

① 参见张泽洪:《瑶族社会中道教文化的传播与衍变——以广西十万大山瑶族度戒为例》,《民族研究》2002年第1期。

第二,传承内容比较稳定。历史上瑶族价值观主要来源于其宗教信仰、社会组织约定俗成的各种道德规范和习惯法,在相对封闭的社会环境中进行传承,变化不大。一方面是因为瑶族人的生产生活方式一般是简单重复的,没有太大变化;另一方面是因为瑶族与其他民族交流不多,学校教育没有发展起来。所以,瑶族的价值观在相当长的时间内没有太多新的内容。就像瑶族人在山地里耕种、养殖一样,日复一日、年复一年地重复,没多少新变化。

第三,传承媒介比较单一。瑶族文化传承主要靠言传身教,对语言的依赖很强,传承的媒介主要是语言。而瑶族语言本身语汇量不大,与外界交流难度大,这造成了文化传承的区域性特征明显,即使本民族内部在不同地区之间也并不易沟通。这也容易导致本来没有文字记录的许多神话、传说、故事等版本众多,而这些作品又没有其他表现方式。如果能够像其他民族那样,通过戏剧、印小册子或书传播文化,那就会使价值观传承的媒介更加丰富。

第四,传承方式比较单一。瑶族文化尤其是技艺主要依靠代代口授身教的方式进行传承。这种传承的速度与数量就受到极大的限制,一般只能是一对一,而且传承周期较长。以表演类艺术为例,上刀梯、下油锅、过火海等高难度技术一般只是极少数师公有能力教,同时也只有师公的得意弟子才能有资格接受这些技术。其他技术如建筑技术、编织技术、医药知识等,都要专门拜师,才能开始传承。又如,道公教传人学唱《密洛陀》,一般是教一点内容要重复几十次,想学完全部内容,一般要三年甚至更长时间。

第五,传承的活动注重气氛。瑶族价值观的传承一般借助于神圣的宗教仪式、节日、人生重大事件(出生、成人礼、婚姻等)来进行,这些活动为价值观的传承营造了良好的环境气氛,使得价值观传承能够与人们的日常生活相结合,保证了价值观传承的大众化、神圣化。例如瑶族人在对男子举办"度戒"仪式、对其进行传统价值观"十戒"(不得冒犯祖先、不得骂天地日月星辰、不得杀人放火枉杀无辜、不得隐经瞒教、不得贪财恋色调戏妇女、不得嫌贫爱富、不得辱骂师友、不得怠慢父母、不得拦路抢劫、不得成师就忘了师恩)传承时,就把场面搞得很大,一般全村人都参与到仪式中。在传统的村落中,瑶族人往往把参与这一仪式看作瑶族男子能被瑶族承认其瑶族成员身份的必经之路。

第二章　民族地区价值观的实证研究

—— 以广西都安瑶族自治县为例

在我国实行改革开放、建立健全社会主义市场经济体制的新形势下，作为向现代社会转变起步较晚、发展较慢的少数民族，瑶族人民在政治生活、经济生活、文化生活和社会生活的价值观方面现状如何？我们通过问卷调查、专家访谈、个别访谈、田野调查的方法，从经济价值观、政治价值观、文化价值观和社会价值观四个方面对都安县布努瑶的价值观进行了实证研究。下面我们结合调查统计结果，分别对瑶族的政治价值观、经济价值观、文化价值观和社会价值观进行分析。

第一节　民族地区民众价值观实证研究的样本情况

2008 年 6 月至 8 月，我们完成了对都安瑶族自治县布努瑶价值观的调研工作。笔者在绪论部分已经对调研的全过程作了较为具体的介绍，下面重点对问卷调查的样本情况进行具体介绍。这次问卷调查的样本采用分层整群抽样的方式选择受访人员，主要考虑到乡镇分布、年龄、性别、文化程度、职业、收入水平、婚姻状况、政治面貌、居住地等方面因素，有针对性地进行样本取样。下面介绍这些问卷调查样本的基本情况。

一、样本的性别构成

总样本数为 290 份，受访男性共 170 人，占总受访人数的 59%；女性 120 人，占总受访人数的 41%。受访人数男性略多于女性。

二、年龄构成

我们根据不同年龄段特点,设置了4个年龄段,每个年龄段具体受访人数及比例情况是:24岁及以下的共60人,占总受访人数的21%;25—34岁的81人,占总受访人数的28%;35—44岁的89人,占总受访人数的31%;45岁及以上的60人,占总受访人数的21%。

三、文化程度构成

受访对象的文化程度分6种情况:识字或识字很少的人10人,占总受访人数的3%;小学的76人,占总受访人数的26%;初中的116人,占总受访人数的41%;高中或中专的42人,占总受访人数的14%;大专的18人,占总受访人数的6%;本科及以上的28人,占总受访人数的10%。

四、婚姻状况

受访对象的婚姻情况分4种:未婚的82人,占总受访人数的28%;已婚有配偶的146人,占总受访人数的51%;离婚的9人,占总受访人数的3%;已婚丧偶的53人,占总受访人数的18%。

五、最近几个月平均收入情况

受访对象的收入情况分6种:(1)300元以下的26人,占总受访人数的9%;(2)301—600元的32人,占总受访人数的11%;(3)601—900元的68人,占总受访人数的23%;(4)901—1200元的84人,占总受访人数的17%;(5)1201—1500元的48人,占总受访人数的17%;(6)1501元及以上的32人,占总受访人数的11%。

六、参加党派组织的情况

受访对象的政治情况分3种:(1)中共党员58人,占总受访人数的20%;(2)民主党派的有21人,占总受访人数的7%;(3)没有参加任何党派的有 211 人,占总受访人数的 73%。

七、职业情况

受访对象职业情况共有 7 种:(1)国家公务员 18 人,占总受访人数的 6%;(2)学校教职工 11 人,占总受访人数的 4%;(3)企业员工 26 人,占总受访人数的 9%;(4)在校学生 48 人,占总受访人数的 17%;(5)务农 148 人,占总受访人数的 50%;(6)个体户 11 人,占总受访人数的 4%;(7)其他职业的有 18 人,占总受访人数的 6%。

八、居住所在地情况

受访对象居住情况分 4 种:(1)县城的 12 人,占总受访人数的 4%;(2)乡镇上的 98 人,占总受访人数的 34%;(3)农村的 162 人,占总受访人数的 56%;(4)都安县之外的 18 人,占总受访人数的 6%。

从上面的数据来看,样本的组成结构是合理的,从年龄、性别、文化程度、职业、收入水平、婚姻状况、居住地、政治党派等方面都能保持适当的比例。但样本总数方面只有 290 份有效问卷,样本规模不大,所以只对数据进行简单的统计分析。考虑到一般小数点后面四舍五入后的数只与实际值相差约 0.3%,而 290×0.3% = 0.87,也就是说对于这样的样本规模,小数点后面四舍五入情况误差不到 1 人,所在分析中的百分比一般只取整数,这基本不会影响数据分析的准确性。以下论述过程中将不再就这个问题的处理进行逐一说明。

第二节　民族地区民众的政治价值观

社会主义现代化建设的浪潮冲击着全国人民生活的方方面面,政治生活成为人们生活的重要领域之一。在这一领域对人们起指导作用的价值观是政治价值观。对政治文化的理解是政治价值观的基础。1956 年阿尔蒙德在美国的学术期刊《政治学杂志》上发表论文时首次提出了"政

治文化"的概念。他指出,每一个政治体系都植根于决定政治活动取向
的特殊模式中,这种特定的模式便是政治体系的政治文化。他在1963年
出版的《公民文化》一书中指出:政治文化是指一种态度,即对政治体系
及其各部分的态度以及对自身在政治体系中所处的角色的态度;后来他
又进一步指出这种态度可分为三大成分,即政治认识性成分,政治情感性
成分和政治价值性成分。① 这些理论,强调了人的主观观念对一个群体
政治运作的重要意义,也说明了政治价值观就是政治文化的核心之所在。
人们的政治活动总是在一定的政治价值观的驱动下进行的。

　　政治价值观是一定的主体对政治现象、政治思想、政治关系、政治发
展等比较稳定的看法,具体来说,是指主体对公民的权利和义务、平等和
自由等为主要内容的政治生活的一般看法。② 政治价值观是政治文化建
设的核心。政治不是抽象的、空洞的,而是以一定的经济为基础的、历史
的、具体的,这一点正如列宁同志所指出的那样,政治是经济的最集中的
表现。不同的时代有不同的政治,因而有不同的政治价值观。民主政治
是现代政治的核心价值,是我国当代政治发展的主旋律,也是政治现代化
的核心内容。我国正在建设的社会主义民主政治,既体现着政治现代化
的时代特征,也体现了符合我国国情要求的民族特征。民主政治是现代
政治的核心价值,民众的政治参与程度、民众对政治的关切程度则是民众
政治价值观的主要观察和测量要素。③

　　在特定的历史阶段,通过对人们的政治态度、政治参与情况和民主权
利的行使情况的分析,可以反映人们的政治价值观状况。本次调研,我们
重点对瑶族居民的政治关切度、政治效能感、政治平等观、政治社会效能评
价标准的价值选择及实然评价、民主观、国家认同与民族认同、对法律的态

---

① 参见黄力之等主编:《马克思主义文化哲学与现代性》,上海三联书店2006年版,第
149页。

② 参见赵德兴等:《社会转型期西北少数民族居民价值观的嬗变》,人民出版社2007年版,第
54页。

③ 参见赵德兴等:《社会转型期西北少数民族居民价值观的嬗变》,人民出版社2007年版,第
55页。

度、对法律教育的价值认同、对法律功能价值的认识及法律意识水平、对法律正义的认识程度、对国家的民族政策的态度等方面进行了调查。

一、政治关切程度

政治价值观的核心内容之一是政治参与意识,它反映出人们对政治的关切程度。本书通过以下问题来了解瑶族居民的政治参与意识。

问题 1　你对与自己利益相关的某项政策有不同意见时,是否想表达自己的意见?[①]

该问题有 3 种选择:(1)想;(2)不想;(3)看情况而定。在这 3 个选项中,前两项是有明确主张的选项,而第三项是在此问题上没有明确主张的选项。一般情况下,选择"想"的人,我们可以认为有较强的政治参与意识,选择"不想"的人缺少政治参与意识,而选择"看情况而定"的人,往往是随大溜而缺少主见。这次调查的结果是:在总受访的 290 人中,有182 人选择"想",占总受访人数的 63%;有 18 人选择"不想",占总受访人数的 6%;有 90 人选择"看情况而定",占总受访人数的 31%。从这个结果来分析,瑶族居民有 63%的人有较强的政治参与意识,而明显不想参与的只占 6%,参与意识总体上比较强。

上面的数据可以用来与其他学者进行研究的政治参与情况进行比较:陶东明、陈明权的《当代中国政治参与》依据 1998 年调研数据指出,当代中国的政治参与水平为 62.22%(指的是受访对象总人数中有 63%的人有较强的政治参与意识);张书琛的《体制转轨时期珠江三角洲人的价值观》依据 2001 年的调研数据指出珠江三角洲人的政治参与水平为 66.22%;赵德兴等著的《社会转型期西北少数民族居民价值观的嬗变》依据 2004 年的调研数据指出西北地区少数民族居民的政治参与水平为 51.1%。[②] 从以

---

① 本书正文中所列的调查问题及其序号,是根据内容叙述的需要来安排的,与附录中调查问卷中的并不一致。

② 参见赵德兴等:《社会转型期西北少数民族居民价值观的嬗变》,人民出版社 2007 年版,第 55 页。

上数据来看,瑶族居民的政治参与水平(63%)比西北地区少数民族的平均水平(51.1%)要高12个百分点左右,但也只大约相当于1998年全国的平均水平(62.22%)。调查数据表明,还有18人(6%)选择了"不想"表达意见,加上选择"看情况而定"的90人(31%),这表明大约40%的人并没有很强的政治参与意识。总之,布努瑶民众由于过去主要生活在边远山区,与外界交往少,政治参与的意识还没有深入人心。

二、政治平等观

政治民主的基础是政治平等。人们政治平等的价值取向与观念是现实生活中政治平等程度的反映。政治平等价值观内容是复杂多样的,在我国的传统文化背景下,官民之间的关系是反映人们政治平等观念的主要内容,人们对这种关系的认识最能反映人们的政治平等价值观。下面是这方面的调查情况。

问题2　您认为现在政府官员(干部、公务员)与普通公民(群众、老百姓)之间的关系是什么?

该问题设计了5个选择项:(1)政府官员是公仆,公民是主人;(2)政府官员是主人,公民是仆人;(3)政府官员是"父母官",普通公民是"子民";(4)平等关系,只是分工不同;(5)说不清楚。

调查的结果是:在受访的290人中,有19人选择"政府官员是公仆,公民是主人",占受访总人数的7%;有81人选择"政府官员是主人,公民是仆人",占总受访人数的28%;有102人选择"政府官员是'父母官',普通公民是'子民'",占总受访人数的35%;有62人选择"平等关系,只是分工不同",占总受访人数的21%;有26人选择"说不清楚",占总受访人数的9%。这样的调查结果表明,瑶族人民受传统观念的影响非常强,在官民之间关系的认识上,瑶族人的等级观念表现得十分突出,选择"政府官员是主人,公民是仆人"的占总受访人数的28%,同时,选择"政府官员是'父母官',普通公民是'子民'"的占总受访人数的35%,两项相加是63%。尽管有21%的人选择了"平等关系",但也只占一小部分。这说明瑶族居民的政治平等观念还远远没有得到普及,而瑶族传统的族长权威对人们的政治价值观的影响仍然非常深远。

三、对政府决策的民主意识

人们对政府决策的民主诉求为人们的政治参与提供动力,而人们对政府决策的民主性与合法性的认识是政治价值观的重要内容。为了了解这方面情况,我们设计了如下问题。

问题 3　您认为政府在制定法规时应当以什么为依据?

该问题设计了 5 个选项:(1)领导人的批示;(2)宪法和人大颁布的有关法律;(3)公众的意见;(4)政府的需要;(5)其他。

调查的结果是:在受访的 290 人中,有 68 人选择"领导人的批示",占受访总人数的 23%;有 79 人选择"宪法和人大颁布的有关法律",占受访总人数的 27%;有 107 人选择"公众的意见",占受访总人数的 38%;有 21 人选择"政府的需要",占受访总人数的 7%;有 15 人选择"其他",占受访总人数的 5%。这样的结果表明,瑶族人在立法问题方面的民主诉求不太强烈。

四、政治社会效能评价的价值取向与实然评价

政治社会效能指一个地区的政治建设在地区社会发展中的功能及其发挥效果。政治社会效能的评价是人们政治价值观的重要内容,它往往反映人们对社会政治参与的积极性,从而影响该群体的政治秩序的运作过程。这个问题可以从应然与实然两个方面进行研究,我们分别设计了以下两个问题(问题 4 和问题 5)进行分析。

问题 4(应然)　您认为衡量一个国家或地区好不好的最重要的标准是什么?

该问题设计了 7 个选项:(1)经济实力;(2)人均收入;(3)贫富差距;(4)社会公平;(5)社会安定;(6)个人权利与自由有充分的保障;(7)其他。

调查的结果是:在 290 个受访人当中,有 92 人选择"经济实力",占受访总人数的 31%;有 83 人选择"人均收入",占受访总人数的 29%;有 31 人选择"贫富差距",占受访总人数的 11%;有 35 人选择"社会公平",占受访总人数的 12%;有 28 人选择"社会安定",占受访总人数的 10%;有 15 人选择"个人权利与自由有充分的保障",占受访总人数的 5%;有 6 人选择"其他",占受访总人数的 2%。这个结果表明,经济发展在人们的价值取向上占主导地位,选择"经济实力"和"人均收入"两项的比例占受访总人数的 60%,说明瑶族居民在经济实力、人均收入、贫富差距、社会公平、社会安定、个人权利与自由有充分的保障等价值取向的选择上已经十分务实,我国以经济建设为中心的思想能在瑶族人民的价值取向上得到充分体现。

问题 5(实然)　您对下列各方面状况的满意程度如何? 满意程度:(10—0,从高到低,请在相应框内打√)。

这个问题设置了 6 个方面的内容:赚钱机会、物价状况、商品质量、贫富差距、社会治安、民族团结。每个项目按照满意度最高 10 分、最低 0 分设计,一般满意度得分为 1—10 之内。本次调查的结果是:瑶族受访者对民族地区各方面的评价中,对民族团结方面评价最高,分值为 6.06 分,然后依次是商品质量(6.04)、物价状况(5.9)、社会治安(5.8)、赚钱机会(5.73),评价最低的是贫富差距(5.49)。详细情况见下表 2-1。

表 2-1　政治社会效能评价

评价内容	平均得分
赚钱机会	5.73
物价状况	5.90
商品质量	6.04
贫富差距	5.49
社会治安	5.80
民族团结	6.06

这些数据总体上反映出瑶族居民对社会各方面的评价是较高的,一般都在 5 分以上,反映出民族地区民众对当今的政治生活状况总体上是较为满意的,国家的民族区域自治制度在都安县的实践是较为成功的。但同时也表明,这些评价还没有一项能达到 7 分以上,说明满意度还有待提高;选择 10 分、0 分的为极少数,受访人的评价还是十分认真和细心的。都安瑶族在民族团结方面的满意度(6.06),与赵德兴研究的西北少数民族在这方面的情况(7.06)①相比还有一定的差距,存在差距的原因也值得我们进一步研究。

五、国家认同与民族认同

"认同"主要是一个心理学上的概念,它常常也被其他学科引用来研究人们对特定群体的归属感。张春兴认为,认同是指"一个人将其他人或群体的行为方式、态度观念、价值标准等,经由模仿、内化,从而使其本人与他人或群体趋于一致的心理过程"②。"认同"的概念与态度、价值观等有密切关系。态度由认知、情感和行为倾向三大因素组成,是个人较持久的内在心理结构,是外界刺激与个体反应的中介因素;价值观是每个群体所固有的重要特征,由于人们的价值观不同,对同一群体人们就会产生不同的态度。在这个意义上,我们可以把认同看作是个体对某一特定群体的态度。对特定群体持积极态度者被视为对该群体认同程度高,而对该群体持消极态度者则被视为认同程度低③。瑶族对瑶族的民族认同、对中华人民共和国的国家认同是瑶族政治价值观的重要内容,我们针对这两大认同问题设计了以下 4 个问题(问题 6、问题 7、问题 8、问题 9)进行分析。

问题 6　您同意"我作为一名瑶族人十分自豪"吗?

这个问题设计了 5 个选项:(1)非常同意;(2)同意;(3)说不清楚;

①　参见赵德兴等:《社会转型期西北少数民族居民价值观的嬗变》,人民出版社 2007 年版,第 68 页。

②　张春兴:《张氏心理学辞典》,上海辞书出版社 1992 年版,第 122 页。

③　参见万明钢:《多元文化视野:价值观与民族认同研究》,民族出版社 2006 年版,第 45 页。

（4）不同意；（5）非常不同意。

　　调查结果是：在 290 位受访人中，选择"非常同意"的有 45 人，占受访总人数的 16%；选择"同意"的有 98 人，占受访总人数的 33%；选择"说不清楚"的有 30 人，占受访总人数的 10%；选择"不同意"的有 54 人，占受访总人数的 19%；选择"非常不同意"的有 63 人，占受访总人数的 22%。这个结果表明，对瑶族有积极认同的 143 人，占受访总人数的 49%，不到50%，而持消极态度的人数达到 117 人，占受访总人数的 41%。这是值得注意的数据，它表明了这些地区瑶民的民族归属感有待加强。

　　问题 7　您同意"如果有机会让我选择，我会选择作为其他民族的一员"吗？

　　这个问题设计了 5 个选项：（1）非常同意；（2）同意；（3）说不清楚；（4）不同意；（5）非常不同意。

　　调查结果是：在 290 位受访人中，选择"非常同意"的有 10 人，占受访总人数的 3%；选择"同意"的有 49 人，占受访总人数的 17%；选择"说不清楚"的有 40 人，占受访总人数的 14%；选择"不同意"的有 79 人，占受访总人数的 27%；选择"非常不同意"的有 112 人，占受访总人数的 39%。这个结果表明，瑶族居民对其民族身份有较强烈的意识，表示不选择其他民族为民族身份的有 191 人（占 66%），这个数字反映了瑶族在民族身份上有较强的认同感；但也有 59 人选择对选择其他民族为民族身份持肯定态度，占 20%，这一部分人表现了较强的自主性，同时也反映有较少部分瑶族人有愿意改变瑶族身份的心理倾向。与上一问题调查结果比较，我们会发现对瑶族认同持消极态度的有 117 人（占受访总人数的 41%），而愿意选择其他民族为其民族身份的只有 59 人（占受访总人数的 20%），说明即使占比例不大的少数民族自豪感不强的人中，也是不愿意更改自己的民族身份的人占多数。

　　问题 8　您同意"我与其他民族一样属于中华民族的一分子"吗？

　　这个问题共设计了 5 个选项：（1）非常同意；（2）同意；（3）说不清楚；（4）不同意；（5）非常不同意。

调查结果是:在290位受访人中,选择"非常同意"的有62人,占受访总人数的21%;选择"同意"的有189人,占受访总人数的65%;选择"说不清楚"的有25人,占受访总人数的9%;选择"不同意"的有9人,占受访总人数的3%;选择"非常不同意"的有5人,占受访总人数的2%。这个结果表明,瑶族居民对其作为中华民族一分子的身份有较强的共识,选择肯定性选项的有251人(占86%);选择否定性选项的只有14人(占5%);态度不明确的有25人,占9%。这也表明,对自己属于中华民族大家庭的民族认同已经深入瑶族民众的心中,但也有较少数人对此还没有明确的认识。所以,人们对中华民族的认同度有待进一步提高。

问题9 您同意"瑶族人应该得到国家的政策扶持"吗?

这个问题设计了5个选项:(1)非常同意;(2)同意;(3)说不清楚;(4)不同意;(5)非常不同意。

调查结果是:在290位受访人中,选择"非常同意"的有223人,占受访总人数的77%;选择"同意"的有49人,占受访总人数的17%;选择"说不清楚"的有9人,占受访总人数的3%;选择"不同意"的有7人,占受访总人数的2%;选择"非常不同意"的有2人,占受访总人数的1%。这个问题的设计是针对瑶族对国家政策扶持的态度。这个结果表明,瑶族居民对国家是十分认同的,272人(占受访总人数的94%)选择了肯定国家政策扶持的价值诉求。这也表明国家在民族地区的各项政策是受到瑶族老百姓的广泛拥护的。在都安县调研时,当地干部也谈到许多瑶族人对国家的扶持已经习惯,少部分人还会因此产生依靠政策帮助的心理倾向。

六、法律价值观

法律是强制性地调节人们生活的行为规范,对法律的认识、运用法律解决争端的情况直接反映出人们的法律价值观,而人们的法律价值观是当地人法治意识的直接体现。我们设计了三个问题来分析瑶族居民是否有法律价值观:"你是否愿意接受普法教育?"这一问题是为了透视瑶族民众对国家法律权威的认同态度;"你学习法律知识的目的是什么?"这一问题是为了把握民众对法律功能价值的认识水平;"假如你受到有权力或有势力的人的伤害,你打算怎么办?"这一问题是为了考察民众对法律正义及法律诉讼的认同程度。下面分别介绍调研的情况。

问题 10　您是否愿意接受普法教育?

这个问题设计了 5 个选项:(1)很愿意;(2)比较愿意;(3)一般;(4)不很愿意;(5)不愿意。

调查的结果是:在受访者中,选择"很愿意"的有 37 人,占受访总人数的 13%;选择"比较愿意"的有 205 人,占受访总人数的 71%;选择"一般"的有 39 人,占受访总人数的 13%;选择"不很愿意"的有 7 人,占受访总人数的 2%;选择"不愿意"的有 2 人,占受访总人数的 1%。数据表明,对法律教育的肯定与认同是主流,选择前两项的总人数为 242 人,占受访总人数的 84%,说明瑶族民众对学习法律知识的愿望,也反映了瑶族民众对国家法律的价值认同,法治意识有较广泛的群众基础。

问题 11　您学习法律主要是为了什么? (可多选)

这个问题设计了 5 个选项:(1)知法守法;(2)保护自己;(3)帮助别人,伸张正义;(4)出于兴趣,多了解些法律知识;(5)其他。

调查的结果是:在受访者中,选择"知法守法"的有 123 人,占 42%;选择"保护自己"的有 151 人,占受访总人数的 52%;选择"帮助别人,伸张正义"的有 77 人,占受访总人数的 27%;选择"出于兴趣,多了解些法律知识"的有 98 人,占受访总人数的 34%;选择"其他"的有 32 人,占受访总人数的 11%。数据表明,选择"保护自己"的比例最大,说明人们普遍认为法律对自己具有保护功能;选择"知法守法"的比例达 42%,近半数人已经具备了主动认识法律、遵守法律的意识,但没有选择此项的人数则接近 58%,提升的空间仍然很大;选择"帮助别人,伸张正义"的共有 77 人,不到 1/3,说明人们对通过法律维护正义的意识还不太普遍;而有 34% 的人对学习法律没有明确的目的,这对普法教育来说是很好的基础,但选择此项者同样仍然不占多数。

问题 12　假如您受到有权力或有势力的人的伤害,您会打算怎么办?

这个问题设计了7个选项:(1)低头忍受;(2)寻机报复;(3)找人调解说情,消除或减轻伤害;(4)找政府官员帮助解决;(5)向报社、电视台、广播、网络等媒体投诉;(6)上告法院,通过法律途径解决;(7)不知该怎么办。

调查结果是:在290名受访者中,选择"低头忍受"的有13人,占受访总人数的4%;选择"寻机报复"的有57人,占受访总人数的16%;选择"找人调解,消除或减轻伤害"的有75人,占受访总人数的21%;选择"找政府官员帮助解决"的有91人,占受访总人数的26%;选择"向报社、电视台广播、网络等媒体投诉"的有7人,占受访总人数的2%;选择"上告法院,通过法律途径解决"的有81人,占受访总人数的23%;选择"不知道该怎么办"的有30人,占受访总人数的8%。数据表明,选择"找政府官员帮助解决"的比例(26%)最大,加上选择"找人调解,消除或减轻伤害"的比例(21%)在其后,两者总的比例达到47%,如果加上选择"寻找机会报复"(16%)的,那将是63%。也就是说,瑶族民众遇到这种情况时,受传统的影响主要想到的是依靠人而不是靠法律来解决问题。选择"上告法院,通过法律途径解决"(23%)和"向报社、电视台、广播、网络等媒体投诉"(2%)的总和为25%,1/4的人会选择运用法律或者媒体来解决问题,这说明人们对法律正义价值的认识还不充分,瑶族传统的族长权威治理(人治)观念仍然相当稳定,这与我国建设法治社会的发展潮流是不相适应的,需要在推进瑶族价值观建设时特别注意。

综合上面的分析,我们可以对当今瑶族政治价值观的基本情况总结如下。

布努瑶的政治参与意识较强,多数人关心政治,但相当一部分人还需要提高政治参与意识。由于受到传统观念的影响非常大,在干部与群众之间关系的认识上,多数人认为这并不是平等的关系,政治平等观念还远远没有得到普及。民众对当今的政治生活状况总体上是较为满意的,但是满意度还有待提高。对本民族的认同主流是积极的,认同并愿意坚持瑶族身份的占多数,但在作为瑶族一员的自豪感方面有待加强;对于国家和中华民族是十分认同的,大多数人认同自己属于中华民族大家庭中的一员;对学习法律知识的愿望较强,法治意识有较广泛的群众基础;近半数人已经具备遵守法律的意识;对法律正义价值的认识还不充分,瑶族传统的长者权威观念仍然相当稳定。

第三节　民族地区民众的经济价值观

经济生活是人们维持生计、图生存、求发展的基础,主要指人们从事物质资料生产、分配、流通和消费活动,指导人们在这一领域行为方式的价值观我们称为经济价值观。经济价值观是人们价值观的重要内容,它随着人们的经济生活的变化而变化,尤其受到国家宏观经济制度的影响和制约。改革开放以来,瑶族居民在国家政策的推动下逐渐适应了社会市场经济体制的大环境,传统的维持生计的方式有了很大的改变,其经济价值观也出现多样、多变和多元的趋势,这些观念集中表现在对国家宏观经济政策的关注、对金钱的态度、对社会主义市场经济体制的认识、对新兴工商业的态度、对收入差距的认识(分配观)、对花钱的价值评价(消费观)、对金融机构的价值认同等方面,这些内容也往往是当地民众以前(尤其是新中国成立前)很少关注而现在不得不关注(并形成自己观念)的,因为它们直接影响着人们的现实生活。

一、对国家宏观经济政策的态度

是否认识到国家宏观政策对自己经济生活的影响与价值,是经济价值观的重要内容。为了解这方面情况,我们设计了两个问题进行研究。其中一个问题把西部大开发战略和扶贫政策作为实例了解民众对国家宏观经济政策的态度情况,另一个则主要针对人们对社会主义市场经济体制的价值认同来设计。下面分别进行介绍。

问题 13　您对西部大开发政策与扶贫政策是否关心?

这个问题设计了 5 个选项:(1)很关心;(2)比较关心;(3)一般;(4)不太关心;(5)不关心。

调查的结果是：选择"很关心"的有 116 人，占受访总人数的 40%；选择"比较关心"的有 90 人，占受访总人数的 31%；选择"一般"的有 137 人，占受访总人数的 47%；选择"不太关心"的有 29 人，占受访总人数的 10%；选择"不关心"的有 18 人，占受访总人数的 6%。数据表明，对是否关心国家宏观政策（以西部大开发与扶贫政策为例）选择持肯定态度的人数为 206 人，占受访总人数的 71%，说明瑶族民众对国家宏观经济政策的关切度相当高。笔者在造访部分瑶民时，发现其中很重要的一个原因是因为都安县作为全国重点扶贫对象，许多村民都能从上级下拨的扶贫款中得到过实惠。表示"不关心"或者"不太关心"的往往是生活条件相当较好的人，但由于客观条件所限，这样的人并不占多数。在都安县隆福乡葛家村访谈时，一位青年人认为瑶族小孩子到国家利用扶贫款建成的学校读书，国家应当不再收取瑶家孩子的任何费用，小孩在学校所有的开支包括书费等都应该由政府资助。

问题 14　您对社会主义市场经济体制的看法是什么？

这个问题设计了 6 个选项：(1)利大于弊；(2)弊大于利；(3)利弊相当；(4)有利无弊；(5)有弊无利；(6)说不清楚。

调查的结果是：在受访的 290 人中，选择"利大于弊"的有 171 人，占受访总人数的 58%；选择"弊大于利"的有 25 人，占受访总人数的 9%；选择"利弊相当"的有 37 人，占受访总人数的 13%；选择"有利无弊"的有 19 人，占受访总人数的 7%；选择"有弊无利"的有 12 人，占受访总人数的 4%；选择"说不清楚"的有 16 人，占受访总人数的 6%。从这些数据来看，大部分人对社会主义市场经济体制是认同的，持明显肯定态度的共 190 人，占受访总人数的 65%；但也有近 1/3 的人或者持否定态度（衡量利弊取后者）或者认识不明确，说明这部分人对社会主义市场经济了解不多，其观念还没有跟上改革开放的时代潮流。

二、金钱观

金钱是现代社会经济活动的基本要素，对于金钱的总体看法能够反映出人们的金钱观。金钱观的内容包括对金钱的功能、如何获取金钱、如何支配金钱等方面的看法,其中对金钱(不是经济学意义的"货币")功能的总体认识是最基本的,也是人们在实际生活中会经常谈及的。由于我国传统文化的熏陶,不管是"重义轻利"还是"义利并重",它们都对人们的金钱观产生过重大影响,改革开放以后人们逐渐接受市场经济的规则,也使得如何看待金钱成为人们十分关注的问题。因此,我们设计了下面的问题来了解瑶族民众的金钱观。

问题 15 有人说"金钱不是万能的,没有金钱是万万不能的",您对这种观点认同吗?

这个问题设计了 5 个选项:(1)认同;(2)比较认同;(3)无所谓;(4)不很认同;(5)不认同。

调查结果是:在受访者中,选择"认同"的有 175 人,占受访总人数的 60%;选择"比较认同"的有 68 人,占受访总人数的 24%;选择"无所谓"的有 10 人,占受访总人数的 3%;选择"不很认同"的有 21 人,占受访总人数的 7%;选择"不认同"的有 16 人,占受访总人数的 6%。数据表明,对"金钱不是万能的,没有金钱是万万不能的"这一观念是大多数人所接受的,选择"认同"或"比较认同"的共 243 人,占比为 84%,这也反映了瑶族民众对金钱问题的认识与西北地区少数民族居民在此问题上的认识比较接近①。这一问题本身由矛盾的两个方面内容构成:一方面强调金钱的并非万能,一方面又指出没有金钱什么事也办不成。这是在社会主义市场经济条件下比较务实的金钱观。

三、对劳动力流动的价值认同

劳动力流动是市场经济的产物,也是实现生产要素有效配置的基本条件。但人们对劳动力流动的价值认同却需要一个过程,要冲破传统的

---

① 参见赵德兴等:《社会转型期西北少数民族居民价值观的嬗变》,人民出版社 2007 年版,第 72 页。

"父母在,不远游"等传统农业经济背景下约束人们合理流动的观念,不是短期就能实现的。在社会主义市场经济的大背景下,广大农村的人们纷纷脱离庄稼地,到不同的地方从业谋生,"民工潮"一词正好印证这种农村劳动力流动的大趋势,这些现象既冲击着外出的人,也冲击着没有外出的人。为了解人们对劳动力流动的价值认同情况,我们分别从走进来与走出去两个方面设计了两个问题进行分析。

问题16　您对外地其他民族人员在您所在的地方从事工商业活动的态度是什么?

这个问题设计了5个选项:(1)欢迎;(2)比较欢迎;(3)一般;(4)不很欢迎;(5)不欢迎。

调查结果是:在受访者中,选择"欢迎"的有176人,占受访总人数的61%;选择"比较欢迎"的有50人,占受访总人数的17%;选择"一般"的有10人,占受访总人数的4%;选择"不很欢迎"的有21人,占受访总人数的7%;选择"不欢迎"的有33人,占受访总人数的11%。数据表明,选择"欢迎"或"比较欢迎"的共226人,占受访总人数的78%,这也反映了瑶族民众对劳动力流动的价值认同度是较高的,对外来人员也有相当大的包容心。有54人选择了相反的态度,约18%的人对外来人员到当地从事工商业表示不欢迎,这说明还有一部分瑶族民众对外来人员有排斥心理。为了了解为何人们会对外来人员不欢迎,笔者专门对一个蓝姓青年作了访谈。在个别访谈时了解到:他们之所以对外来的人不欢迎,主要是因为有些外来商人是骗子,有的走江湖的卖假货,表演时声称有特效的东西买回去就是用不了;有的是价格欺骗,你不知道东西值多少钱,一块钱的东西他要卖好几倍的价钱;反过来,瑶族人的东西要卖给他就总得降到很低的价格才行,也就是说,他们感觉跟外面的人打交道总是吃亏。这类所占比例不大,但这也反映出外来人员在当地瑶人看来还有不少让人不满意的地方。

问题17　您对当地人外出从事工商业活动的态度是什么?

这个问题设计了5个选项:(1)赞同;(2)比较赞同;(3)一般;(4)不

很赞同;(5)不赞同。

调查结果是:在受访者中,选择"赞同"的有 190 人,占受访总人数的 65%;选择"比较赞同"的有 55 人,占受访总人数的 19%;选择"一般"的有 20 人,占受访总人数的 7%;选择"不很赞同"的有 9 人,占受访总人数的 3%;选择"不赞同"的有 16 人,占受访总人数的 6%。数据表明,选择"赞同"或"比较赞同"的共 245 人,占比为 84%,这也反映了瑶族民众对劳动力外出的价值认同度是较高的,对外出务工比较支持。为了了解为何有些人会对外出打工人员不认同,笔者专门对一个小学教师蓝老师进行了访谈。在个别访谈时了解到,他们之所以不赞同外出打工,主要是因为有些人出去打工后就不回来了,他的女儿就是个例子,打了两年工就嫁到四川了,原因是家乡生活条件太苦;另一些人打工或经商赚到不少钱,也是在外面买房不回家乡,但有时会出点钱支持家乡的建设。

四、消费价值观

人们对在什么地方花钱有价值的看法和态度是消费价值观的主要内容,人们把多余的钱用在什么方面则直接反映人们的消费观念和消费结构,而是否愿意贷款来消费则反映人们对提前消费的价值认同情况。我们设计了 3 个问题来分析瑶族民众的消费价值观。

问题 18 您认为把钱花在什么方面比较值得?(可多选)

这个问题设计了 11 个选项:(1)培养子女;(2)夫妻之间;(3)关爱父母;(4)提高生活水平;(5)提高自身素质;(6)捐助公益事业;(7)供奉寺庙;(8)自己花,及时享乐;(9)储蓄;(10)投资;(11)其他。

调查的结果是:在受访的 290 人中,选择"培养子女"的共有 211 人,占受访总人数的 73%;选择"夫妻之间"的共有 72 人,占受访总人数的 25%;选择"关爱父母"的共有 91 人,占受访总人数的 31%;选择"提高生活水平"的有 103 人,占受访总人数的 36%;选择"提高自身素质"的有 21 人,占受访总人数的 7%;选择"捐助公益事业"的有 55 人,占受访总人数的 19%;选择"供奉寺庙"的有 35 人,占受访总人数的 12%;选择"自己花,及时享乐"的有 63 人,占受访总人数的 22%;选择"储蓄"的有 192 人,占受访总人数的 66%;选择"投资"的有 83 人,占受访总人数的 29%;选择"其他"的有 5 人,占受访总人数的 2%。

这些数据表明,随着人们生活水平的提高,在花钱方面的选择呈现了多元化的态势。人们选择的优先次序是:培养子女是人们的首选;其次是储蓄;第三是提高生活水平;第四是关爱父母;第五是投资;第六是夫妻之间;第七是自己花,及时享乐;第八是捐助公益事业;第九是供奉寺庙;第十是提高自身素质;最后是其他选择。这个次序也反映出许多信息:人们对培养子女、关爱父母普遍重视,这两项选择的人数都较多,我国尊老爱幼的传统思想对人们的消费选择还有深远的影响;提高生活水平成为人们重要的消费选择;选择储蓄的人数相当多,达 66%,说明人们对储蓄与为将来作准备的意识相当普遍;有大约 22%的人选择自己花,及时享乐,说明人们的自我意识、享受意识在增强;大约 29%的人具有投资的意识;愿意把钱花在利他性(公益事业、寺庙)事情上的人数较多,约 31%;但选择提高自身素质的人很少,只有 7%,说明人们还没有花钱提高自身素质方面的自觉要求,这反映了这部分民众还不能适应技术进步日新月异、社会加速发展的时代要求。

问题 19　如果您有多余的钱可用时,以下哪一项是您的首选?

这个问题设计了 5 个选项:(1)投资;(2)储蓄;(3)消费;(4)捐款;(5)其他。

调查结果是:在受访的人当中,共有 56 人选择了"投资",占受访总人数的 19%;有 155 人选择了"储蓄",占受访总人数的 54%;有 39 人选择了"消费",占受访总人数的 13%;有 29 人选择了"捐款",占受访总人数的 10%;有 11 人选择了"其他",占受访总人数的 4%。这个问题设置了几个人们日常生活中常见的支出选择,并要求受访者作出排他性的选择,所以对于相同名称项目,选择的人数与上一题非排他性选择时有所不同。这些数据表明,储蓄仍然是人们用余钱的最先考虑,其次是投资、消费、捐款和其他,人们的投资意识还只在少数人的观念中占有重要位置,消费欲望对多数人来说也还不太强劲(只有 13% 的人把消费当作首选)。这个结果与赵德兴研究我国西北地区少数民族时的数据(首选投资人数为 43.5%[①])相比,瑶族民众的投资意识(19%)相去甚远,其原因是多方面的,我们在分析瑶族价值观历史变迁的特点时已经进行了分析。

问题 20　您曾经向银行贷款过吗?

这个问题设计了 3 个选项:(1)没有;(2)有过;(3)不知道可以贷款。

调查的结果是:没有向银行贷款过的有 155 人,占受访总人数的 54%;有过贷款的有 39 人,占受访总人数的 13%;不知道可以贷款的有 96 人,占受访总人数的 33%。这个问题主要是为了了解人们对提前消费的价值认同情况。从调查结果来看,瑶族民众大多数人都没有通过向银行贷款来用钱(不管何种用途),甚至有大约 1/3 的人表示不知道可以向银行贷款。笔者在开展个别访谈的过程中了解到,人们对于银行,一般只知道去存款,20 世纪 80 年代时很多人甚至还不敢把钱存银行,现在都对银行很信任,但从银行贷款来用一般都没想过,也不太相信银行会同意借钱,多数人都没有从银行借钱来消费或者投资的想法。这也反映出,一般民众对银行的功能认识、提前消费或者利用银行进行投资的价值认同方面还有待提高。

五、对收入差距的看法

人们对收入差距的看法,一方面关系到在初次分配上的公平观、效率观,另一方面关系到最终结果上的贫富差异观,是人们经济价值观的重要内容。我国由计划经济转向社会主义市场经济,对人们的生产积极性有了较大的提高。党的十六大报告指出:"确立劳动、资本、技术、管理等生

[①]　参见赵德兴等:《社会转型期西北少数民族居民价值观的嬗变》,人民出版社 2007 年版,第 87 页。

产要素按贡献大小参与分配的原则,完善按劳分配为主体,多种分配方式并存的分配制度。"①对于这样的分配制度的价值认同,是对经济生活中人们收入差距认同的基础。为了解瑶族民众对收入差距的看法,我们设计了下面的问题进行分析。

问题21　您认为社会存在收入差距是否合理?

这个问题设计了5个选项:(1)合理;(2)比较合理;(3)一般;(4)不很合理;(5)不合理。

调查结果是:在对此问题进行作答的289人中,认为社会存在收入差距合理的有94人,占受访总人数的33%;认为比较合理的有73人,占受访总人数的25%;没有明确态度,认为一般的有51人,占受访总人数的18%;认为不很合理的有29人,占受访总人数的10%;认为不合理的有42人,占受访总人数的15%。数据表明,对于社会上存在收入差距,持肯定态度的人数为167人,占受访总人数的58%,说明多数人对于社会上存在收入差距都认同;但值得注意的是,持否定态度的人数也不少(约占受访总人数的25%),也就是说,人们对社会存在收入差距的认识有较大的分歧,有相当一部分人还没有接受社会存在收入差距的合理性。这部分人不接受社会存在收入差距,也反映了瑶族民众受到传统价值观中平均主义观念的影响依然很深。

综合以上分析,我们可以概括出瑶族经济价值观的总体情况如下。

瑶族民众对国家的宏观经济政策的关切度较高;对社会主义市场经济体制认同度较高,但也有近1/3的人或者持否定态度或者认识不明确;在对金钱问题的认识上一方面强调金钱的并非万能,另一方面又指出没有金钱什么事也办不成,一般是较理性、较务实的金钱观;对劳动力流动的价值认同度是较高的,对外来人员也有相当大的包容心,对劳动力外出的价值认同度也较高;在花钱方面的选择呈现了多元化,优先次序是:培

---

① 中共中央文献研究室编:《十六大以来重要文献选编》(上),中央文献出版社2005年版,第21页。

养子女是人们的首选,储蓄仍然是人们用余钱的最先考虑;一般民众都没有向银行贷款的经历,对银行的功能认识、对提前消费的价值认同度不高;部分群众对于社会上存在收入差距的合理性是认同的,能够接受财富在社会上的不均等分布。

第四节　民族地区民众的文化价值观

文化是一个复杂的概念,人们对文化的理解往往又以其所关心的问题为基础。正如美国学者塞缪尔·亨廷顿所指出的:文化在不同的学科中和不同的背景下有着多重的含义,如果把文化看作是无所不包的那根本就无法说明任何问题①。本书主要是从人们的精神生活的角度来理解文化,从而把文化价值观理解为影响人们精神生活的各种思想观念。这里所说的"精神生活"是指马克思主义关于人的生活领域区分中所指称的其中一个领域,它与人们的经济生活、政治生活和社会生活共同构成人们的生活场域,并且受到其他各领域的影响和制约。经济生活、政治生活和社会生活往往是人们精神生活的基础,甚至可以把精神生活当作人们经济生活、政治生活和社会生活在思想观念中的反映。

任何群体的经济生活、政治生活和社会生活都是历史的、具体的,因而相应的精神生活也是历史的、具体的。对于都安县瑶族人民来说,其独特的自然环境与社会历史背景则决定了他们的精神生活的独特性。主要体现在三个方面:其一,都安县布努瑶人民在最近1000多年的历史上绝大多数时间都在自然条件十分恶劣的山地上过着游耕生活,这样就决定了他们与外界接触少,传统的思想观念可以稳定地传承。其二,他们没有通用的文字,所有传统文化靠言传身教来传承,这样就使得文学、艺术等方面发展很慢,且民间神话、传说等常常没有统一的原型,例如布努瑶最

---

① 参见[美]塞缪尔·亨廷顿等:《文化的重要作用——价值观如何影响人类进步》,程克雄译,新华出版社2002年版,第3页。

重要的史诗《密洛陀》的传唱无论是故事长短、情节精细、传唱时间等都没有统一标准,甚至同一个村的道公针对不同的人都可以有不同的唱法。其三,精神生活以集体活动为主要寄托,个人往往要在群体性的活动中才能实现精神上的满足,这种群体性精神生活主要表现在布努瑶的宗教信仰活动、民间舞蹈等方面,因此人们单独个体的精神生活显得并不丰富。

可见,布努瑶的文化价值观与其他民族的文化价值观一样包括许多方面的内容,但从其生活实际情况来看却与其他民族有较大的差异。总的看来,以下几个方面是瑶族民众的文化价值观最为主要的内容:一是信仰,二是道德观,三是生活目的,四是生活态度,五是幸福观,这几个方面不是可以单独存在的,而是紧密联系、相互影响的。信仰是对某种终极目标(人的终极价值)的追求,有宗教性的信仰也有非宗教性的信仰,一般来说宗教性的信仰更具持久性和稳定性。信仰是影响人们精神生活的最深刻的因素,它往往决定着人们的道德观、人生目的、人生态度、幸福观。道德作为调节人们行为的非强制性规范,它指导着人们对自己的行为作出是否应当或善的价值判断,是人们精神生活的重要内容。生活目的影响人们在为何活着、工作背后的目的何在等方面的价值追求,也是人们精神生活的重要内容。生活态度则关系到人们在实现人生目的时所具有的一种心理状态,也是人们精神生活的主要内容。幸福观可以理解为人们对自己的自我肯定的价值标准,它可以调节人们生活中的价值诉求,也是人们精神生活的主要内容。上面这几个方面的内容,存在于人们的观念中并且变动性较大,一般来说很难十分准确地进行把握。我们通过问卷调查,对瑶族文化价值观的五个方面内容进行实证分析。

一、对信仰及其意义的认识

信仰往往是人们精神生活的根基。人们是否意识到信仰的价值是一个基础性的问题。为了解这方面的情况,我们设计了下面的问题进行分析。

问题 22 人应不应该有信仰？

这个问题设计了 3 个选项：(1)应该；(2)不应该；(3)说不清楚。

调查的结果是：在 290 名调查对象中，有 218 人选择"应该"，占受访总人数的 75%；选择"不应该"的有 24 人，占受访总人数的 8%；选择"说不清楚"的有 48 人，占受访总人数的 17%。数据表明，人们对于信仰的肯定性认同占主导地位(约 75%)，而持相反意见者仅占很小一部分(8%)，说明人们充分认识到信仰对于精神生活的重要意义。

问题 23 您现在有没有某种信仰？

这个问题设计了 4 个选项：(1)有；(2)没有；(3)曾经有过；(4)不想回答。

调查结果是：对于目前人们是否有信仰的问题，在接受调查的 290 名受访者中，选择"有"的有 201 人，占受访总人数的 69%；选择"没有"的有 21 人，占受访总人数的 7%；选择"曾经有过"的有 54 人，占受访总人数的 19%；选择"不想回答"的有 14 人，占受访总人数的 5%。数据表明，人们在实际生活中拥有某种信仰的人占大多数，这也从另一方面印证上一题人们普遍重视精神生活中信仰的作用这一点。但同时也表明，有 19% 的人表示其原来已有的信仰已经动摇了，说明人们信仰的稳定性受到了一定的冲击。

问题 24 如果现在您有信仰，请问您信仰什么？（如果没有信仰，本题不必作答；如有多项信仰，可多选）

这个问题设计了 9 个选项：(1)社会主义、共产主义；(2)儒家学说；(3)道家学说；(4)佛教；(5)伊斯兰教；(6)基督教；(7)权威或道德典范；(8)什么也不信；(9)祖先。

调查结果是：在 290 名受访者中，选择信仰"祖先"的人数最多，有 217 人，占受访总人数的 75%；其次是选择"权威或道德典范"的有 97 人，占受访总人数的 33%；再次是选择"儒家学说"的有 87 人，占受访总人数的 30%；第四是选择"社会主义、共产主义"的有 72 人，占受访总人数的 25%；第五是选择"佛教"的有 47 人，占受访总人数的 16%；第六是选择

"道家学说"的有 36 人,占受访总人数的 12%;另外项目很少有人选择。以上数据表明:一是瑶族民众对祖先的信仰是最普遍的现象,祖先崇拜实际上还是人们最基本的信仰活动,不管社会发展如何快速,在对祖先的信仰方面没有多大改变;二是以非宗教性的信仰为主,有明确宗教性质的信仰类型没有成为人们的信仰对象;三是我国主流信仰社会主义、共产主义已经在瑶族民众中具有一定的群众基础,但所占比例仍然不高;四是瑶族民众的信仰选择呈现多元化,同时选择两个以上选项的人占了大多数。

二、道德价值观

道德价值观是指人们对道德的价值认定与价值选择,每个民族都会有与其自然条件和社会历史背景相适应的道德价值观。为了解瑶族民众的道德价值观,我们设计下面一些与人们日常生活相关的问题进行研究:人们最推崇的道德价值取向、人们对不道德行为的容忍度。这并非道德价值观的全部内容,但可以反映出其主要的方面。

问题 25 您认为下面的哪些道德是最值得提倡的?(请选择其中的 3 项)

这个问题设计了 9 个选项:(1)忠诚祖国和社会主义现代化事业;(2)对社会和他人有较强的责任感;(3)乐于接受新事物;(4)为人正直;(5)尊重他人、宽以待人;(6)乐于助人;(7)坚定自己的信仰;(8)适当克制自己;(9)积极进取。

调查的结果是:在 290 名受访者中,选择"尊重他人、宽以待人"的有 213 人,占受访总人数的 73%;选择"乐于助人"的有 172 人,占受访总人数的 59%;选择"为人正直"的有 159 人,占受访总人数的 55%;选择"对社会和他人有较强的责任感"的有 121 人,占受访总人数的 42%;选择"坚定自己的信仰"的有 109 人,占受访总人数的 38%;选择"积极进取"的有 99 人,占受访总人数的 34%;选择"忠诚祖国和社会主义现代化事业"的有 79 人,占受访总人数的 27%;选择"乐于接受新事物"的有 61人,占受访总人数的 21%;选择"适当克制自己"的有 46 人,占受访总人数的 16%。

从以上数据来看,瑶族民众的道德价值观具有以下几个特点。

第一,"尊重他人、宽以待人"(73%)、"乐于助人"(59%)、"为人正直"(55%)是选择人数最多的前 3 项,这表明瑶族民众的道德观念中十分关注个人与他人关系方面的美德,把尊重人、助人、做正直人这 3 项放在"最值得提倡"的位置上。这反映出绝大多数瑶族人的道德观念还是十分传统的。

第二,"忠诚祖国和社会主义现代化事业"(27%)、"乐于接受新事物"(21%)、"积极进取"(34%)这 3 项被选择的比例均没有达到 35%。这反映出瑶族民众在这些与快速多变、竞争日益激烈的社会发展相应且时代感很强的观念方面的选择还没有成为主流。

第三,在我们所列的九种善德中,选择率最低的两种分别是"适当克制自己"(16%)、"乐于接受新事物"(21%)。这两种观念主要是面向自身的,而这两项的选择率最低,另一项面向自身的"坚定自己的信仰"(38%)的选择率也不高,这也从一定程度上反映出瑶族民众一般来说还缺乏强烈的主体意识,而这种意识是市场经济体制下重要的现代意识之一。

问题 26　您认为下列行为中哪几项是最不道德的?(请选择 3 项)

这个问题设计了 7 个选项:(1)说话不算数;(2)破坏公物;(3)随地吐痰;(4)偷盗;(5)拾到财物自己占有;(6)办事排队时插队;(7)路见不平,袖手旁观。

调查结果是:选择"偷盗"者最多,人数达到 240 人,占受访总人数的 83%;选择"说话不算数"的有 205 人,占受访总人数的 71%;选择"路见不平,袖手旁观"的有 152 人,占受访总人数的 52%;选择"破坏公物"的有 132 人,占受访总人数的 46%;选择"办事排队时插队"的有 81 人,占受访总人数的 28%;选择"随地吐痰"的有 65 人,占受访总人数的 22%;选择"拾到财物自己占有"的有 41 人,占受访总人数的 14%。

这 7 个选择项目中,涉及人们在日常生活中对善与恶、义与利问题的认识与态度。关于哪些行为最不道德,选择人数最多的是"偷盗"(83%),说明人们对这种不劳而获、损人利己的不道德行为最不能容忍;而选择人数最少的则是"拾到财物自己占有"(14%),说明人们对这种不主动损人但利己的不道德行为则十分宽容;关于损害公共利益的不道德行为(如随地吐痰、插队、破坏公物等)也没有成为最主要的选择项目,说明人们的社会公德意识还不强,只有少数人把不守公德作为选择项。值得注意的是,选择"说话不算数"的人数也很多(达71%),说明人们对不守信用这种不道德行为的容忍度很低,或者说一般人都认为这是最不道德的行为,这也反映出瑶族民众在建立诚信意识方面具有良好的群众基础。

三、对人生目的的看法

人生目的是人们精神生活的重要支柱,它是人们立身处世的基本动力,在占据较长时间的工作过程中人们到底追求什么,则是体现人们人生目的的重要内容。所以,我们通过下面的问题来研究瑶族民众对人生目的的看法。

问题27 您现在努力工作,主要的目的是什么?(可多选)

这个问题设计了7个选项:(1)光宗耀祖,为父母争光;(2)实现人生价值,不能白活一回;(3)让自己的子孙后代生活得更好;(4)自己得到利益、实惠;(5)争口气,与别人比高低;(6)使自己所从事的事业兴旺发达;(7)为国家和社会作出更多的贡献。

调查结果是:在受访的290人中,选择"让自己的子孙后代生活得更好"的有230人,占受访总人数的79%;选择"光宗耀祖,为父母争光"的有193人,占受访总人数的67%;选择"争口气,与别人比高低"的有165人,占受访总人数的57%;选择"为国家和社会作出更多的贡献"的有146人,占受访总人数的50%;选择使自己"所从事的事业兴旺发达"的有122人,占受访总人数的42%;选择"实现人生价值,不能白活一回"的有91人,占受访总人数的31%;选择"自己得到利益、实惠"的有78人,占受访总人数的 27%。

数据表明,瑶族民众的家族意识十分浓厚,选择人数排前两名的都是把家族利益放在所有目标之前,这两项的选择比例都在 2/3 以上,在对家族利益的忠诚这一点上瑶族民众是十分一致的。在面向自己个人利益的两个主要项目"实现人生价值,不能白活一回""自己得到利益、实惠"则很少有人选择。选择"为国家和社会作出更多的贡献""使自己所从事的事业兴旺发达"这两项指向家庭与自我之外的目标,选择人数比较接近,都为 45%左右,说明人们在这 3 方面目标选择的次序依次为家族、社会、个体。有 165 人选择"争口气,与别人比高低"(57%),表明过半数人都把与他人比较作为目标选择之一,这部分人具有市场经济条件下人们应当具备的竞争意识。

四、生活态度

生活态度是影响人们精神状态的重要因素之一,它往往决定着人们以何种状态实现其人生目的。生活态度影响着人们各种行为的心理倾向。我们通过以下问题来研究。

问题 28　您最赞同下列哪一种生活态度?

这个问题设计了 5 个选项:(1)平平淡淡,顺其自然;(2)有所作为;(3)人生短暂,及时享乐;(4)一定要出人头地;(5)听天由命。

调查结果是:在接受调查的 290 人中,有 67 人选择"平平淡淡,顺其自然",占受访总人数的 23%;有 93 人选择"有所作为",占受访总人数的32%;有 21 人选择"人生短暂,及时享乐",占受访总人数的 7%;有 71 人选择"一定要出人头地",占受访总人数的 24%;有 36 人选择"听天由命",占受访总人数的 12%。

以上调查数据表明,表现为积极生活态度的两项(有所作为,一定要出人头地)选择人数达 164 人,占比为 56%,表明过半数人是积极进取的;对生活持消极态度的两项(平平淡淡,顺其自然;听天由命)选择人数为 103 人,比例约为 35%,也就是说大约 1/3 的人对生活缺少积极进取的态度。选择"人生短暂,及时享乐"的人数达 21 人,说明随着社会的发展人们开始受到享乐主义的影响,但所占比例不大(7%)。由此可见,受访者的生活态度总体上是积极向上的。

五、幸福观

幸福观是人们对于幸福的主观认识,不同的人由于其生活水平与历史文化背景不同,对幸福也会有不同的认识。为了解瑶族民众对幸福的主观认识,我们设计了下面的问题。

问题 29　您认为人生幸福主要体现在哪些方面?(可多选)

这个问题设计了 8 个选项:(1)健康长寿;(2)精神愉快;(3)物质富裕;(4)家庭和睦;(5)行动自由;(6)有知心朋友;(7)获得权力、地位、名誉;(8)事业有成。

调查结果是:在所有访问对象 290 人当中,选择人数最多的选项是"物质富裕",共有 179 人,占受访总人数的 62%;第二是选择"家庭和睦"的有 163 人,占受访总人数的 56%;第三是选择"事业有成"的有 135 人,占受访总人数的 47%;第四是选择"健康长寿"的有 110 人,占受访总人数的 38%;第五是选择"精神愉快"的有 97 人,占受访总人数的 33%;第六是选择"获得权力、地位、名誉"的有 83 人,占受访总人数的 29%;第七是选择"有知心朋友"的有 69 人,占受访总人数的 24%;最后是选择"行动自由"的有 53 人,占受访总人数的 18%。

以上调研数据表明,在瑶族民众心中,物质富裕是人生幸福的最重要体现,人们普遍认为物质生活的重要性已经超过其他方面,这对于自然环境恶劣、经济相对落后的都安地区来说是十分自然的;家庭和睦、事业有成也成了人们衡量幸福的重要标准;"行动自由""有知心朋友""获得权力、地位、名誉"较少有人选择;"健康长寿""精神愉快"仍然是人们选择率较高的项目,说明人们的幸福观极具传统韵味。这些数据反映出瑶族民众的幸福观既有传统性的注重精神的一面,也有现代性的注重物质的一面。

综合以上分析,我们可把瑶族文化价值观的总体情况概括如下。

在信仰问题上,瑶族民众普遍认为信仰对于精神生活具有重要意义,并且在实际生活中拥有某种信仰的人占大多数。瑶族民众信仰祖先是普遍现象,祖先崇拜实际上还是人们最基本的信仰活动,不管社会发展如何快速,在对祖先的信仰方面没有多大改变;我国主流信仰社会主义、共产主义已经在瑶族民众中具有一定的群众基础,但还没成为瑶族民众的普遍信仰;瑶族民众的信仰选择呈现了多元化。

在道德问题方面,其道德价值观具有以下几个特点:第一,在瑶族民众的道德观念中十分关注个人与他人关系方面的美德,把尊重人、助人、做正直人这三项放在"最值得提倡"的位置。这反映出绝大多数瑶族人的道德观念还是十分传统的。第二,瑶族民众在这些与快速多变、竞争日益激烈的社会发展相应且时代感很强的观念上还没有成为主流。第三,瑶族民众一般来说还缺乏强烈的主体意识,而这种意识是市场经济体制下重要的现代意识之一,因此这也是瑶族地区价值观建设的重要任务之一。

在幸福观方面,在瑶族民众心中,物质富裕是人生幸福的最重要体现,人们普遍认为物质生活的重要性已经超过其他方面,这对于自然环境恶劣、经济相对落后的都安地区来说是十分自然的;家庭和睦、事业有成也成了人们衡量幸福的重要标准;"行动自由""有知心朋友""获得权力、地位、名誉"则较少有人选择;"健康长寿""精神愉快"仍然是人们选择率较高的项目,说明人们的幸福观极具传统韵味。物质富裕是人生幸福的最重要体现,人们普遍认为,在重要性方面,物质需要已经超过精神需要。

其他方面,人们的社会公德意识还不强;瑶族民众的家族意识十分浓厚,人们往往将个人利益让位于家族利益;在人生态度方面,积极进取者所占比例较大。

第五节　民族地区民众的社会价值观

社会价值观是指人们在社会生活中的价值判断与价值取向,它指导着人们对社会角色的认同、社会交往行为,影响着各种社会组织的存在与发展,是特定人群价值观的重要内容。社会价值观的内容是十分丰富的,从维系各种社会组织(对瑶族地区来说最基本也是最重要的组织是家庭和部族)存在与发展的角度来看,社会价值观主要体现在以下几个方面:人们对社会现状的评价、婚姻与家庭价值观、择友的价值取向、对社会保障的认同、生态保护意识等方面。下面将分别进行分析。

一、对社会现状的评价

对社会状况的评价,对于专家学者来说可以制定出各种各样的指标体系来进行,但对于普通民众来说则是用非量化的、模糊性的术语才可能进行。胡锦涛在中国共产党第十七次全国代表大会上的报告中指出:"社会建设与人民幸福安康息息相关。必须在经济发展的基础上,更加注重社会建设,着力保障和改善民生,推进社会体制改革,扩大公共服务,完善社会管理,促进社会公平正义,努力使全体人民学有所教、劳有所得、病有所医、老有所养、住有所居,推动建设和谐社会。"[①]这句话中的"努力使全体人民学有所教、劳有所得、病有所医、老有所养、住有所居"就是老百姓容易理解的评价标准,这几个方面最能反映一个社会中人们普遍关注的主要问题,"学有所教、劳有所得、病有所医、老有所养、住有所居"可以作为人们评价社会的调查内容。为了使这样的评价与量化相结合,我们设置了一个分数段的办法,由受访者对每一项进行评分。具体调研办法用以下这样一个问题来展开。

问题30　您对下列各方面社会状况的满意程度如何?(请按项目评分)

这个问题主要调研受访者对学有所教、劳有所得、病有所医、老有所

---

① 胡锦涛:《高举中国特色社会主义伟大旗帜　为夺取全面建设小康社会新胜利而奋斗》,人民出版社 2007 年版,第 20 页。

养、住有所居的满意程度,每个方面分别从 0—10 打分,最后分别计算每一项的平均得分情况。调查结果数据见表 2-2。

表 2-2 对社会现状的评价

评价内容	平均得分
学有所教	5.79
劳有所得	5.83
病有所医	5.34
老有所养	5.91
住有所居	5.15

以上数据表明:从这 5 个项目的平均得分来看,从高到低的次序是:老有所养 5.91、劳有所得 5.83、学有所教 5.79、病有所医 5.34、住有所居 5.15。可见,人们对这 5 个方面的总体评价不高,没有一项平均得分能达到 6 分以上,说明该地区的瑶族人一般来说对于目前社会状况并不很满意。其中满意度最低的是住房方面,其次是医疗服务方面。当然,也没有一个项目得分低于 5 分,说明人们在几个方面都没有特别严重的不满情绪。从实地调研的村子里的情况来看,当地瑶族人居住条件一般都相当艰苦,许多村子甚至看不到一间钢筋水泥房,交通又不方便,一般人很难及时得到医疗服务,这都与上面调查的数据相符合。

二、婚姻与家庭价值观

婚姻生活与家庭生活是人生的最主要内容,对于少数民族群众来说尤其如此。作为社会最基本单位的家庭,也是人们安身立命的基础。我们把人们在婚姻与家庭生活中的价值观作为瑶族民众社会价值观研究的主要内容,围绕这一主题,我们选择下面的内容来研究:一是对民族间通婚的价值认同;二是婚姻择偶的价值取向;三是对子女数量的看法;四是对子女性别的价值取向;五是婚姻家庭质量标准的价值诉求;六是对离婚问题的看法。这几个方面的调研问题设计参考了赵德兴研究员分析西北少数民族价值观时的做法①。

（一）对民族间通婚的价值认同

问题 31　您对不同民族之间通婚的态度是什么？

这个问题设计了 5 个选项：（1）认可；（2）比较认可；（3）无所谓；（4）不很认可；（5）不认可。

调查结果是：选择"认可"的有 37 人，占受访总人数的 13%；选择"比较认可"的有 68 人，占受访总人数的 23%；选择"无所谓"的有 25 人，占受访总人数的 9%；选择"不很认可"的有 75 人，占受访总人数的 26%；选择"不认可"的有 85 人，占受访总人数的 29%。数据表明，表示肯定态度（认可或者比较认可）的共 105 人，只占受访总人数的 36%，不到 40%；而持否定态度（选择"不认可"或者"不很认可"）的共 160 人，占受访总人数的 54%，这个比例远高于肯定态度的比例（36%）。这说明瑶族民众当中对族间通婚的认同度还不是很高。笔者在访谈时了解到，一位 30 岁未婚蓝姓男青年表示，不认同族间通婚主要原因是反对瑶族姑娘往外嫁，因为村里的男青年难从村外找到老婆，而对外族姑娘嫁进来则表示可以接受；一位 50 多岁的小学教师则说，自己女儿外出打工就嫁到外面去了，自己心里并不同意，但也很无奈，女儿说家乡太艰苦、外面生活条件较好。从访谈了解到的情况来看，瑶族人民与其他民族人民的交往不断发展，将来一定会在族间通婚方面更加务实和开放。

（二）婚姻择偶的价值取向

问题 32　在选择结婚对象时，您最看重对方的是什么？

这个问题设计了 6 个选项：（1）经济收入；（2）社会地位；（3）家庭背景；（4）人品；（5）外表；（6）其他。

调查结果是：在受访者中，选择"经济收入"的有 56 人，占受访总人数的 19%；选择"社会地位"的有 37 人，占受访总人数的 13%；选择"家庭

---

① 参见赵德兴等：《社会转型期西北少数民族居民价值观的嬗变》，人民出版社 2007 年版，第 103 页。

背景"的有 28 人,占受访总人数的 10%;选择"人品"的有 92 人,占受访总人数的 32%;选择"外表"的有 65 人,占受访总人数的 22%;选择"其他"的有 12 人,占受访总人数的 4%。数据表明,"人品"(32%)是人们选择结婚对象时最为重要的价值取向,其次是"外表"(22%),再次是"经济收入"(19%),第四是"社会地位"(13%),第五是"家庭背景"(10%),最后是上述选择以外的其他标准。通过实地调研了解到,在许多村落中人们生活水平相差不大,决定了经济收入、社会地位、家庭背景等方面十分相近,这也许就是为什么人品、外表成为前两位价值取向的原因。

(三)对子女数量的看法

问题 33　您对"多子多福"怎么看?

这一问题设计了 5 个选项:(1)赞同;(2)比较赞同;(3)无所谓;(4)不很赞同;(5)不赞同。

调查结果是:在接受调查的 290 人当中,选择"赞同"的有 94 人,占受访总人数的 32%;选择"比较赞同"的有 80 人,占受访总人数的 28%;选择"无所谓"的有 20 人,占受访总人数的 7%;选择"不很赞同"的有 59 人,占受访总人数的 20%;选择"不赞同"的有 37 人,占受访总人数的 13%。

以上数据表明,传统观念中"多子多福"还有相当多瑶族民众认同,持肯定态度的(选择"赞同"或者"比较赞同")共 174 人,占受访总人数的 60%;而持相反意见的(选择"不很赞同"或者"不赞同")只有 96 人,占受访总人数的 33%;对"多子多福"的观念,认同与不认同之比大约为 2∶1。这也反映出瑶族民众对于依靠养下一代来为老年生活提供保障的传统观念(养儿代老)仍然占主导地位。

(四)对子女性别的价值取向

问题 34　如果小孩的性别可以选择的话,您是否更喜欢男孩?

这个问题设计了两个选项:(1)是;(2)否。

调查结果是:在接受调查的 290 人当中,共有 194 人选择了"是",占受访总人数的 67%;而有 96 人选择了"否",占受访总人数的 33%。这表明瑶族民众大多数人还是具有传统社会盛行的"重男轻女"观念的。在个别访谈时了解到,部分原因还是由于一般家庭都还存在年轻人要为祖宗"续香火"的观念,所以相当多的父母非得生个男孩才罢休。换言之,相当多的人不生个男孩是不会罢休的。

（五）婚姻家庭质量标准的价值诉求

问题35　您认为影响夫妻感情的主要因素是什么?（可多选）

这个问题设计了8个选项:(1)爱情;(2)性生活;(3)相互理解和信任;(4)孩子;(5)经济收入;(6)社会地位;(7)孝敬父母;(8)其他。

调查的结果是:在所有290名受访人当中,选择"爱情"的有51人,占受访总人数的18%;选择"性生活"的有39人,占受访总人数的13%;选择"相互理解和信任"的有73人,占受访总人数的25%;选择"孩子"的有96人,占受访总人数的33%;选择"经济收入"的有121人,占受访总人数的42%;选择"社会地位"的有27人,占受访总人数的9%;选择"孝敬父母"的有143人,占受访总人数的49%;选择"其他"的有15人,占受访总人数的5%。瑶族民众对于婚姻家庭质量的主要影响因素的认识,按选择人数多少为序,排在首位的是"孝敬父母"(49%),其次是"经济收入"(42%),第三位是"孩子"(33%),第四位是"相互理解和信任"(25%),第五位是"爱情"(18%),第六位是"性生活"(13%),第七位是"社会地位"(9%),有小部分人选择了"其他"(5%)。以上数据表明,瑶族人对婚姻家庭影响因素的认识存在较大差异,没有一项因素有超过半数人选择(在可以多选的情况下都没有出现)。但人们对父母、子女两大因素十分重视,这两项选择人数之和为239人(占受访总人数的82%),反映了瑶族人民尊老爱幼的传统美德仍然是影响家庭生活的主要因素。除"其他"外,"经济收入"排在第二,而"社会地位"倒数第一、"性生活"倒数第二、"爱情"则在倒数第三,说明人们对物质生活的追求比后面3项非物质追求更加重视,但同时也反映了关系到人们个人的生理需要与心理需要的"性生活""爱情"在婚姻家庭中的作用认同度不高。

（六）对离婚问题的看法

问题 36 您对离婚问题怎么看？

这个问题共设计了 4 个选项：（1）如果是夫妻感情破裂，离婚是正常的；（2）离婚是一件耻辱的事；（3）离婚会给孩子带来精神痛苦，一般不要采取这种形式；（4）要看具体情况而定。

调查结果是：在所有 290 名受访者当中，选择"如果是夫妻感情破裂，离婚是正常的"有 37 人，占受访总人数的 12%；选择"离婚是一件耻辱的事"的有 27 人，占受访总人数的 9%；选择"离婚会给孩子带来精神痛苦，一般不要采取这种形式"的有 179 人，占受访总人数的 60%；选择"要看具体情况而定"的有 57 人，占受访总人数的 19%。

以上数据表明，瑶族民众在对待离婚问题上，以自己的感受（感情破裂）为出发点来考虑的只占少数（12%），而以孩子为出发点来考虑的占大多数（60%），没有明确态度的占 19%，明确对离婚持反对态度甚至以此为耻的人很少（9%）。在调研时笔者到过的村落中，很少有离婚的案例，当地人说那里人很少会离婚，一般婚姻不管如何都会维持下去的。这一点是与其他民族尤其是汉族地区的情况有很大的差别。当笔者在访问村民时专门问到为何人们不会轻易离婚时，受访者说那就是当地的习惯，具体原因他自己也说不清楚。

三、择友的价值取向

与他人交朋友，是人们生活中的重要内容之一。由于地缘关系、血缘关系、工作关系而发生的人际交往中，选择何种人为朋友、选择的标准是什么，也是人们社会价值观的重要内容。

问题 37 您与别人交朋友时，最看重对方的什么？（可选择其中的 2—3 项）

这个问题共设计了 7 个选项：（1）权位；（2）钱财；（3）名气；（4）才能；（5）见识广；（6）正直坦诚；（7）讲义气、重交情。

调查结果是：在接受调查的 290 名受访人当中，选择"权位"的有 21

人,占受访总人数的 7%;选择"钱财"的有 63 人,占受访总人数的 23%;选择"名气"的有 43 人,占受访总人数的 15%;选择"才能"的有 97 人,占受访总人数的 33%;选择"见识广"的有 115 人,占受访总人数的 40%;选择"正直坦诚"的有 156 人,占受访总人数的 54%;选择"讲义气、重交情"的有 182 人,占受访总人数的 63%。

以上调研数据表明,瑶族民众在择友时最为看重的价值观是"讲义气、重交情"(63%),其次是"正直坦诚"(54%),第三是"见识广"(40%),第四是"才能"(33%),第五是"钱财"(23%),第六是"名气"(15%),最后是"权位"(7%)。排在前两位的"讲义气、重交情""正直坦诚"都有超过 50% 的人选择,而后两位的"权位""名气"选择人都很少,"钱财"也只有 23% 的人进行了选择,说明人们在交朋友标准方面主要是看重对方的内在品质而不是外在的实利,在"义"与"利"的权衡上以前者为重。

四、对社会保障的认同

对于瑶族的一般民众来说,社会保障的概念还相当陌生,主要体现在当交费买保险时表现出来的对保险不信任。当然,事实上他们当中除了五保户外确实没有多少人能从社会保障中得到过直接的经济实惠。但随着农村合作医疗制度相关政策的推广和实施,人们逐步了解了社会保障方面的知识,而对参与农村医保的态度也可以从一个角度反映人们对社会保障的价值认同。在此,我们以人们比较关注的农村医保为切入点,了解瑶族民众对社会保障的认同情况。

问题 38　您认为每个人都应该参加医保吗?

这个问题共设计了 4 个选项:(1)应该;(2)不应该;(3)看情况;(4)说不清楚。

调查结果是:在接受调查的 290 名受访人中,选择"应该"的有 162 人,占受访总人数的 56%;选择"不应该"的有 79 人,占受访总人数的 27%;选择"看情况"的有 31 人,占受访总人数的 11%;选择"说不清楚"

的有 18 人,占受访总人数的 6%。

数据表明,近六成人对医保是认同的,认为每个人都应参加医保;但有近三成的人持相反观点,同时有 17% 的人没有明确的态度。对社会保障重要性认识的不足与不信任,也许是人们还普遍存在"养儿防老"的传统观念的重要原因之一。

五、生态保护意识

瑶族人一般都生活在自然条件十分恶劣的环境下,他们对于生态保护重要性的认识,深刻影响着族群的生存和发展,这种认识也是瑶族人社会价值观的重要内容之一。生态保护,表面上是要处理人与自然之间的矛盾,但实际上是要处理人与人之间的矛盾,或者是一个地方的人与另一个地方的人对自然资源进行利用时的矛盾,或者是这一代人与另一代人对自然资源进行利用的矛盾,这两方面结合起来就其本质而言是处理不同时间或不同空间的人与人之间的矛盾。从这个意义上说,生态保护意识应当属于社会价值观的研究对象。

为了解瑶族民众在生态保护方面的价值认同情况,我们设计了一个人们讨论较多的问题来进行研究。

问题 39 您是否赞同国家退耕还林等生态保护的政策?

这个问题共设计了 5 个选项:(1)赞同;(2)比较赞同;(3)无所谓;(4)不很赞同;(5)不赞同。

调查结果是:在接受调查的 290 名受访者当中,选择"赞同"的有 105 人,占受访总人数的 36%;选择"比较赞同"的有 59 人,占受访总人数的 20%;选择"无所谓"的有 33 人,占受访总人数的 12%;选择"不很赞同"的有 18 人,占受访总人数的 6%;选择"不赞同"的有 75 人,占受访总人数的 26%。

数据表明,瑶族民众对于国家关于生态保护方面的政策并没有很高的认同度,持积极支持态度(赞同或比较赞同)的仅占 56%,而持相反态度(不很赞同或者不赞同)的人数则占到 32%。也就是说,大约一半的人赞同,大约 1/3 的人则相反。

从瑶族历史来看,瑶族人过去长期在"游耕"状态下生活,即在一个山头耕种,数年后环境不能提供足够的生活资料就换另一个地方,这样的生活方式直到 20 世纪中叶才逐渐消失①。这样的生活方式,对人们关于生态保护方面的意识影响巨大。一方面,他们意识到此地不宜久留,应当尽可能利用各种自然资源;另一方面,他们也希望所在地的资源能尽可能维持更长时间,这也促使人们产生保护生态的需要。但相比之下,"食尽一山,则移一山"的实用主义才是最主要的,而生态保护则没有成为人们自觉的意识。在访谈时了解到,以养山羊为例,人们都知道在本来长草都不易的石山上养羊对于山地植被的破坏作用有多大,但养羊对家庭来说成本不高而收益大,于是不但要养羊还想尽量多养羊。瑶民这种矛盾的选择也从另一个方面印证了上面调研反映出来的情况。

综合上面的分析,我们可以把瑶族社会价值观的总体情况概括如下。

瑶族人一般来说对于目前社会状况满意度不高,满意度最低的是住房方面,其次是医疗方面。瑶族人对族间通婚的认同程度低,而对此持否定态度的占比为 54%,比例相当高,这说明人们在婚姻问题方面普遍比较保守。人品是选择结婚对象时最为重要的价值取向。传统观念中"多子多福"还有相当多瑶族民众认同,依靠养下一代来为老年生活提供保障的传统观念仍然占主导地位。大多数人还是具有传统的"重男轻女"的观念;尊老爱幼的传统美德仍然是影响家庭生活的主要因素;在对待离婚问题上,孩子是大多数人考虑的首要因素,一般人为了孩子而选择不离婚;在择友时最为看重的价值标准是"讲义气、重交情",说明人们选择交朋友时主要是看重对方的内在品质而不是外在的实利,在"义"与"利"的权衡上以前者为重;人们对社会保障的认同度不高,主要表现为对社会保障重要性认识的不足与不信任;尽管瑶族人生活的自然环境不好,但生态保护意识并没有成为瑶族民众的自觉意识。

---

① 参见玉时阶:《瑶族文化变迁》,民族出版社 2005 年版,第 27 页。

第三章　民族地区价值观的现状分析

我国正处在一个经济与社会快速发展的时期,人们的经济生活、政治生活、文化生活和社会生活的急剧变革,必然会引发人们价值观的急剧变化。同样道理,瑶族价值观也处于一个快速变革的关键时期。分析当今瑶族价值观与传统价值观的冲突与融合、瑶族对我国主导价值观的认同情况,探讨当今瑶族价值观中存在的各种问题,可以为民族地区价值观建设提供正确的方向。

第一节　当今民族地区民众价值观发展的时代背景

为了立足现在,从总体上把握瑶族价值观的现状,我们应该先对当今瑶族价值观发展的时代背景进行分析。要正确把握这个时代背景,我们应当面向世界、面向未来、面向现代化,同时要以瑶族的传统为参照。

一、当今瑶族价值观发展的时代背景

从上面的分析我们可以看到,对人们身处特定历史条件的认识,是研究人们价值观发展的基础。目前我们社会发展有何特点呢? 一是社会发展加速,二是社会流动性加大。具体来说,可以从以下几个方面分别探讨。

(一)经济全球化是当今世界的潮流

全球化是人们常用来描述当今国际发展特征的术语。人们对全球化

有不同的理解,但在这一点的认识上是相同的:全球化与资本主义的发展联系在一起。马克思、恩格斯在《共产党宣言》中对全球化的原因、动力、表现及其对世界各个不同民族的影响作出深刻的分析,是对全球化最好的诠释。他们曾经指出:"不断扩大产品销路的需要,驱使资产阶级奔走于全球各地。它必须到处落户,到处开发,到处建立联系。资产阶级,由于开拓了世界市场,使一切国家的生产和消费都成为世界性的了。使反动派大为惋惜的是,资产阶级挖掉了工业脚下的民族基础。古老的民族工业被消灭了,并且每天都还在被消灭。它们被新的工业排挤掉了,新的工业的建立已经成为一切文明民族的生命攸关的问题;这些工业所加工的,已经不是本地的原料,而是来自极其遥远的地区的原料;它们的产品不仅供本国消费,而且同时供世界各地消费。旧的、靠本国产品来满足的需要,被新的、要靠极其遥远的国家和地带的产品来满足的需要所代替了。过去那种地方的和民族的自给自足和闭关自守状态,被各民族的各方面的互相往来和各方面的互相依赖所代替了。物质的生产是如此,精神的生产也是如此。各民族的精神产品成了公共的财产。民族的片面性和局限性日益成为不可能,于是由许多种民族的和地方的文学形成了一种世界的文学。"①从这段话中我们可以看出,全球化本质上是一种趋势、一个过程,是生产力发展所推动的世界一体化的趋势、一体化的过程,是商品生产发展、市场扩张推动的打破民族边界、地域限制的发展趋势和过程,是资本、技术、劳动力等生产要素突破政治实体边界不断快速流动的过程,它涉及商品的生产、流通、消费,以国际贸易、跨国公司、国际合作等方式,推动着不同民族间的交往,冲击着人们的经济生活、政治生活、文化生活和社会生活,在意识层面上还冲击着各个民族的价值观。

全球化作为一种世界发展趋势,任何民族都无法回避,如今正以更快的速度席卷世界的每一个角落。全球化首先表现在经济领域,推动了技术、产品、资本、信息、人才等在世界范围内自由流动,在这个基础上资本

---

① 《马克思恩格斯选集》第1卷,人民出版社2012年版,第404页。

主义的各种价值观也随着这个流动过程向世界各地迅速扩散、传播,对不同民族的传统文化造成强烈冲击。不容否认,资本主义的各种价值观是人类社会发展的文明成果,相对于原始社会、奴隶社会、封建社会相应的价值观而言,具有历史进步性,有值得全人类共同认同和施行的丰富内容,如人本的观念、崇尚科学、公平、平等、民主、法治的价值观,效率意识、竞争意识等。但同时也具有其局限性,如片面追求利润、金钱至上的拜金主义,快乐至上的享乐主义,消费至上的消费主义等。这些价值观,对各民族的传统价值观都会造成不同程度的冲突,人们也必须对这种冲突作出价值观的调适。

(二)我国由计划经济向市场经济的社会转型还没有完全结束

如果说全球化的主要功能是突破民族国家的政治边界而促进世界一体化,那么市场化则是在这个基础上突破同一民族国家内部的各种边界、促进民族国家内部的一体化。两者相互促进,才能真正推动"世界历史"的形成。市场化,主要是指市场经济体制在一个国家范围内资源配置中发挥主要作用的趋势。目前,我国已经初步建立社会主义市场经济体制,市场体制对资源配置发挥了基础性作用,原来纯粹的计划经济时代已经成为过去,但目前还没有完全实现市场在资源配置中发挥决定性作用。因此,我国的经济成分、组织形式、分配方式、就业方式等已经发生了深刻而急剧的变化。根据马克思主义的观点,社会意识与社会存在发展方面往往不是同步进行的,它具有一定的滞后性。作为社会意识的价值观,事实上还没有跟上社会经济基础这种变革的步伐,人们的价值观并不是全部都能够跟上这种变革,对于类似瑶族这样地处边远山区的少数民族而言更是如此。

从处于这种变革过程中人们的价值观的方面看,市场经济体制本身也是一把双刃剑:它一方面调动人们的生产积极性,随着人们需求、利益、价值的多元化,人们变得理性化地行事,培育了人们的自主意识、效率意识、时间意识、竞争意识;另一方面也可能导致人们唯利是图、不择手段、急功近利、无视道德约束等,人们的价值目标、价值标准也日益复杂化和多元化。在调查中我们发现,对于瑶族地区而言,由于本来这些地方的工业、商业并不发达,而现在社会上的生产要素逐步流动起来,人们能够参与到这种流动中去,可他们最近才发现许多劳动产品原来可以作为商品,到市场上与其他民族的人一样平等地进行各种交易,一方面他们十分高兴,但另一方面他们对市场的游戏规则了解不多,思想受到很大刺激,产生不少疑惑。比如:人情在交易中应当考虑吗? 与陌生人交易会吃亏吗?

如今我国的社会主义市场经济体制还没有成熟和定型,我国还在经历着由计划经济向市场经济转变的历史时期,而这个时期还将继续相当长的一段时间。"社会转型"是人们研究价值观变化时经常使用的一个术语,实质上是指社会结构变化,最初主要是指传统社会向现代社会的转型,尤其指经济结构的转型,现在重点被用于描述我国经济体制由计划经济向社会主义市场经济转变的重大社会变化。① 社会转型是一个较为漫长的过程,不同国家、不同民族完成社会转型的速度并不一样。关于社会转型的研究,不同学科背景的人有不同的观点,有的学者从前农业、农业、工业、后工业等方式去理解,这样的理解对于民族地区来说并不容易找到与之相应的转型期。笔者认为应当寻找一种适合分析瑶族价值观变化的理论,可以从马克思的相关论述中找到相应的观点。马克思在《政治经济学批判(1857—1858 年手稿)》中指出:"每个个人以物的形式占有社会权力。如果从物那里夺去这种社会权力,那么你们就必然赋予人以支配人的这种权力。人的依赖关系(起初完全是自然发生的),是最初的社会形式,在这种形式下,人的生产能力只是在狭小的范围内和孤立的地点上发展着。以物的依赖性为基础的人的独立性,是第二大形式,在这种形式下,才形成普遍的社会物质变换、全面的关系、多方面的需要以及全面的能力的体系。建立在个人全面发展和他们共同的、社会的生产能力成为从属于他们的社会财富这一基础上的自由个性,是第三个阶段。第二

---

① 参见陈章龙:《论主导价值观》,江苏人民出版社 2006 年版,第 14 页。

个阶段为第三个阶段创造条件。因此,家长制的,古代的(以及封建的)状态随着商业、奢侈、货币、交换价值的发展而没落下去,现代社会则随着这些东西同步发展起来。"①他从人的社会关系变化的角度讨论了社会转型的问题,但他的研究重点在商品的交换问题而不是人们在这一过程中的观念,这三个阶段也可以说高度概括了人们经济生活的总体特征,即三大社会经济形态(自然经济、商品经济、自由经济②)。从中可以概括出传统社会与现代社会的转型:我国正从以"人的依赖关系"为特征的传统型社会向以"物的依赖性为基础的人的独立性"为特征的现代型社会转变和过渡。③ 这个观点,对于分析瑶族价值观具有指导作用。

我国改革开放以来社会变化的基本趋势是:从自给、半自给的产品经济社会向社会主义市场经济社会转型;从封闭、半封闭的社会向开放社会转型;从同质的单一性社会向异质的多样性社会转型;从伦理社会向法理社会转型。社会转型对人们的生产方式、生活方式、思维方式、价值观念产生了全面而深刻的影响。传统与现代的碰撞而形成的巨大文化冲击力,势必导致人们必须面对各种不同价值观的相遇、碰撞、冲突与融合,这不但改变着沿海发达地区人们的思想观念,也影响着西部欠发达地区少数民族的思想观念。④

所以,研究当今人们的价值观问题,社会转型可以作为研究的基本参照系。"考察我国价值观念的现状和变革趋势,不能忘记一个总的大背景:我们正处在一个社会转型的现实进程之中。价值观念变革的走势,离开这一背景,就无从得到说明。"⑤笔者赞同这种观点,并且认为这种观点同样适用于民族地区价值观研究。

---

① 《马克思恩格斯文集》第8卷,人民出版社2009年版,第52页。
② 参见王宏维:《社会价值:统摄与驱动》,人民出版社1995年版,第173页。
③ 参见李德顺:《新价值论》,云南人民出版社2004年版,第304页。
④ 参见赵德兴等:《社会转型期西北少数民族居民价值观的嬗变》,人民出版社2007年版,第1页。
⑤ 李德顺:《新价值论》,云南人民出版社2004年版,第302—303页。

(三)信息传播越来越方便、快捷

人们常说我们处于一个信息化的时代。信息化是指信息在社会发展和进步中发挥越来越重要的作用,信息成为人们生活中必不可少的一部分,社会发展越来越依赖于信息的收集、创造、贮存、传递,而这一过程则强烈地冲击着人们原有的价值观。一方面,人们对信息的获得由于各种电子信息技术的发展变得更加便利、快捷;另一方面,人们对信息的依赖性也越来越强。信息传播以前所未有的速度在进行,人们常常要自觉不自觉地接受很多信息,例如坐公交车、上厕所都有各种各样的广告信息。这样,各种各样的价值观就可能通过更多的渠道得以传播,人们面对不同价值观而产生的困惑也迅速增长。

"信息化时代的到来,信息技术和其他科学技术及理性精神越来越深广地渗透到人们生活的各个方面:人的数字化生存、消费的文化理念引导、经济决策的理性化、社会管理的民主化与公开化、个人活动和社会活动的法治化等等,都透露出某些理性的、科学的、契约的、主体性的文化精神内涵。"[1]人们获取信息更加方便、快捷,原来瑶族地区主要由族长发布和传递信息的模式被打破,同时各种信息的快速传递也使人们不得不直接面对许多不同的价值观。正如上面提到的,消费的文化理念引导、经济决策的理性化、社会管理的民主化与公开化、个人活动和社会活动的法治化等价值观以更加迅猛的速度冲击着瑶族民众。

(四)多元文化冲击着人们的思想意识

随着全球化、市场化和信息化的推进,全世界范围的人员流动、商品流通、信息传播都以惊人的速度发展,伴随着维系这种潮流的相应文化也以前所未有的速度在世界范围内传播,生活方式、思维方式日益多元化,这给人们的思想观念带来了激烈的冲击,我国进入了文化多元化的时代已经成为人们的共识,多元文化已经十分激烈地冲击着人们的思想意识,世界在文化多元化方面已经取得了广泛共识。联合国教科文组织先后于

----

① 衣俊卿:《文化哲学十五讲》,北京大学出版社 2004 年版,第 302 页。

2001年、2005年通过了《世界文化多样性宣言》和《保护和促进文化表现形式多样性公约》等标志性文件,确认了世界对保护文化多样性的共识和行动纲领。2001年通过的《世界文化多样性宣言》第1条指出,文化在不同的时代和不同的地方具有不同的形式,而这种多样性体现在构成人类各群体和各社会特性的独创性和多样性中,这种多样性文化是交流、革新和创新的源泉,它属于全人类的共同遗产,为了人类子孙后代的利益,全世界应当肯定和承认文化多样性的重要价值。2005年通过的《保护和促进文化表现形式多样性公约》第4条指出,文化多样性是指"各群体和社会借以表现其文化的多种不同形式。这些表现形式在他们内部及其间传承"①。文化多样性的实质是尊重文化异质性,使不同民族的文化得以保持区别于其他民族文化的独特性,不同民族、不同国家之间相互间尊重彼此的差异。文化多样性对于人类的重要性,就如同生物多样性对于生物的重要性一样,文化多样性对于人类的生存和发展是至关重要的,对于特定的民族也一样。比如民族地区就存在汉族文化与少数民族文化同时共存。目前,我国影响人们价值观的主要文化有中国传统文化、社会主义先进文化、西方文化,许多地方还存在着各种地方特色、民族特色的文化。对于广西都安瑶族民众来说,目前的文化多元主要表现在受到瑶族传统文化、壮族传统文化、道家文化、儒家文化、社会主义文化、资本主义文化、封建迷信文化等多种文化的影响,这些错综复杂的文化必然冲击到瑶族民众的价值观。

二、新时代背景下我国价值观变化的一般特点

一般来说,在从传统社会走向现代社会的变革的过程中,人们的价值观状况是:悠久的历史所积淀下来的优秀民族文化传统精华,封建主义思想的糟粕,社会主义基本价值观,资本主义基本价值观,地方特色文化价值观等同时冲击着人们的大脑,种种诱惑和侵袭、新的价值观与旧的价值

---

① 黄晓燕:《文化多样性国际法保护的困境和解决的新思路》,《法学评论》2013年第5期。

观、自觉的价值观与盲目的价值观、科学的价值观与迷信的价值观等各种观念相互涌动着、撞击着、竞争着,交织成我们精神世界的复杂图景。①总之,社会转型时期,人们面对的价值观世界就像一个万花筒:色彩缤纷、千变万化、捉摸不定。但还是具有其相应的特点。

一是人们的主体意识显著增强,人们越来越重视用自己的眼睛看问题,用自己的头脑想问题,根据自己的亲身体验去判断是非,对自己的社会权力与责任有了较强的自觉意识,选择自己生活方式和道路的自由感不断增强②,人们会有更多不同的价值取向和价值标准。当然这种主体意识增强的趋势,也可能会带来负面影响,如导致自我中心主义、自由主义、相对主义,应当加以正确引导。

二是人们的实效意识显著增强③,不再重名轻实,而是更加务求实效、讲究实际利益,当然这也可能导致唯利是图、极端个人主义、拜金主义、功利主义、享乐主义,也需要正确引导。

三是人们更加注重多方面的、全面的价值,价值目标、价值标准出现多元化,这有利于价值观的丰富多彩,但也容易导致相对主义、面对选择而不知所措,也应当正确引导。关于道德方面,更是值得关注。"目前我国正处在体制转型期,旧的道德体系已被破坏,新的道德规范尚未建立,一些人道德缺失和沦丧,社会上不以荣为荣、不以耻为耻的现象不容忽视。"④

社会转型为何会导致价值观的迅速变化?在社会转型期间,社会价值规范的功能减弱,甚至出现价值失范的情况,主要原因是原有的社会价值规范不太适合剧变的社会现实,发挥价值规范作用的实际可行性就减少了,功能便随之降低;但这时候,新的社会价值规范又尚未建立健全,人们即使想扮演某种"角色",也无现成的规范可遵循,因为这种角色是新

---

① 参见李德顺:《新价值论》,云南人民出版社 2004 年版,第 305 页。
② 参见李德顺:《新价值论》,云南人民出版社 2004 年版,第 305 页。
③ 参见李德顺:《新价值论》,云南人民出版社 2004 年版,第 306 页。
④ 陈亚杰:《建设社会主义核心价值体系》,人民出版社 2007 年版,第 6 页。

生的,不能完全按原有(压根就没有)的规范来扮演。这时,就有可能出现价值观的混乱和失范。例如,在计划经济条件下,人们习惯于听从安排,很少有主动性;而在向市场体制的过渡中,主体性和能动性就凸显出来了,社会现实所要求的是具有竞争意识、创新意识和自主意识的参与者,作为市场的参与者不可能突然就具备竞争意识、创新意识和自主意识,因此必然有不适应的过渡期。可见,从前一"角色"到后一"角色"的转换极快地适应,对多数社会成员来说并非易事。① 这些情况,是全国人民在社会转型过程中都必然面临的,是我国社会转型时期人们价值观领域的共同挑战,这也是价值观建设必要性的体现。

三、新时代背景下广西瑶族价值观的特点

对于瑶族来说,新时代背景下价值观状况如何？我们下面将以瑶族传统价值观为参照,结合上一章调研的情况进行分析(如无特别说明,所引用的数据均出自上一章调研的统计分析)。

(一)经济价值观的主要特点

第一,自主意识增强,但依赖心理仍存在。

自主意识是指主体具有不依赖于外在力量、自由自主地支配自身一切活动并且对这些活动负责的意识。有自主意识的人,可以认识到其自身的利益诉求,并且可以根据自己的意志自由选择自己的行为。从调研所掌握的情况来看,约63%的人表示愿意就与自己利益相关的政策发表意见;有38%人表示政府制定法律时应当听取公众意见;多数人的生活态度是"有所作为,一定要出人头地"。这些都表明,瑶族人的自主意识在增强。

但是人们的依赖心理还存在,对人的依赖性还存在,主要表现是家族意识还很浓。调查中得知:部分群众认为自己努力工作的动机之一是为家族利益,说明瑶族民众的家族意识十分浓厚;花钱优先考虑的是培养子

---

① 参见王宏维:《社会价值:统摄与驱动》,人民出版社1995年版,第100页。

女;在政府官员与民众关系的认识上,63%的人认为政府官员是主人、民众是仆人或者政府官员是父母官;将近1/4的人认为法律制定的依据应该是领导人的批示。传统观念中"多子多福"还有相当多瑶族民众认同,依靠养下一代来为老年生活提供保障的传统观念仍然占主导地位。在离婚问题上,孩子是大多数人考虑的首要因素,一般人为了孩子而不选择离婚。

第二,效率意识增强,但平均主义思想仍在。

市场经济本身就可以看作是一种价值观,它倡导效率、竞争的价值理念。市场经济条件下,人们对效率的追求日益强烈。有29%的人具有投资意识;人们对社会主义市场经济体制认同者所占比例为65%(对效率、竞争的认同);社会上存在收入差距的合理性已经得到较多人的认同(65%);人们对劳动力流动也逐渐认同了,原来瑶族地区劳动力封闭、不流动的局面已经被打破;对外来人员也有相当大的包容心,对劳动力外出一般都是认同的。这表明,人们的效率意识、竞争意识不断增强。

(二)政治价值观的主要特点

第一,民主意识增强,但权威仍被尊重。

瑶族人的民主意识增强,主要表现在:政治参与意识较强,他们多数人关心政治,政治参与水平比西北地区少数民族的平均水平要高15个百分点左右。这说明瑶族的政治参与意识增强了,并且高于其他一些民族。主要原因是:瑶族传统社会有相对稳定的社会组织,人们在这些组织中能参与一些议事活动,与其他少数民族相比瑶族有原始的民主观念;但由于他们参与议事的数量较少,内容单一(一般是订立习惯法、讨论应对外来侵犯等),还不是现代意义上的民主参与。另外,有38%的民众表示政府在制定法规时应该参考民众意见。

但瑶族人的政治平等意识不强。调查中得知,在对政府官员与民众关系的认识上,63%的人认为政府官员是主人、民众是仆人或者政府官员是父母官;将近1/4的人认为法律制定的依据应该是领导人的批示。说明传统的等级观念仍然影响着人们,尊重权威还是人们的普遍选择。

第二,法律意识增强,但习惯法仍旧沿用。

对瑶族地区人们学法律、运用法律方面的调研表明,大多数人都认为法律能够保护自己的利益;84%的人表示愿意接受法律教育。选择"上告法院,通过法律途径解决"的有81人,但只占23%的比例。同样,当权益受到侵犯时选择"找政府官员帮助解决"的占26%,选择"找人调解,消除或减轻伤害"的占比为21%,选择"寻找机会报复"的占16%,三项总和为63%,是上一选择的将近3倍! 可见,受传统的影响,瑶族人在这时主要想到的是依靠人而不是法律来解决问题。这表明,尽管人们的法律意识已经提高了,但瑶族习惯法的影响还在人们心中,调查发现部分瑶族地区还有用习惯法而不是法律来解决争端的。

(三)社会价值观的主要特点

第一,功利意识增强。

随着改革开放的不断深入,市场经济的等价交换原则往往也被人们运用到人际交往当中。因此,人们的功利意识不断增强,表现在:瑶族人对金钱问题的认识上,一方面强调金钱并非万能,另一方面又指出没有金钱什么事也办不成,一般是持比较务实的金钱观;人们在选择结婚对象时,有相当一部分人(约1/5)看重的是对方的经济收入水平;有部分人(约1/4)把钱财当作最重要的择友标准。另外,目前瑶族人在宗教信仰上也更具有功利性的目的,尽管在实现这目的的手段上并不借助科学。比如说,布努瑶搞"大还愿"这种原来很神圣的活动时,也具有功利性的目的:一是如遇到各种凶兆时,他们认为这是神灵或鬼魂作怪,做还愿活动可以达到消灾祛难的功利目的;二是有的人家经常赴别家的还愿活动,觉得欠的人情太多了,希望通过办还愿活动达到既祭祖敬神又能还人情债的功利目的;三是一些富人搞"大还愿"活动的目的除了祭神消灾外,还希望以此炫耀自家的富有和社会地位。

第二,人情与道义仍被推崇。

当然,瑶族长期以来处于相对封闭的环境中,培育了瑶族人重义轻利的传统,如今推崇人情与道义依然深入人心。比如说,人们在选择结婚对象时,最多人把"人品"当作首要标准;在择友标准上,最多的人(63%)把

"讲义气重交情"当作首要标准;家庭和睦是人们衡量是否幸福的重要标准;多数人把"尊重人、助人、做正直人"这三项当作最值得提倡的道德观念。这说明在人们的社会交往中人情与道义仍然广受推崇。

（四）文化价值观的主要特点

第一,世俗化倾向增强,但宗教信仰依然虔诚。

瑶族民众在信仰方面越来越世俗化,主要表现在:物质富裕是人生幸福的最重要体现,人们普遍认为物质生活的重要性已经超过其他方面;非宗教性的信仰也逐步成为人们的信仰对象;社会主义、共产主义已经在瑶族民众中具有一定的群众基础;人们对宗教活动不再热衷参与,即使参与也会追问参与有何实际意义;人们对关于瑶族来源的神话传说也不如从前有兴趣深究;信仰观念越来越带有功利性目的,以前对神灵的信仰导致人们追求来世幸福,现在人们则更多地追求今生幸福,求助神灵往往为解决生活实际困难;宗教仪式越来越简单化,有些仪式干脆被取消了,如有的村落已经很长时间没有举行"度戒"仪式了。

但是,瑶族民众对祖先的信仰仍然是十分普遍的现象,祖先崇拜实际上还是人们最基本的信仰活动,不管社会发展如何快速,在对祖先的信仰方面没有多大改变;即使有些家庭不设神位,但在相应位置却挂上大幅的毛泽东像,人们祈求神奇力量庇护的传统尚未根本改变。

第二,科学观念增强,但也相信巫术。

随着农村教育的进一步发展以及瑶族地区人员流动的不断增加,人们逐渐树立了科学观念,但原有的宗教信仰观念并没有从人们的思想中根除。所以,人们一方面相信科学,另一方面还相信传统的巫术。比如,人们对算命、占卜等活动的相信程度在下降,但当身患疾病时,既请巫师祭神驱鬼,又想方设法自找药吃或者请医生诊断治疗;久旱无雨,则既祭雷神,又想办法引水解决;庄稼有病虫灾害,既到田头祭神,又买农药喷洒[1]。

---

① 参见玉时阶:《瑶族文化变迁》,民族出版社 2005 年版,第 323 页。

第二节　当今民族地区民众价值观与其
传统价值观的冲突

分析当今瑶族价值观和瑶族传统价值观之间的碰撞与冲突,探讨如何进行两者之间的整合,有利于推进瑶族传统价值观的现代转化,促进瑶族价值观建设。

一、当今瑶族价值观与瑶族传统价值观之间的冲突

在全球化、市场化、信息化和文化多元化的新形势下,作为少数民族之一的瑶族,既要遭遇与其他民族一样的各种价值观的冲击,还要面对现代化过程起步较晚、条件较差的少数民族特有的诸多困难,这尤其体现在瑶族民众传统价值观的现代转化方面。

在分析瑶族传统价值观的形成时我们已经知道,瑶族的传统价值观一方面受到本民族特有的信仰和社会组织的影响,另一方面受到其他民族思想(如道教的宗教信仰、儒家的纲常伦理)的影响。其主要特点有:经济生活方面,以自给自足、崇尚农业为价值取向,人们普遍受到安于现状、不思进取、封闭守旧、不讲效率、不图变革、平均主义、耻于经商等传统价值观的影响;政治生活方面,以族长权威、群体至上为价值取向,服从权威,以习惯法为准则,在政治活动中人们缺乏独立精神、自主意识、利益诉求;社会生活方面,以家族为重、崇尚人情礼节为价值取向,社会交往以社会组织的道德准则来维系,个人对家庭、对家族的依赖性较强;文化生活方面,信仰上以祖先崇拜为主,信仰多神、相信灵魂不死、相信巫术,具有较为完备的从神话、传说、巫术到宗教信仰的精神文化生活体系。人们一般往往缺乏科学知识和理性精神。

与上面我们实证分析得知当今瑶族价值观的总体情况相比较,我们可以发现瑶族传统价值观已经不同程度地受到了冲击,瑶族民众当今的价值观与其传统价值观之间有诸多相承接的内容,同时也存在着不少相

冲突的地方。相承接的内容主要有自强不息的传统精神、尊重道德的观念、团结互助的精神等。我们也应该看到,当今瑶族价值观与其传统价值观也存在着相冲突的内容。

(一)家族主义与个人主义价值之间的冲突

家族主义是指一个人在采取行动时把家庭和家族利益放在首要位置,而不去关注公共利益。主要表现在:一是无条件地尊重甚至服从父母,且往往不考虑父母品质如何、有何过失、意见正确与否等因素;二是坚决反对离婚,把离婚当作可耻的事;三是盲目追求后代数量;四是在家族内部物品分配上追求平均主义;五是强调个体对群体的责任和义务,忽视个人的权利和作用;六是强调顺从,忽视独立思考,容易形成迷信、盲从和家长制作风,缺乏平等和民主观念;七是家法与习惯法是人们生活中的主要规则,而对规则的评判只有长者有资格。在瑶族过去千百年的历史时期内,这些家族主义的特征都十分明显。但随着新中国成立后民族地区的农村土地改革、"文化大革命"、改革开放等重大历史变革,这些价值观都受到严重的冲击。笔者在都安县调研时见到的一些案例,可以说明这一点。

在进行个别访谈时,都安县隆福乡一位 50 多岁的小学教师对笔者说,自己女儿外出打工就嫁到外面去了,身为父亲并不同意,但也很无奈,女儿说家乡太艰苦不愿意回来了。这说明瑶族青年已经变得能够理性地思考父母的意见,而不是盲目地唯命是从,同时父母一辈也能冷静地对待子女的意见,而不是高高在上地强迫子女从命。瑶族民众在对待离婚问题上,明确对离婚持反对态度甚至以此为耻的人很少(9%),说明人们在这个问题上的认识已经发生很大变化,离婚慢慢会被瑶族人认同,但同时也应该注意到,那个村庄很少有离婚的案例,当地人说那里很少有人会离婚,一般婚姻不管如何都会维持下去的。这也反映出一种矛盾,也就是说即使有些人在思想上能接受离婚,但行动上还没有多少人真正去做到,而这正是瑶族人在离婚问题上当今价值观与传统价值观冲突的一种体现。

另外,在调查中发现,人们对"您现在努力工作,主要的目的是什么?"的回答也证明了这一点。我们提供的选项有：光宗耀祖，为父母争光；实现人生价值，不能白活一回；让自己的子孙后代生活得更好；自己得到利益、实惠；争口气，与别人比高低；所从事的事业兴旺发达；为国家和社会作出更多的贡献。调查结果是：在受访的 290 人中，选择"让自己的子孙后代生活得更好"有 230 人，占比为 79%；选择"光宗耀祖，为父母争光"的有 193 人，占比为 67%；选择"争口气，与别人比高低"的有 165 人，占比为 57%。这个结果表明，虽然人们对家族的兴旺发达仍然重视，但选择比例已经不足 80%。而且选择"实现人生价值，不能白活一回"的有 91 人，占比为 31%；选择"自己得到利益、实惠"的有 78 人，占比为 27%。这说明当个人的价值与家族利益之间存在冲突时，为自己考虑已经成为相当多人的选择。

这些例子说明，当今瑶族人的价值观与其传统价值观之间存在着冲突。

(二)瑶族传统中不利于经济与社会发展的传统价值观

价值观的冲突，在这里我们指的是相同价值主体在面对不同价值观或者相反价值观时所面临的思想困惑。出现这种困惑，主要是因为瑶族人感觉到自己的民族与其他民族、其他地方相比处于相对落后状态，但并没有自觉地认识到自己传统价值观存在何种问题，或者根本就不知道价值观在这方面的作用。

西方学者对到底是何种价值观导致民族地区发展相对滞后这个问题进行过专门探讨。结论是导致民族地区发展滞后的一些价值观主要有：权力高度集中和垂直的传统；注重过去和现在，而不是未来；不抓紧时间；不爱工作；压制首创精神；信巫术，养成非理性和宿命论[1]；等等。这些观念中的大部分都在瑶族民众那里不同程度地存在着。

罗纳德·英格尔哈特和韦恩·贝克在《现代化，文化变革，以及传统

---

[1]　参见[美]塞缪尔·亨廷顿等：《文化的重要作用——价值观如何影响人类进步》，程克雄译，新华出版社 2002 年版，第 434 页。

价值观的持久性》一文中根据 1990—1991 年相关调研统计资料,总结出了传统价值观与现代价值观(世俗—理性)的冲突主要体现在以下方面:一是认同宗教在社会中的重要地位与否;二是强调家庭联系的重要性与否;三是强调服从权力当局与否;四是是否避免政治冲突,强调意见一致重于对抗。"处于传统一端的社会强调宗教、绝对标准和传统的家庭价值观;主张维持大家庭;否定离婚;反对人工流产、安乐死和自杀。""他们重视的是社会整合,而不是个人成就;赞成意见一致而不赞成公开的政治冲突;主张顺从权力当局;有高度的民族自尊心和民族主义观念。而居于世俗—理性价值观一端的社会则在这些事情上均持相反看法。"[①]

从对广西瑶族价值观历史演变的分析中我们知道,瑶族在历史作为边远地区的人群,上面提到的传统价值观确实与瑶族传统价值观相近:瑶族过去对宗教活动十分推崇,重大节日和事件都要举行宗教仪式,甚至成人礼也带上宗教的烙印,算命、占卜现象相当普遍;家庭与家族是瑶族人的精神支柱;瑶族传统上社会组织对族人具有很强的控制力,人们普遍接受头人的管理;一般不会离婚;重视家庭团结、家族团结;看重族人的社会整合,对个人成就缺少崇敬;对头人的权威性高度服从;有强烈的瑶族认同感。

从对广西瑶族价值观的实证调研中我们知道,社会发展到现在,上述价值观已经面临各种挑战,并在人们的思想中引起了价值观的变动:人们对宗教活动不再热衷参与,即使参与也会追问参与有何实际意义;人们对算命、占卜等的相信程度在下降;人们对关于瑶族来源的神话传说也不如从前有兴趣深究;家庭、婚姻方面的观念已经在改变,家长的意见对年轻人的影响在下降,婚姻的民族限制不断被冲破,离婚日益得到认同;对部族事务关注变少,为自己谋利益成为主流;人们渐渐认识到瑶族发展与其他民族的距离,瑶族人的自豪感受到冲击。

---

① [美]塞缪尔·亨廷顿等:《文化的重要作用——价值观如何影响人类进步》,程克雄译,新华出版社 2002 年版,第 128—130 页。

这种变化,使瑶族一些民众在面对习以为常的活动时也会出现难以抉择、不知所措的情况。例如,参与瑶族宗教活动"送祖归源"活动时,往往因为别人去就跟着参与,其中的意义已经得不到内心深处的认同,甚至主持仪式的人也很难找到传承人了。这也是瑶族当今价值观与传统价值观冲突的一个表现。

(三)当今瑶族价值观与传统价值观冲突的个案分析

我们选择金秀瑶族自治县盘村为例进行分析。改革开放前,盘村地处大瑶山腹地,相对封闭的地理环境使盘村的传统文化保存相对完整。该村民众视平均主义、重义轻利、轻商鄙利为祖传美德,安于日出而作、日落而息,男耕女织、自给自足的传统生活①。改革开放后尤其是市场经济深入农村社会后,农村资源得以流动,盘村瑶民的产品、劳力等逐渐流动到外面,出门在外的年轻人受到外界流行文化的影响,价值观念逐渐改变;尤其是近些年来,随着盘村公路的开通和电视、音响、手机等现代传媒与资讯工具的普及,外界文化的冲击是深远的,例如:人们对宗教不再热衷,社老在村中的影响力已经严重被削减;年轻人已经一般不再穿民族服装,不再重视本民族的节日,盘王节失去了最初的神圣性而逐渐变成一个旅游娱乐节目;人们不再相信神灵,各种信仰和宗教仪式都在淡化;不再遵守祖宗的"法律"(主要是民间约定,一般会将部分条文写在"石牌"上),不再认为"石牌"大过天,甚至有些年轻人不把"石牌"当回事;原有的瑶族成年礼"度戒"在这个村已经很少有人愿意举行,年轻人不学师公经书,师公这一宗教职业后继无人②。这些情况表明,盘村的传统价值观发生了十分深刻的变化,人们普遍要面对价值观的冲突。其中最突出的一点是:原来占据生活中心地位的宗教活动已经失去它原来的重要性而不再是人们精神生活的基本内容,但取而代之的东西似乎还没有出现。

---

① 参见郭维利等:《盘村变迁》,民族出版社 2007 年版,第 335 页。
② 参见郭维利等:《盘村变迁》,民族出版社 2007 年版,第 335 页。

二、当今瑶族价值观与传统价值观存在冲突的原因分析

当今瑶族价值观与传统价值观出现各种冲突,其原因是多方面的。以下几个方面是其中最主要的原因。

（一）经济原因

经济方面,从上面对布努瑶的经济生活的分析看出,该地在新中国成立之前生产力水平低下,表现在生产工具简单、产品品种少且技术含量不高、商业水平低等方面,反映到人们的观念上就体现为价值观的简单、稳定,这是瑶族传统价值观的经济基础。随着瑶族民众与全国人民一道进入全球化、市场化、信息化的当今时代,瑶族民众的经济生活内容大大丰富起来,商品、人员、资金、信息流动增加,各种不同的价值观也随之不断冲击着人们的思想观念,自主观念、竞争观念、效益观念、平等观念、开放观念、法治观念逐步被人们接触和认同,人们的价值目标、价值标准等也就随之发生了变化,原来的传统价值观不断受到冲击。这是最为主要的原因。具体来说,根本性的原因是改革开放后农村实行了以分田到户为特征的家庭联产承包责任制,布努瑶家家户户都有了自己的耕地,极大地提高了生产积极性,许多家庭物品开始丰富起来并有商品交换的客观需求,人们的经济活动也进一步丰富多彩,农业、工业、商业得到了大发展。随着市场化改革的不断深入,布努瑶逐步由原来的自然经济小生产向市场经济的商品生产转变,由原来的单一粮食生产为主转向以市场为依托的多元化生产和经营。这就大大冲击了原来相对封闭的生活环境,以血缘、地缘为基础的传统社会交往模式受到了商品交换和从业生产活动的冲击,人们的价值观也因此发生重大改变。如与市场经济要求相适应的价值观逐渐成为人们不得不认同的选择,但是传统价值观中与市场经济不相适应的部分内容并没有很快地从人们的思想观念中消失,这就造成了价值观的冲突。

（二）政治原因

政治方面,随着中央统治权力向布努瑶地区的介入,瑶族人的经济生

活、政治生活等方面不断受到冲击,传统的价值观不断受到挑战,新传播到该地区的价值观又未能真正被广泛认同,这样人们的价值观的许多内容就不再稳定、持久,而是转为多变,引起价值观的冲突。

例如瑶族村落中原来依靠在人们心中的威望能发挥仲裁作用的老人,现在很难再像过去那样对每个人都起作用了,因为有矛盾和纠纷时人们已经学会找政府、司法机关调解,党员、村干部等已经基本上取代了族老的地位,而这些党员、干部往往是村里的经济能人、富人。换言之,族老依靠的是人生阅历、辈分,而干部依赖的是能力、财富①。由于传统的观念还影响人们的头脑,如果族老(民间权威)与干部意见相左时,该听哪一个的,就更体现出人们对法治的认同与对族老的认同之间的张力,这之所以难选择,也是因为旧的观念还在,新的观念还没有真正被接受。这样的情况同样存在于其他生活领域。如有些人参加各种宗教仪式,并不都出于对仪式本身的价值认同,而是出于对习俗的尊重,而有些年轻人外出打工回去看到仪式上用的动物被特别处理(如烧猪)时,会感觉到太残忍,已经觉得不能接受了。这说明了年轻人对传统价值观的认可度在降低。

(三)对外交往的原因

外界影响方面,主要原因是人们与外界接触多了,人们参与的活动不仅仅是瑶族村落内部的,例如原来只局限于小范围的许多活动,已经不再像原先是人们必须共同参与的活动,尤其是部分宗教性的活动。改革开放后尤其是随着社会主义市场经济体制的逐步确立,社会流动性增强,人们不断参与市场经济活动和外出打工,人们生产生活范围不断扩大,村寨的限制被打破,交往的对象也不限于族内,地区界限与民族界限逐渐被淡化,瑶族人在外面结成了越来越多的社会性生产生活关系,血缘关系在经济活动中失去了原有的决定作用,瑶民不再沿用"见者有份"的原始平均主义做法,商品交换的意识逐渐取而代之。由于原来宗教活动所培育的

①　参见宋涛等:《传统裂变与现代超越:西部大开发与西南少数民族生活方式变革问题研究》,民族出版社 2006 年版,第 77 页。

各种价值观还或多或少在许多人心中有影响,外出者从外界带进来的价值观因来源不同而杂乱繁多,这会造成人们对各种价值观进行比较和选择,而这一过程就必然导致人们价值观的冲突。这也说明,应该加强瑶族价值观建设,使人们在面对各种价值观选择时能作出明智的选择。

(四)瑶族地区农村基础教育不断普及的原因

农村基础教育近些年来在瑶族地区得到了较大的发展,适应社会发展潮流的许多价值观可以通过学校不断推广,人们对科学文化知识的不断增加,必然会增加人们理性地审视其传统价值观的机会,特别是一些宗教活动、巫术活动越来越多地要面对现代科学知识的质问,这就使原来根深蒂固的传统观念受到强烈的冲击。如上面提到的现象就是很好的例子:人们对宗教不再热衷,族老在村中的影响力已经严重被削减;人们不再相信神灵,各种信仰和宗教仪式都在淡化,学生在学校接受的往往是无神论的教育、接受科学知识教育,这必然会引起瑶族人对其传统宗教信仰以及巫术信仰的反思,结果是人们更加理性地对待传统观念。

第三节　民族地区民众对我国主导价值观的认同状况

根据广西瑶族发展相对落后的情况,国家为了让瑶族人民尽快缩小与其他民族的发展差距给予了较多的政策扶持。这些扶持政策促进了瑶族地区的经济发展和社会进步,但在引导瑶族民众对国家主导价值观的认同方面进展不大。在都安县的调研中,我们发现都安瑶族民众在对我国主导价值观的认同程度方面有待进一步提高。

一、国家对瑶族地区发展的扶持

为了让瑶族人民尽快缩小与其他民族的发展差距、使瑶族地区认同国家的主导价值观,更好地融入中华民族的大家庭,党和政府根据广西瑶族发展相对落后的情况给予了较多的政策扶持。

新中国成立后,瑶族民众才真正纳入国家政府主导的发展轨道,中央政府从政策上给瑶族地区的发展提供了各种各样的帮助,使瑶族向现代化的发展进入了新的历史阶段。为了加快民族地区的社会主义现代化建设,实现真正的平等、团结、进步和繁荣,党中央、国务院和各省、自治区都制定一系列的优惠政策加以扶持。相对其他少数民族而言,布努瑶地区集"老、少、边、山、穷"和民族自治地方于一身,党中央、国务院对"老、少、边、山、穷"和民族自治地方还分别制定有各种扶持政策和优惠措施。通过都安县民族局有关同志的介绍,国家对瑶族地区的主要扶持措施有以下几方面。

一是培养少数民族干部。按照《中华人民共和国民族区域自治法》和《民族乡管理条例》,民族自治县和民族乡的县长和乡长必须由自治民族(建乡民族)人员担任,在民族自治县和民族乡的干部队伍民族比例上,明确规定自治民族(建乡民族)干部所占的比例要与自治民族(建乡民族)人口在总人口中的比例大致相同,保证了民族聚居地少数民族干部的占比。

二是通过财政转移支付对民族地区经济社会发展提供经费支持。政府认真落实《中华人民共和国民族区域自治法》关于通过财政转移支付的办法解决民族自治地区财政困难的政策。从2001年起,都安、大化、巴马三县不但偿还多年拖欠干部职工的工资,从2002年起基本能保证干部职工(含教师)工资按月足额发放。

三是加大民族地区基础设施建设的投入。由于国务院和各广西壮族自治区政府的积极投入,2000年全部布努瑶聚居的行政村实现了村村通公路。2002年开始,广西开始开展了"东兰、巴马、凤山革命老区基础设施建设大会战"专项行动,其重要成果是在2005年实现了东兰、巴马、凤山全部通高级公路,从贵州经南丹、金城江、都安至南宁的高等级公路已建成通车(其中包括从都安至南宁是高速公路,从都安至大化、大化至巴马已通高级公路,从百色经田阳、巴马、东兰至河池市首府金城江区的二级公路,巴马至凤山、凤山至天峨的二级公路,从贵州都匀经独山、荔波至河池市的环江毛南族自治县的二级公路)。目前,布努瑶地区已实现县县通高速公路、乡乡通柏油路、村村通四级公路。①

四是国家为贫困地区提供扶贫专项政策支持。党中央、国务院从1986年已开始有针对性地开展扶贫。都安布努瑶地区由于得到相对充裕的资金、金融、物资的扶持,2001年已基本解决温饱问题。

可见,国家一直以来对布努瑶的发展给予政策上的扶持,这已经形成一种传统。瑶族人也因此加快了从传统社会向现代社会的转型。国家给予瑶族这么多的帮助,对瑶族加强国家的主导价值观的认同方面起到了什么效果呢? 下面先从我国的主导价值观谈起。

二、我国的主导价值观:社会主义核心价值体系

任何国家都会有其相应的主导价值观。国家的主导价值观,是由国家经济基础决定的,准确地说是由一个国家的基本经济制度决定的。党的十四大确立了建立社会主义市场经济体制的改革目标以来,我国从初步建立到逐步健全社会主义市场经济体制再到完善社会主义市场经济体制已经走过了几十年的时间,已经使我国的生产力取得了快速发展,说明这是适合我国国情的、全国人民普遍受益的经济体制。

社会主义市场经济是指在积极有效的国家宏观调控下,市场对资源配置起基础性作用,尽可能实现效率与公平的经济体制。我国的社会主义市场经济体制,一方面具有市场经济的一般特征,一方面又与社会主义基本制度结合在一起,在所有制结构上,以公有制为主体,多种所有制并存、共同发展;在分配制度上,以按劳分配为主体,多种分配方式并存,把按劳分配与按生产要素分配结合起来,坚持效率优先,兼顾公平;在国家宏观调控方面,利用多种调控方式,国家控制着关系到国计民生的重要资源,能够充分发挥计划与市场两种手段的优势。正是在这一基本经济制度下,我国的改革开放事业取得了令世人瞩目的巨大成就。

这样的经济基础,需要与之相应的上层建筑的支撑与促进。在建立

---

① 参见韦标亮主编:《布努瑶社会历史》,广西民族出版社 2010 年版,第 112 页。

健全社会主义市场经济的过程中,我国坚持物质文明建设同精神文明建设同时抓,一直重视建构适应社会主义市场经济体制的社会主导价值观。在这方面的成就中,具有重大突破的有三次:一是 2001 年中共中央出台《公民道德实施纲要》,明确了在 21 世纪全面建设小康社会,加快改革开放和现代化建设步伐,顺利实现第三步战略目标的同时,要切实加强社会主义道德建设,努力实现法治建设与道德建设、依法治国与以德治国同步推进,加快形成与发展社会主义市场经济相适应的社会主义道德体系。二是 2006 年中共十六届六中全会通过了一个重要文件《中共中央关于构建社会主义和谐社会若干重大问题的决定》,其中提出了建设社会主义核心价值体系的战略任务,把建设和谐文化当作构建社会主义和谐社会的重要任务,明确了社会主义核心价值体系是建设和谐文化的根本,这个体系主要包括四个方面内容,强调了坚持马克思主义在意识形态领域的指导地位、把握社会主义先进文化的前进方向、加快形成全社会共同的理想信念和道德规范、打牢全党全国各族人民团结奋斗的思想道德基础的重要目标。三是 2007 年召开的中国共产党第十七次全国代表大会上,胡锦涛同志进一步指出"社会主义核心价值体系是社会主义意识形态的本质体现"的重要观点,对社会主义核心价值体系地位和作用进一步强化,把社会主义核心价值体系建设上升到社会主义本质和国家意识形态安全的高度。

所以,从某种意义上来说,当今我国的主导价值观就是社会主义核心价值体系。社会主义核心价值体系包括四个方面的基本内容:一是马克思主义指导思想,二是中国特色社会主义共同理想,三是以爱国主义为核心的民族精神和以改革创新为核心的时代精神,四是社会主义荣辱观。社会主义核心价值体系这四个方面内容关系密切,相互联系、相互促进、相互贯通,是有机统一的整体。"坚持马克思主义的指导地位,就抓住了社会主义核心价值体系的灵魂;树立共同理想,就突出了社会主义核心价值体系的主题;培育和弘扬民族精神和时代精神,就把握了社会主义核心价值体系的精髓;树立和践行社会主义荣辱观,就打牢了社会主义核心价值体系的基础。"①

党的十八大报告提出"培育和践行社会主义核心价值观",也就是"倡导富强、民主、文明、和谐,倡导自由、平等、公正、法治,倡导爱国、敬业、诚信、友善"为主要内容的价值观体系。在国家层面上,提出了"富强、民主、文明、和谐"的价值目标;在社会层面上,提出了"自由、平等、公正、法治"的价值取向;在个人层面上,提出了"爱国、敬业、诚信、友善"的价值准则,这二十四个字是构成社会主义核心价值观的基本内容,而社会主义核心价值观的内容是社会主义核心价值体系的精练概括。

社会主义核心价值体系的内容基本覆盖了人们的经济生活、政治生活、社会生活和文化生活的方方面面,应该说是一整套比较完备的价值观体系。社会主义核心价值体系建设为瑶族价值观建设指明了总体上的方向、提出了具体的要求。

三、当今瑶族民众对我国主导价值观的认同情况

结合实证研究所掌握的当今瑶族价值观的情况,我们可以对瑶族价值观与社会主义主导价值观的认同情况进行分析,具体情况如下。

（一）瑶族民众对马克思主义的指导思想认同度有待提高

在关于信仰的调查中,选择信仰"祖先"的人数最多,共有 217 人（占总人数的比例为 75%）;其次是选"权威或道德典范"的有 97 人,占比为 33%;再次是"儒家学说"87 人,占 30%;第四是选"社会主义、共产主义"的有 72 人,占 25%;第五是选"佛教"的有 47 人,占 16%;第六是选"道家学说"的有 36 人,占 12%。这个结果表明瑶族民众对祖先的信仰是最主要的,祖先崇拜在瑶族的实际生活中还是人们最基本的信仰活动,而信仰社会主义、共产主义的人所占比例很低。虽然对"社会主义、共产主义"

---

① 李长春:《全面准确理解社会主义核心价值体系的深刻内涵　牢牢把握和谐文化建设的正确方向》,《党建》2007 年第 1 期。

的信仰已经在瑶族民众中具有一定的群众基础,但比例仍然很低。在访谈中了解到,其中主要的原因是许多村落的瑶族民众对马克思主义指导思想并不熟悉甚至很陌生,一般的群众基本上并不知道马克思主义是什么意思,这说明开展马克思主义的宣传和教育工作是提高当地民众对马克思主义认同程度的基础性工作。

(二)对中国特色社会主义相关价值目标的认同度不高

中国特色社会主义可以从经济建设、政治建设、文化建设和社会建设四个方面去认识,党和国家分别从这四个方面确立了价值目标,瑶族民众对这些价值目标和要求没有充分的认同。主要体现在:瑶族人对社会建设的状况满意度不高,瑶族人对我国的基本制度社会主义市场经济体制有约1/3的人持否定态度,说明这部分人的观念还没有跟上改革开放的步伐;瑶族民众对市场体制下劳动力流动的价值认同度是较高的,但还有约18%的人对外来人员到当地从事工商业表示不欢迎,这说明还有一部分瑶族民众对外来人员有排斥心理,这不利于增加瑶族社会的流动性。对于社会上存在收入差距,持否定态度的人数不少,约占25%,也就是说人们对收入差距的认识存在较大的分歧,有相当一部分人还没有接受存在收入差距的合理性,这与我国建立社会主义市场经济体制是不相适应的。由于瑶族传统社会组织对社会的控制,人们对于宗法制度的影响短期内无法根除,法治意识、民主意识、平等意识不强。宗教活动、算命、占卜活动依然存在,科学精神、理性观念有待提高。环境保护意识不强。

(三)以爱国主义为核心的民族精神和以改革创新为核心的时代精神并没有被瑶族民众广泛认同

以爱国主义为例,瑶族人历史上长期受到各朝代政府或地方势力的压迫,他们一般都认识到自己是中华民族的一员,但对国家的概念并没有十分清晰的认识。在瑶族聚居的民族地区,由于长期封闭的生活环境,"日出而作,日落而息"的自然经济生活决定了其简单、周而复始、习以为常的衣食住行、婚丧嫁娶的生活习俗,因此缺少改革创新的精神。

（四）对社会主义荣辱观缺少整体认识和认同

社会主义荣辱观的内容包括：坚持以热爱祖国为荣、以危害祖国为耻，以服务人民为荣、以背离人民为耻，以崇尚科学为荣、以愚昧无知为耻，以辛勤劳动为荣、以好逸恶劳为耻，以团结互助为荣、以损人利己为耻，以诚实守信为荣、以见利忘义为耻，以遵纪守法为荣、以违法乱纪为耻，以艰苦奋斗为荣、以骄奢淫逸为耻。以"八荣八耻"为主要内容的社会主义荣辱观，是与社会主义市场经济相适应、与社会主义法律规范相协调、与中华民族传统美德相承接的社会主义思想道德体系。社会主义荣辱观旗帜鲜明地指出了在社会主义市场经济条件下，应当坚持和提倡什么、反对和抵制什么，为全体社会成员判断行为得失、作出道德选择、确定价值取向，提供了基本的价值准则和行为规范。但是，也许是由于这个提法时间不长的原因，作为边远山区的瑶族民众，真正理解这些词语含义的人不多（笔者访谈时的调查对象有 14 人，主要是 24 岁以上成年人，除了一名小学老师外几乎没有人真正搞清楚其中的意义），许多人表示这些东西好像与他们的实际生活没有多大关系。这主要是因为在瑶族地区还没有形成以社会主义荣辱观为导向的社会舆论。当然，尽管他们不一定理解社会主义荣辱观的全部内容，但并不意味着他们生活中完全不认同，比如"以见利忘义为耻""以艰苦奋斗为荣""以损人利己为耻""以团结互助为荣"这些价值观，其实一直是瑶族传统价值观中的一部分。问题是一些价值观在语言表达方式上没能在短时间内让人们通俗易懂，比如瑶族传统仪式中"十戒"的内容，就有"不得贪财爱色"等与社会主义荣辱观相符的价值观念。

（五）个案分析：以加文村民众对民主法制的认同情况为例

据调查，广西壮族自治区都安县下坳乡加文村村级机构组织名目繁多，头衔复杂，看似完善，实际上许多组织已是有名无实或已瘫痪，村务主要由书记与两个副书记主持。他们的工作主要是完成上面交给的任务，如协助进行税费改革、收农业税、传达上级精神、处理民间纠纷、反映群众意见等，各村民组长则主要是执行村部的指示。但如计生工作协会、妇女代表会、共青团支部等基本上名存实亡,甚至党支部从 2002 年到 2004 年两年时间没有发展过一名党员。① 而县政府、乡政府的挂点干部也只是走形式,极少到基层去了解情况。但就是在这种情况下,这个村的村民也依然过着较为有序的生活,村民间纠纷少,家庭内即使有争吵也出不了什么大事。村子内部公共事务的决策基本上体现了平等关系,干部与村民没有明显的差距,且布努瑶内部讲究长幼尊卑的伦理秩序,基本上没有必要通过法律途径解决问题。面对村子外部世界,他们受到壮族、汉族的歧视,但又不得不参与其他民族的经济往来。这个村位于偏远山区,远离政治中心,交通不便。村民居住分散,信息不全,缺乏政治参与意识,不懂得如何利用政治途径表达自己的利益,从某种意义上说他们处于主流政治的边缘。即使有参与,但参与的自觉性、形式、程度、层次、规模、分布、成效等都很有限。该村布努瑶的政治参与往往具有被动性、盲目性的特征。他们的参与形式,往往仅局限于选举村干部。凡是政治方面的事,政府说什么就是什么,他们会本能地接受,很少去搞清楚“为什么”。如选举乡人大代表之类,他们很多人不识字,也不知道候选人是谁,流动票箱到了他们家,往往工作人员建议选谁,他们就会选谁,有的村民干脆让工作人员代填,票箱也不用当场开。他们认为选谁与自己无关,选不选也都无所谓。当然,村干部对选举会认真些。政治沟通不畅也是一个特点。这个村自从实行家庭联产承包责任制后,政治的作用相对减弱了,村民觉得与外界的差距越来越大,他们想赶上但总觉得力不从心,这样人们对政治的信任也在减少,直到如今。② 这些情况表明人们对国家的民主意识、法治观念的认同度并不高。尽管民族区域自治制度已经实行几十年了,但瑶族民众在真正按照现代法律规定去参与政治生活方面还没有迈出多大的步子。

---

① 参见覃主元等:《大石山区的祥和村落——广西布努瑶社会经济文化变迁》,民族出版社 2007 年版,第 199—204 页。

② 参见覃主元等:《大石山区的祥和村落——广西布努瑶社会经济文化变迁》,民族出版社 2007 年版,第 199—204 页。

四、当今瑶族民众对我国主导价值观认同度不高的原因分析

经过以上分析,我们可以得出一个基础判断,即目前瑶族对我国主导价值观的认同度并不高(至少调研情况反映出这样的问题)。今后一定要吸取历史教训,对瑶族地区的经济发展与价值观建设割裂开来、互不相关的局面进行深刻反思。为此,我们首先应该分析当今瑶族对我国主导价值观认同度不高的原因。这里,我们从客观条件的因素、当地干部的因素、瑶族群众方面的因素等方面进行分析。

(一)客观条件的因素

都安瑶族的客观条件有较多的不利于与外界进行交流和沟通的因素。很重要的方面是交通不便、信息不通畅。

一是瑶族山区的山道难行。布努瑶分布的各县,虽然新中国成立前夕大部分先后通了汽车,但布努瑶聚居的边远山区,直到20世纪60年代,他们走的还是羊肠小道。这些蜿蜒曲折的山间羊肠小道,大部分是瑶人修凿而成的石板路,短的数百米,一般3至5公里,最长的是大化瑶族自治县镇西乡到都阳镇的盘古坳,全长7公里,既高又陡,这给人们的出行带来了较大的障碍。

二是瑶族山区的公路建设起步晚。布努瑶聚居区各县各乡,直到20世纪80年代中期才全部通公路,从1995年开始,布努瑶分布区域的各县才有两条二级路:一是从南宁经百色、田林至贵州,一条是从金城江区至宜州。2005年,贵州至南宁的二级路通车,途经南丹、金城江、都安、马山、武鸣,其中都安至南宁为高速路。由于党中央、国务院的特别关怀,中央有关部门和自治区人民政府通过扶贫大会战的形式,修建贫困山区村级公路。到2000年年末,布努瑶聚居的行政村全部通了机耕路。东兰、巴马、凤山三县是邓小平、张云逸、韦拔群领导的革命老区,为了建设好革命老区,广西壮族自治区从2002年冬就开始开展东、巴、凤革命老区基础设施建设大会战,到2005年春,"东、巴、凤"三县全部通高等级公路,乡乡通柏油路,村村通四级路,多数瑶族聚居村也同时通了机耕路。这三县

布努瑶聚居区行路难问题首先得到圆满解决。从 2007 年开始,广西壮族自治区又在都安、大化、马山等县开展基础设施建设大会战,计划近几年内实现乡乡通柏油路、村村通四级路。① 布努瑶还需要若干年才能真正解决行路难问题。

三是瑶族地区的水运没有充分开发起来。布努瑶聚居区有中国第三大水系西江(珠江上游)流经其中,有河池市第二大河流龙江,又有刁江、大小环江、澄碧河等 10 多条可通 5 吨以上木帆船的小河流,但布努瑶聚居区除巴马的东山和大化的板升、板兰外,其余均远离江河,根本没有水运。即使是在东山、板兰两个乡,布努瑶都居住于山上,红水河流过的境内地区全是陡崖峭壁,山下没有渡口,他们只能望河兴叹,无法享受水运的便利。他们产的桐籽、云木耳、香菇、八角、油茶,全靠马驮运出去,急需的生产生活用品也靠肩挑马驮运上山。

四是信息通信条件极差。布努瑶许多民众生活在边远山区,外界周边民族可以便利得到的如电视、广播、电话、无线电通信等现代服务对于瑶民来说却十分难得。2008 年 8 月到都安县调研时,这方面的情况笔者有切身体会:第一,电视信号主要是依靠农户自己安装大锅盖接收信号。笔者在调研时问当地人:"在别的地方私人安装大锅盖是违法的,为何这里可以安装?"他们的回答是:"这里边一般的村子都无法收到电视信号,是政府鼓励并出资支持农户安装电视信号接收设备的。"第二,村子里拥有电视机的农户少,一个 20 来户的屯拥有电视机和接收设备的大约只有两到三户。第三,在葛家村时我们的中国移动公司提供服务的手机都没有信号,走到山顶上会有一格信号,说明这里居民的住房很多处于无线电通信的盲区。信息流通渠道也是制约这地区经济发展的一大原因。

(二)当地干部的因素

在实践中,国家的主导价值观是由人去推动才能获得人们普遍认同的。瑶族地区的干部在这方面下了功夫,但效果并不明显。从理论上说,

---

① 参见韦标亮主编:《布努瑶社会历史》,广西民族出版社 2010 年版,第 112—113 页。

主要原因是当地干部没有正确认识意识形态与日常生活两者之间的关系,把国家的主导价值观宣传教育与人们的日常生活割裂开了。

在一次农村的调研中,笔者发现一个村委会的办公楼上挂着一张大横幅,上面写着"'三个代表'重要思想万岁!"。当时,笔者曾试着问当地群众这样一个问题:你知道"三个代表"重要思想是什么吗?几个农民都说不太清楚,一位村干部说:只听说过一些,但说不上理解。

村干部挂出这个横幅的目的是要宣传党的重要理论,让老百姓知道党的理论知识。如果基层干部没有正确认识这一点,那么那些应该让老百姓认同的价值观就很难通过他们而深入人心。我们应当思考基层干部如何才能提高意识形态宣传教育的效果。

我们以价值观为核心对意识形态与文化进行分析。人的实践领域可以分成四个主要的方面:经济领域、政治领域、文化领域、社会领域,这几个方面是紧密相关的,而经济领域则是人们最基本的领域,经济领域对其他各领域具有决定性的影响。作为实践的产物,意识形态主要在人们的政治(政治活动)领域产生和发展,文化则主要从人们的文化(主要是精神生活)领域产生和发展。而政治领域与文化领域,往往又是交织在一起的,因此在这两种领域里发挥作用的价值观就必然有交叉的地方,反映到价值观上就是具有共享价值观。但是,政治价值观为核心的意识形态与文化价值观为核心的文化,两者既有共享的价值观,也有相对独立的价值观。在现实生活中,人们不可能只在政治价值观指导下生活,也不可能只在文化价值观的指导下生活,因此意识形态与文化两者谁都不可能完全包含谁,通俗地讲,意识形态与文化既有共用的责任田,也有独享的自留地。当然,不同的时代、不同的时期,责任田多一点还是自留地多一点,情况是不一定相同的,或者说一定是不相同的。

意识形态的核心是一个国家的统治阶级所倡导的价值观体系,主要影响人们的政治生活,指向的是社会的权力关系。权力关系往往被认为是一种零和游戏,其主要特点是:如果某些人得到一定的权力,那么其他人所获得的权力就相应减少,也有人称之为权力的博弈。主导社会权力资源的分配,是意识形态的根本目标。在这个意义上,意识形态可以被看作是为社会权力关系再生产服务的,这在马克思主义那里可以看作是生产关系的再生产。英国学者汤普森指出:"设想会存在共识的一些价值观与信仰被认为构成一个统治意识形态的成分,这个意识形态取得人们对社会秩序的顺从。这个统治意识形态提供了事实上的象征凝聚剂,它统一社会秩序并把人们结合于其中。由于统治意识形态的普遍存在,各个社会阶层的人们都被结合进一个结构上不平等的社会秩序。据认为,正是由于统治意识形态的无处不在,说明了统治集团安心统治和被统治集团顺从地接受统治。"①这段话较具体地分析了意识形态在社会权力分配中的作用,"结构上不平等的社会秩序"实质上指的是社会的权力关系。

相对而言,文化则不同。它指向的是人们日常生活,主要影响的是人们的精神生活。人们的精神生活是没有零和规则的,一个人崇尚简单,并不影响他人追求复杂。相反,艺术家、文学家有不同风格(受不同的价值观支配)时,人们的精神生活会从中获得更多的精神享受。换言之,每个人的精神生活都各不相同,才能有全社会精神生活的丰富多彩。它与权力资源不一样,精神生活具有共享性而没有排他性。这也是"双百"方针能够深入人心的原因。文化发展除了易受政治领域的价值观影响之外,也容易受到经济领域价值观的影响,如文学与文艺创作的商业化、通俗化等。这些情况也说明文化发展的复杂性。

政治生活与文化生活,作为人们社会实践的两大领域,有其相交融与重合的部分。与之相应的价值观,就一定会有共享的部分。"政治文化"的研究就是针对这个共享价值观的。"政治文化被视为描述社会文化与政治活动关系的一个范畴,它所揭示的是一定社会文化对政治体系和公民政治行为的影响,它主要通过公民的政治认知、政治情感、政治价值、政

---

① [英]约翰·B.汤普森:《意识形态与现代文化》,高铦等译,译林出版社2005年版,第100页。

治信仰、政治态度等体现,是一定的社会历史文化长期作用于人们积淀而成的基本一致的社会心理。"①

权力关系与日常生活也是常常交织在一起的,一个重要的原因是生活中总是存在资源的分配问题,这里说的资源是多方面的(不只是政治权力)。"文化现象首先被视为意义建构、象征形式,文化分析被理解为对包含在这些形式中的意义的原型的解释。但是文化现象也包含在权力与冲突之中。日常话语和行动以及诸如仪式、节日或艺术品等更加精致的现象都是在特定社会——历史环境中由具体的人们使用某些资源和具备不同程度的权力和权威而产生或进行的;这些意义现象一旦产生或展现,就会被处于特定社会——历史环境中的其他人所传播、接收、理解和解释,他们使用某些资源以便弄懂有关现象。以这种方式来考察的话,文化现象可以被视为表达权力关系,在具体环境中服务于支撑或破坏权力关系;可以被视为受制于日常生活中接收和理解这些现象的人的各式各样的(或许是有分歧和冲突的)解释。"②这些论述说明了权力关系与日常生活之间的复杂关系,也指出了文化与权力关系的关系,即文化"在具体环境中服务于支撑或破坏权力关系"。

当地干部只有理解上面关于意识形态与人们日常生活之间的关系,才能在宣传国家意识形态或者国家的主导价值观时认识到这一点:宣传教育工作应该与老百姓日常生活结合在一起才能真正有效。也许正是由于我们的农村基层干部在这个问题的认识上还存在误区,才导致国家下大力气扶持的民众对国家主导价值观的认同度不高。

所以,国家除了经济上扶持瑶族之外,在价值观建设方面也应该采取相应的措施,尤其是当地干部做了大量的宣传教育工作,以提高瑶族对我国主导价值观的认同,但效果并不尽如人意。我们在加强少数民族价值观建设时应当吸取历史的教训。

---

① 黄力之:《马克思主义文化理论研究》,上海人民出版社 2004 年版,第 149 页。
② [英]约翰·B.汤普森:《意识形态与现代文化》,高铦等译,译林出版社 2005 年版,第149 页。

（三）瑶族群众方面的因素

瑶族地区的一般群众受教育程度不高，科学文化素质普遍较低，与外族人交往少，一般不容易接受外来的价值观念，对于国家主导价值观也一样。

据杨成志教授 20 世纪 50 年代在都安调查瑶族教育发展情况时的资料，新中国成立前瑶族所在都安县全县只有 3 所小学。新中国成立后，瑶族地区教育是发展了，但发展很慢，而且一般现在官方统计数据与实际情况之间是有一定差距的。根据下面一个接受采访的代课老师的介绍，我们可以了解最近瑶族农村教育的真实情况。

受访者为都安县下坳乡加文村蒙某某老师。他 1993 年初中毕业后到广州打工 2 年，1995 年回到村里后开始长期担任代课教师。1995 年到 2004 年，他能领到的工资一直都是每个月 100 多元。但他需要负责小学里三年级和四年级两个班的课，教授语文、数学、品德、美术、音乐、体育等课程。蒙老师每月的工资不高，而且他的工资还经常被拖欠，有时拖欠的时间将近一年。[①]

这个访谈案例说明，都安瑶族自治县部分山区的基础教育条件太落后了。从师资水平、教师待遇到课程安排，所有情况都令人担忧。这样的农村教育条件说明了当地瑶族群众很难接受到良好的教育。这种教育背景下的群众，要让他们认同高深理论并不是很容易的事。因为认同的前提是认识，如果瑶族民众连认识都做不到，那么怎么能做到认同呢？因此，在少数民族聚居地推进主导价值观建设必须改善这些地区的基础教育条件。

---

① 参见覃主元等：《大石山区的祥和村落——广西布努瑶社会经济文化变迁》，民族出版社 2007 年版，第 357 页。

第四章 民族地区价值观建设的
理论逻辑与实践路径

如何加强瑶族的价值观建设,使得适应当今社会发展的价值观能被人们认同和接受,对于促进民族地区的经济和社会发展、促进民族团结与民族和谐相处具有十分重要的实践意义。

第一节 民族地区价值观建设的理论基础

价值观建设指的是引导特定人群对社会主导价值观的认知、认同和践行,促进人们对其传统价值观进行积极的继承与创新,使人们能够适应社会发展的潮流。何种价值观才能担当社会主导价值观、如何实现社会主导价值观被人们所接受、认同,什么理论可以指导解决这些问题,是研究价值观建设面临的基本问题。

一、马克思主义关于社会意识相对独立性的理论

(一)社会意识具有相对独立性

恩格斯主要从社会意识产生的特点的角度揭示它的相对独立性,指出了社会意识依赖于社会存在,但它又对社会存在表现出一定的独立性即相对独立性。当它一旦在经济基础之上产生出来后,就离开经济基础相对独立起来,按照社会意识自身的规律发展,并反过来对经济基础产生影响。人们在创造社会意识时,总要利用先前世代和当代的人们所积累

的思想资料,加以改造和发展,而这些思想资料是人脑的产物,它们通过语言、文字和其他手段表达出来并代代相传,经历其自己相对独立的发展道路。社会意识产生的这种特点,也使它具有相对独立性。瑶族价值观作为瑶族人的思想意识,同样具有相对独立性。由于各种社会意识的形成都有其经济根源,推动人们创造和发展社会意识的最终动力不在思维本身而在经济发展的需要;任何思维过程都要以客观材料为对象,以社会实践为基础;各种思想资料归根到底是现实生活的反映,社会意识的成果都要以物质外壳为依托,它们之所以能流传下来,都是由于现实的需要和具备必要的物质条件,所以说社会意识的独立性是相对的,而不是绝对的。这里指明了社会意识具有相对独立性的特点,并从社会发展的角度说明了其原因。这也说明了促进瑶族地区的社会发展、改善瑶族民众的生活水平对瑶族价值观建设具有十分重要的意义。

(二)社会意识的相对独立性的表现

第一,社会意识的变化发展和社会存在的变化发展是不完全同步的。这种不完全同步性表现在:社会意识的变化发展往往落后于社会存在。原因是人们对变化了的社会存在的认识,必须经历一个相当长的过程。尽管社会存在已经发生变化,旧的社会意识不会立即相应地发生变化,特别是离经济基础较远的宗教、哲学等社会意识形态的变化更为迟缓,价值观变化就属于这种情况。

第二,社会意识和社会经济发展之间的不平衡性。一般情况下,社会意识的发展水平是与经济发展状况相一致的,但也可能出现经济发展程度较高的国家而其社会意识水平不高和经济发展比较落后的国家而其社会意识领域却超过经济发达国家的情况。因为社会意识的发展不仅受到经济状况的制约,还要受到各种具体历史条件诸如政治背景、阶级斗争形势、历史传统、民族特性以及国际条件的重大影响。但这种不平衡性也是相对的,先进的社会意识之所以能在经济比较落后的国家出现,仍以经济发展的一定水平为前提。所以,社会发展相对落后的民族地区,同样可能存在先进的价值观念,因此应当充分尊重民族地区有民族特色的价值观。

第三,社会意识的历史继承性。社会意识作为社会存在的反映,有其客观基础和现实根源,同时又和以往社会意识的成果有着历史继承关系。所以,任何一种社会意识及其形式的构建,不仅要从现实的社会存在中汲取养分,反映社会存在发展的客观要求,总结当今社会实践的新鲜经验,提炼现实生活提供的思想资料,而且要在内容和形式上批判与继承过去的历史遗产。当今的社会意识又将会成为后人利用的思想资料。社会意识的历史继承性使人类的精神文明日积月累、世代相传,不断丰富和发展。但对社会意识的遗产,不能兼收并蓄。继承什么,如何继承,归根到底受到现实社会存在及其发展要求的制约。根据现实的需要,区别对待,去其糟粕,取其精华,在批判继承中超越历史。这就指出了我们应当认真探讨瑶族传统价值观当中应当取舍的不同内容,建构适应社会发展潮流的价值观。

第四,各种不同社会意识形式之间是相互影响、相互作用的。社会意识及其形式是一个庞大的体系,各种形式在内容上相互影响、相互渗透,并相互联系、协同地对社会生活起作用。不同形式的社会意识之间以什么方式、发生什么作用,归根到底是由社会存在所提出的需要以及社会所提供的可能性所决定的,所以研究瑶族价值观必须面对瑶族地区经济与社会发展的现实条件。一般来说,政治、法律思想对其他社会意识的形式影响最大。不同的社会意识形式既反映经济又受到政治的重大影响,并往往以政治为中介反映并反作用于经济,其他社会意识形式亦对政治、法律思想产生影响。这说明了经济不是唯一起作用的因素。认识到这一点,有助于研究如何发挥各种社会意识形式的作用来推进瑶族价值观建设。

二、价值认同理论

哲学家、社会学家在这方面为我们提供了较为丰富的理论依据。亚里士多德在《尼各马科伦理学》中提到德性培育的两大途径是教育与习俗,即德性是依靠教育或者习俗来传承的,"将教育与习俗作为德性圆成的两大路径"①。

王宏维教授在《社会价值:统摄与驱动》一书中从人们对社会价值认同的角度较为详细地分析了价值认同的两种方式:一是自然认同,二是教育认同。②

"自然认同,是指随着社会个体的成长和成熟,主要由其生活的环境、生活方式所造成的社会价值认同。'自然',一方面,是指这一认同是自然而然发生的、形成的,并非特别地、刻意地营造;另一方面,则指这一认同的客观性,即认同怎样的价值规范并不是社会个体主观任意的行为,在既成的社会存在面前,对与之相关的社会价值规范的认同具有必然的性质;第三,则是指这一认同与人的许多自然获得的条件相关,如与血缘、种族、地域、习俗等有密切联系,认同往往是经由这些自然条件的作用而实现的。特别的社会联系、各种礼仪、节日和特有的风俗习惯等,编织成了一个'自然而然'的价值认同空间,只要生活在其中,就会自然地认同有关的社会价值规范,而不需要经过特别设计的宣传、引导和教育。"③通过前面对广西瑶族价值观的历史变迁的分析,我们知道瑶族在自然认同方面有较好的传统,其生活中就有许多是担负起价值观传承的重任的,如"度戒"仪式。瑶族传统价值观的传承主要是通过自然认同的方式实现的,在推进瑶族价值观建设时应当充分利用这一优势。

"教育认同又称理性认同或学习认同,是对社会价值规范的认同,主要是指对价值规范内容与意义的理性认识。对社会价值规范的这种认同,主要是通过后天的各种教育学习和理论知识,从道理上认识到这种规范'好',进而认同遵从它。"④对于自然认同与教育认同的区别和联系,作者指出:"和自然认同相比,这种认同(教育认同)的理性成分显然较高,如果有道理,即使在感情上和心理上并非完全接受,认同也可以产生和建

---

① 转引自余文武:《民族伦理的现代境遇及其教育研究——以云南、贵州、四川少数民族为例》,博士学位论文,中山大学教育学院,2005 年,第 183 页。
② 参见王宏维:《社会价值:统摄与驱动》,人民出版社 1995 年版,第 100 页。
③ 王宏维:《社会价值:统摄与驱动》,人民出版社 1995 年版,第 104—105 页。
④ 王宏维:《社会价值:统摄与驱动》,人民出版社 1995 年版,第 106 页。

立。有时可能是理性认同在先,以后渐渐建立情感上、心理上的认同,进而达到自然认同。"①随着广西瑶族地区小学的普及,其教育认同的方式主要在学校教育中完成。

应当结合这两种认同方式,才能更好地实现人们对价值观的认同。"教育认同只有逐渐深入,达到与自然认同的结合,才可能是深刻的、稳定的价值认同。如果二者脱节,教育认同就会似浮在水面的浮萍,缺乏深层的根基。在这样的条件下,对社会价值规范的认同就只能是表浅的、不稳定的。自然认同就可以像淹没在水面下的冰山,随时都可能升起,取代教育认同。要达到自然认同与教育认同的结合,关键在于找到两种价值体系的契合点,使两种价值体系能够通过这一契合点达到沟通。在现代化的过程中,价值观念的更新和新的社会价值规范的建立健全,都必须依赖这两方面的结合。"②对于不同的群体,这里所说的契合点是不一样的,但总是存在的、总是可以找到的。

(一)制度化的方式

制度化的方式,主要是指通过学校教育、法律法规的实践来实现价值认同。其特点是制度化、常规化,与上面提到的教育认同相对应。通过学校教育,就是主要依靠国家的教育体系(从幼儿园、小学、中学到大学,职业教育、成人教育、特殊教育等),让社会的主导价值观进教材、进课堂、进校园生活,如公民基本道德规范、社会主义荣辱观等内容就可以直接在学校里进行教育;法律法规的实践也是价值观教育的重要途径,比如让人们更多地参与到相关制度的制定、在实施中让人们看到制度的实际运作,例如基层司法机构在处理人们的案件时让更多的人知道更多细节就是很好的具体做法(如一些乡镇在审判各种重犯时专门利用群众聚集的圩日举行公开宣判),尤其是选择一些老百姓十分关注的重大案件。通过这种方式,可让人们通过观看审判过程而直接体验到法律制度中蕴含的价

① 王宏维:《社会价值:统摄与驱动》,人民出版社 1995 年版,第 106 页。
② 王宏维:《社会价值:统摄与驱动》,人民出版社 1995 年版,第 106—107 页。

值观,并能够教育人们什么事不应该做、犯人错在何处。

（二）非制度化的方式

非制度化的方式,主要是指通过民间活动来实现价值认同,如家庭活动、家族活动、民间祖先祭祀活动、民间文艺活动、民间宗教活动、民间农事活动、民间宗族活动等。其特点是潜移默化、水到渠成,具有自然性的特点,也就是说一切似乎都是自然而然进行的,没有经过特别的设计和策划,与上面提到的自然认同对应。这一方式在前面分析瑶族价值观传承方式时曾经具体分析过。这就要让民间相关活动融入社会的主导价值观教育的内容,而当地的族老在这方面将发挥重大作用。这也说明在瑶族地区价值观建设方面,民间力量的优势十分明显。

从瑶族价值观传承的分析中我们知道,非制度化的方式一直是瑶族的主要甚至是唯一方式,制度化的方式只是最近几十年才真正形成并逐步发展起来。从这样的实际出发,探讨如何使制度化与非制度化两种方式结合,才能有效推进瑶族价值观的建设。

三、符号学的文化传承理论

按照符号学派的传统,认为文化符号及其隐含的意义的产生,是可以被视为持续的再创造过程,在这个过程中实现文化的传承与再造,它不只是对符号的认知与接受。由于价值观是文化的核心内容,价值观教育也可以看作是文化传承过程。在这里,若把文化定义为知识体系,那么这个体系就包含两种类型的知识:一类是"著作"型的知识,这一类知识是"供人阅读的",它们是不能被读者改写的权威论述;另一类是"文本"型的知识,这一类知识是"供人写作的",它们可以被读者在阅读过程中对它们进行重新释义、改写和征用。① 这种观点强调了文化与人的互动关系,突出了人在文化传承中的主体地位,同时也承认权威知识的合理性。文化

① 参见[英]马克·J.史密斯:《文化——再造社会科学》,张美川译,吉林人民出版社2005年版,第109页。

传承,是两类知识在接触到它们的所有人(均可当作"读者")之间的相互作用的过程,可分别对这两类知识的传承用"独白主义"和"对话主义"来进行区别。人类社会的文化传承就是通过这两种方式实现的。

如果把文化的核心价值观进行分析,我们也可以得出这样的结论:价值观传承同样是价值观持续再创造的过程,价值观作为知识体系,同样存在两种类型:即一类是"著作"型的价值观,如宪法和法律、法规所蕴藏的价值观,是要让受教育者认知和接受而不应该被修改和质问的;另一类是"文本"型的价值观,如人们生活中常见的道德规范所蕴藏的价值观,是要让受教育者不断重新释义、重新生成的。这两种类型的价值观,应该分别采用不同的教学方法,对受教育者进行教育。

四、科学哲学的范式理论

新的价值观取代旧的价值观,可以从范式理论得到启发。托马斯·萨默尔·库恩在《批判与知识的增长》一书中把科学描绘为一种内在的保守过程,科学只是在周期性的新观念的标志下发生革命,科学的增长并不是知识自然积累的结果,各层次的知识不是顺序叠加的,不是每一层次都基于前一层次。相反,科学研究是由主体交互的模式或者范式引导的,范式为科学家团体提供常规的法则、方法以及关于现实或潜在的知识对象的选择和解释程序。常规科学的任务是解决理论中的疑点,顶住或者消释反常现象对理论的干扰或否证。但是,反常现象总会趋于增加,直到常规科学应付不了,这就会使常规科学陷入危机阶段。为了弥补漏洞,范式或者改变形态,或者提出辅助性假设,产生范式增生现象。但是,这种变形的范式或范式增生又往往会捉襟见肘,导致危机加深。当危机进一步积累和加剧,新的范式应运而生,对关键问题的解释取得成功,取得科学家的共同信任,新范式取代旧范式的过程就是科学革命的过程。① 这

① 参见[美]罗伯特·C.尤林:《理解文化:从人类学和社会理论视角》,何国强译,人民出版社2005年版,第97页。

种观点,在解释知识的增长方面,对于自然科学与社会科学同样有启发意义。把"范式理论"用到价值观教育,则可以让教育者引导受教育者树立新的价值观,而新价值观取代旧价值观的过程就与新范式取代旧范式是类似的。

这一点,特别适用于中小学生群体,因为社会上许多现象会引起他们的思考,在此过程中教育者应当用社会主导价值观引导他们进行价值判断,帮助他们树立正确的价值观。当然,新的价值观取代旧的价值观并不是容易的事情,得下大力气。价值观念的变迁并非像顺水推舟一样容易,而是像逆流拉纤一样艰难,传统的惯性和保守的势力都在阻碍社会价值观念的变化,人们内心的惰性也不愿放弃已有的价值观念。[①] 所以,许多价值观从人们小时候就开始培养是很重要的。

第二节 民族地区价值观建设的目标与内容

广西瑶族的价值观与全国其他各族人民一样,面临着全球化、市场化和信息化浪潮的冲击。目前广西瑶族民众一般在落后地区、落后县、落后村庄里过着艰苦的生活,如果用向现代化迈进的各种指标来衡量,那么山区里的瑶族人民至少落后于全国平均水平若干年,由于所有的官方统计数据其实并不以村为单位公布,所以只有到实地调研才能通过观察体验从而认识到这种实际的差距。国家建立健全社会主义市场经济体制的大背景,也是瑶族人民无法选择、不可回避的。换言之,瑶族民众事实上已经是被抛入现代化发展的浪潮之中。如何使瑶族民众在这种情况下,建立起与这种发展形势相适应的价值观,对瑶族地区的发展和稳定具有重大意义。

一、社会主义核心价值体系对瑶族价值观建设的导向作用

当今世界,文化的多样与价值的多元比以往任何时代都更加明显。

---

① 参见兰久富:《社会转型时期的价值观念》,北京师范大学出版社 1999 年版,第 219 页。

我国正处在一个巨大的历史转折和变革时期,还在经历着从传统社会向现代社会的历史转变和社会转型。我国的改革开放更是使这个进程得到加速发展。经济体制变革、社会结构变动、利益格局调整、思想观念变化,使得我国的经济所有成分、组织形式、就业方式、分配方式、利益诉求日益多样化,从而使人们的思想活动独立性、选择性、多变性和差异性不断增强,造就了一个思想大活跃、观念大碰撞、文化大交融的时代,人们的价值观念呈现出多元并存的状态。① 这样的背景下,人们的价值观冲突日益增加,个人价值取向与社会价值取向的冲突、物质功利与精神满足的冲突、理想憧憬与现实落差的冲击,容易引起人们价值观的迷惑、价值标准不确定、价值信仰失落。从上一章的分析我们知道,瑶族当今的价值观同样面临这样的挑战。因此,社会需要坚强的主导价值观来为人们的价值取向和价值标准提供相对稳定的规范,让人们在不同价值观念面前不再迷惑、立场坚定。主导价值观是全国人民共同的需要,在发展相对落后的瑶族地区更是如此。

这个主导价值观应该是什么? 根据马克思主义的观点,从人类发展的历史来看,任何阶级社会的主导价值观都是统治阶级所倡导的价值观。资本主义社会之前的阶级社会,把社会中的人分为不同等级,使每个等级的人认同其社会身份和社会地位,保障这种等级制度不断被强化,等级严明就是当时的主导价值观的主要特征。进入资本主义社会后,由于商品天生就是平等派,一切社会等级被冲击,等价交换成为最重要的社会运行规则,商品流通的需要打破了封建割据,自由观念与平等意识冲垮了依附观念与等级差别意识,民主意识逐渐消解了专制意识,资本主义价值观成为社会的主导价值观,其积极意义是极大地推动了人类社会的发展与进步。但是另一方面,资本主义价值观也往往容易导致人们唯利是图、一切向钱看,社会贫富两极分化,原来在等级分级中的不平等被因财富多少的差别产生的不平等所代替,对于无产阶级来说自由的基础是不得不出卖

---

① 参见张小平:《和谐文化的理论与实践》,人民出版社 2007 年版,第 81 页。

自己的劳动力、不得不接受资本家的剥削,资本家真正获得了剥削别人的自由,富人区与贫民窟相邻的事实说明资本主义社会事实上并不真正平等。我国进入社会主义社会,正在努力改变封建社会、资本主义社会中存在的社会不公,并且取得了重大成就,人们生活水平得到了极大的提高。务实地看,当今我国所走的社会主义道路是有益于广大人民群众的,从这个意义上说我们应该拥护共产党的领导。体现到价值观方面,我们应当认同中国共产党倡导的价值观,并以之为我国社会的主导价值观。瑶族与我国其他兄弟民族相比,社会发展所处的历史阶段更加复杂,封建主义、资本主义、社会主义等不同价值观同时并存,其传统价值观的深远影响无不冲击着人们在新形势下对新观念的接触和碰撞。所以,瑶族也应当顺应历史发展的潮流,积极认同我国的主导价值观。

中国共产党倡导的价值观,集中起来讲就是社会主义核心价值体系。社会主义核心价值体系的基本内容包括马克思主义指导思想、中国特色社会主义共同理想、以爱国主义为核心的民族精神和以改革创新为核心的时代精神、社会主义荣辱观四个方面。

第一,马克思主义指导思想是社会主义核心价值体系的灵魂。马克思主义是我们立党立国的根本指导思想,是社会主义意识形态的旗帜和灵魂。在社会主义核心价值体系中,马克思主义提供的是认识世界和改造世界的基本立场、基本观点、基本方法。我们党坚持把马克思主义基本原理同中国具体实际相结合,先后创立了毛泽东思想、邓小平理论、"三个代表"重要思想、科学发展观和习近平新时代中国特色社会主义思想,这些理论成果是中国化的马克思主义。马克思主义指导思想是中国特色社会主义共同理想形成的理论基础,如果动摇马克思主义的指导地位,就会动摇中国特色社会主义的理论根基,就会动摇全党全国人民团结一致走中国特色社会主义道路的决心和信心。[①]

---

① 参见韩振峰:《如何理解社会核心价值体系的基本内容及其相互关系》,《中国教育报》2007年9月25日。

第二,中国特色社会主义共同理想是社会主义核心价值体系的主题。我们党在领导人民建设社会主义的过程中,走出了一条中国特色社会主义道路。在中国共产党领导下,按照这条路走下去并坚持和发展中国特色社会主义、实现中华民族伟大复兴的中国梦,这是全国各族人民的共同理想。正是这个共同理想,使得社会主义初级阶段的目标、国家的发展方向、中华民族振兴与个人的幸福等有机整合,把各个不同阶层、各个不同群体的共同愿望有机结合在一起。中国特色社会主义共同理想是马克思主义基本原理同我国时代特点与社会主义事业发展实际相结合的产物,是科学社会主义在当代中国的主要表现形式。[①]

第三,民族精神、时代精神是社会主义核心价值体系的精髓。以爱国主义为核心的民族精神和以改革创新为核心的时代精神,分别是新的历史条件下我们党对民族精神与时代精神的精练概括。民族精神、时代精神这两大精神是社会主义核心价值体系的精髓。以爱国主义为核心的民族精神,已融入我们的民族意识、民族品格、民族气质之中,发展成为各族人民团结一心、共同奋斗的价值取向。以改革创新为核心的时代精神,体现了马克思主义与时俱进的理论品格,已经融入我国经济、政治、文化、社会建设的各个方面,成为全国各族人民不断开创中国特色社会主义事业新局面的强大精神武器。

第四,社会主义荣辱观是社会主义核心价值体系的基础。社会主义荣辱观的具体内容是:坚持以热爱祖国为荣、以危害祖国为耻,以服务人民为荣、以背离人民为耻,以崇尚科学为荣、以愚昧无知为耻,以辛勤劳动为荣、以好逸恶劳为耻,以团结互助为荣、以损人利己为耻,以诚实守信为荣、以见利忘义为耻,以遵纪守法为荣、以违法乱纪为耻,以艰苦奋斗为荣、以骄奢淫逸为耻。以"八荣八耻"为主要内容的社会主义荣辱观,是适应我国建立健全社会主义市场经济体制的,是能与社会主义宪法及法

---

① 参见韩振峰:《如何理解社会核心价值体系的基本内容及其相互关系》,《中国教育报》2007年9月25日。

律规范相互协调、相互补充的,也是我国传统美德的当代体现。社会主义荣辱观指出了在社会主义市场经济条件下,应当坚持和提倡什么、反对和抵制什么,为全体社会成员判断自己行为得失、合理作出道德选择、正确确定价值取向等提供了价值准则和行为规范。

胡锦涛同志在中国共产党第十七次全国代表大会上的报告中指出:"要巩固马克思主义指导地位,坚持不懈地用马克思主义中国化最新成果武装全党、教育人民,用中国特色社会主义共同理想凝聚力量,用以爱国主义为核心的民族精神和以改革创新为核心的时代精神鼓舞斗志,用社会主义荣辱观引领风尚,巩固全党全国各族人民团结奋斗的共同思想基础。"①党的十八大则把社会主义核心价值体系的内容进一步提炼,提出了以"倡导富强、民主、文明、和谐,倡导自由、平等、公正、法治,倡导爱国、敬业、诚信、友善"为主要内容的社会主义核心价值观。这表明了我国当前的主导价值观可简单地概括为社会主义核心价值体系(社会主义核心价值观是其精练概括),这也为当今形势下我国的价值观建设指明了正确的方向,同样也为瑶族价值观建设指出了方向。

社会上还存在与此相悖的两种倾向:一种是主张指导思想的多元化,一种是主张以另一种非马克思主义的新主义(如新自由主义、新儒家思想等)为指导思想。对于前者,应该明确,指导思想的多元化从某种意义上就是相对主义,让人们觉得什么都对(对也不对、不对也对)、什么都行,这必然会导致社会缺少统一的价值评价标准,最终导致思想混乱甚至引发社会动荡。正如李德顺教授指出的:"世界上任何主体自身的文化和价值体系,在客观上和主观理性上都只能是一元的,否则会导致自身的错乱和毁灭。因此,所谓'指导思想多元化'实际上是一种'精神自我分裂'式的主张,对于任何一个主体都行不通。"②对于后一种倾向,则应该指出,那样主张目前更多的是作为一种学术讨论的思潮,还没有真正形成

---

① 胡锦涛:《在中国共产党第十七次全国代表大会上的报告》,《人民日报》2007年10月25日。

② 李德顺:《和谐文化建设需要处理好的几个关系》,《前线》2007年第2期。

以之为指导的价值主体,如果有也只是少数知识分子而已。从这个意义上说,在我国的意识形态领域,不管是新自由主义还是新儒家思想,都不可能取代马克思主义。

总之,应当坚持马克思主义在价值观建设中的指导地位,用社会主义核心价值体系、社会主义核心价值观引导当今我国的价值观建设,瑶族价值观建设也一样应当以社会主义核心价值体系为导向。

二、瑶族价值观建设的目标、指导原则和内容

(一)瑶族价值观建设的目标、指导原则

广西瑶族的价值观建设要以国家的主导价值观(社会主义核心价值体系、社会主义核心价值观)为导向,目标是加强瑶族对国家主导价值观的认同,使瑶族民众能融入国家主导下的现代化生活之中,使瑶族人民的经济生活、政治生活、社会生活和文化生活能有一整套相对稳定的价值观作指导,促进瑶族地区的经济和社会发展,推进民族地区的社会主义和谐社会建设。

要实现这样的目标,应该根据社会主义市场经济体制不断完善的形势下我国在加强建设和谐文化、加强公民道德建设方面的有关政策,引导瑶族人民认识、认同国家所倡导的价值观。具体来说,要在瑶族价值观建设的全过程始终坚持以下指导原则。

第一,要坚持以社会主义核心价值体系为主导。随着我国社会发展进入全球化、市场化和信息化的大潮流,人们面临着纷繁复杂的价值观冲击,价值观的碰撞、冲突和困惑已经是人们不可回避的。有一点是可以肯定的,那就是个人的价值取向会因个人利益、欲望、兴趣、爱好、情绪的影响而变化,但总体的倾向往往由社会的基本价值导向所决定。确立社会相对稳定和统一的核心价值体系,可以为社会成员提供强大的价值坐标,有利于维护社会价值秩序、价值标准、价值理想的可共享性、一致性、稳定性,有利于为社会成员的价值选择提供相对稳定的价值标准和价值规范,有利于消除人们在价值观上混淆是非、颠倒黑白、茫然失措的局面。社会

主义核心价值体系已经成为当今我国建设有中国特色社会主义新时代的主导价值观,理所当然应该成为瑶族价值观建设的主导。

第二,要坚持价值观一元主导与多元并存的统一。思想观念从来就是多元的、丰富多彩的,我们不能因为强调一元主导就扼杀主导价值观以外的一切价值观。马克思曾经在《评普鲁士最近的书报检查令》一文中,专门针对当时普鲁士政府的书报检查制度提出了十分尖锐而且十分精彩的批评:"你们赞美大自然令人赏心悦目的千姿百态和无穷无尽的丰富宝藏,你们并不要求玫瑰花散发出和紫罗兰一样的芳香,但你们为什么却要求世界上最丰富的东西——精神只能有一种存在形式呢? 我是一个幽默的人,可是法律却命令我用严肃的笔调。我是一个豪放不羁的人,可是法律却指定我用谦逊的风格。一片灰色就是这种自由所许可的唯一色彩。每一滴露水在太阳的照耀下都闪现着无穷无尽的色彩。但是精神的太阳,无论它照耀着多少个体,无论它照耀什么事物,却只准产生一种色彩,就是官方的色彩! 精神的最主要形式是欢乐、光明,但你们却要使阴暗成为精神的唯一合适的表现;精神只准穿着黑色的衣服,可是花丛中却没有一枝黑色的花朵。"①社会主义核心价值体系只是引导人们适应社会主义市场经济体制这一经济基础的大方向,它只发挥价值观的导向作用,应当尊重不同民族、不同群体各自在其历史条件和社会背景下产生与发展的价值观,形成价值观一元主导、多元共存的和谐局面。当然,只强调民族特点、群体特点而否定社会的主导价值观,就走向了另一个极端,是应该坚决反对的。

第三,要坚持瑶族价值观建设与社会主义市场经济体制发展阶段相适应。要使瑶族地区充分发挥社会主义市场经济机制的积极作用,不断增强瑶族民众的自立意识、竞争意识、效率意识、民主法治意识和开拓创新精神。也要正确运用物质利益原则,反对只讲金钱、不讲道德的错误倾向,在实践中确立与社会主义市场经济相适应的道德观念和道德规范,为

---

① 《马克思恩格斯全集》第 1 卷,人民出版社 1995 年版,第 111 页。

瑶族地区的现代化建设事业提供强大的精神动力与思想保证。瑶族在市场化方面并不是与其他民族同步的,因此要尊重这一差异,在推动价值观建设时从瑶族的实际发展阶段出发。

第四,要坚持继承瑶族优良传统价值观与弘扬时代精神相结合。要继承瑶族历史上形成的传统美德,发扬瑶族人民的优良传统价值观,积极吸收其他兄弟民族在价值观建设方面的成功经验和先进文明成果,在瑶族地区大力宣传和弘扬解放思想、实事求是,与时俱进、勇于创新,知难而进、一往无前,艰苦奋斗、务求实效,淡泊名利、无私奉献的时代精神,使瑶族价值观建设既继承瑶族的优良传统,又反映时代特点,始终充满生机与活力。继承优良传统价值观,不是简单地全部沿用,而是要进行积极的扬弃,如瑶族在极其艰苦条件下生存的自强不息精神、对民族认同产生积极作用的祖先信仰、维系瑶族团结的道德准则等都应该继承,对于封建迷信、信巫术而不是崇尚科学的不符合历史发展潮流的观念,应当逐步抛弃。

(二)瑶族价值观建设的内容

社会主义核心价值体系作为我国当今的主导价值观,应当成为广西瑶族价值观建设的主要内容。但这还不是瑶族价值观建设的全部内容,它还应该包括:一是瑶族人民原有的、维持其生活与发展几百年形成的传统价值观的现代转化,也就是要继承瑶族传统价值观的精华部分、抛弃其中不适合时代潮流的部分;二是发挥当今瑶族实际生活各领域中发挥作用的各种价值观的正确引导作用,以消除或减少上一章分析中瑶族民众面临的各种价值观冲突。所以,瑶族价值观建设的内容主要有以下三个方面。

一是对社会主义核心价值体系的认同,培育适应社会主义市场经济体制的道德观念。尤其是加强瑶族人的国家认同、民族认同,培育改革创新精神,促进瑶族人对社会主义荣辱观的认同。社会主义核心价值体系的主要内容上一节已经详细进行了阐述,其主要特点是意识形态性很强,老百姓要真正理解其全部内容并不是一件容易的事。我国 2001 年公布的《公民道德建设实施纲要》较为全面地对培育适应社会主义市场经济体制的道德观念作了论述,这也是瑶族价值观建设的重点内容。主要包括以下几点:引导人们正确处理个人与社会、竞争与协作、先富与共富、经济效益与社会效益等关系,提倡尊重人、理解人、关心人,发扬社会主义人道主义精神,为人民为社会多做好事,反对拜金主义、享乐主义和极端个人主义,形成健康有序发展的良好道德风尚,而瑶族有重义轻利、助人为乐的传统,可以将其引导到树立为人民服务观念上来;帮助瑶族群众树立爱祖国、爱人民、爱劳动、爱科学、爱社会主义的价值观,引导人们发扬爱国主义精神,提高民族自尊心、自信心和自豪感,提倡学习科学知识、科学思想、科学精神、科学方法,艰苦创业、勤奋工作,反对封建迷信、好逸恶劳,当然这对于笃信巫术的瑶族民众来说,树立爱科学观念的任务是艰巨的;在瑶族民众中倡导以文明礼貌、助人为乐、爱护公物、保护环境、遵纪守法为主要内容的社会公德,鼓励人们在社会上做一个好公民,但是由于瑶族地区民众历史上习惯于作为山民而不是公民,往往缺少公德意识,这是加强瑶族价值观建设时应当重视的一大问题;在瑶族地区倡导以爱岗敬业、诚实守信、办事公道、服务群众、奉献社会为主要内容的职业道德,目前瑶族民众已经有相当数量的劳动力流动到我国经济发达地区从业,职业道德观念方面的培育对外出务工者来说更显得重要;帮助瑶族民众树立以"八荣八耻"为主要内容的社会主义荣辱观,在瑶族地区形成知荣辱、讲正气、促和谐的新风尚,形成男女平等、尊老爱幼、扶贫济困、礼让宽容的人际关系。

　　二是调整瑶族原有的传统价值观,引导瑶族传统价值观的现代转化,尤其是要引导瑶族社会由人情社会向法理社会的转变。在对待瑶族传统价值观的问题上,应该一分为二。一方面,任何民族都是经历了漫长历史考验生存下来的群体,其传统价值观中一定包含有值得发扬和传承的内容,瑶族也一样。例如尊老爱幼、助人为乐、勤俭持家、邻里和睦等价值观是任何时代背景下都应当提倡和继承的。另一方面,任何民族在由传统社会向现代社会转变的过程中,都必须改变其传统价值观中不能适应时代发展的部分内容,如"等靠要"的观念、思想守旧、不思进取等。笔者在葛家村调研时发现,瑶族地区由于国家长期对少数民族有政策扶持,有些人干脆等着发放补助来安排生活的开支,有的家长因为送小孩读书虽然不用交学杂费,但要交点伙食费就不送孩子上学,理由是他们认为孩子所去的学校是国家扶贫款建的学校,又不是谁出钱建的,对为什么还要收费想不通,在他们的观念里瑶族孩子上学应该一分钱都不用交的。这种思想是应该改变的!

三是逐步构建一整套能够指导瑶族人民经济生活、政治生活、社会生活和文化生活的相应价值观。如:增强瑶族人的自主意识、效率意识、竞争意识,树立和强化瑶族人的平等观、民主观、法制观,引导瑶族人对公民基本道德行为规范"爱国守法、明礼诚信、团结友善、勤俭自强、敬业奉献"的认同,逐步培养与现代社会相适应的道德观念。

这三个方面的内容,第一部分内容是适应国家意识形态建设需要的价值观,加强对主导价值观的认同是瑶族人民真正融入社会主义大家庭所必需的;第二部分内容是保障瑶族民众充分利用民族文化资源的需要,对民族传统价值观的继承与创新是保持瑶族价值观民族特色所必需的;第三部分内容则是适应瑶族老百姓实际生活需要的价值观。这三者之间是紧密关联、相互促进的,在实践中应当充分认识到这一点。

第三节　民族地区价值观建设的方法与具体措施

采取制度化的方式与非制度化的方式相结合,促进人们对社会主导价值观的认同,促进瑶族传统价值观的现代转化,建构适应时代发展潮流的瑶族价值观,是研究瑶族价值观最根本的价值追求。下面探讨如何调动各种资源推进瑶族价值观建设,我们将从依托学校(学校资源)、贴近生活(家庭资源)、借助传统(民间资源)、动员社会(政府资源)四个视角,提出瑶族价值观建设的具体方法与措施。

一、依托学校:加强瑶族民众的价值观教育

增强瑶族民众对社会主导价值观的认同是瑶族价值观建设的重要内容,其中制度化的方式就是要在学校教育中推进价值观教育。我国在全国教育体系的思想政治教育方面积累了丰富的经验,可以借鉴这些经验来推进少数民族的价值观教育。

（一）思想政治教育与价值观教育的关系

我们对瑶族价值观传承的研究发现,瑶族的价值观传承有一个相对完整的传承机制,这一机制与思想政治教育基本相似。思想政治教育是有目的、有计划、有组织的,依据教育规律开展的社会实践活动,其根本宗旨是促进人的全面发展。西方学者关于"人"的理解的许多观点是通过神话的方式得到深刻表达的。一般来说,古希腊神话"斯芬克斯之谜"被认为是西方最早的关于人的认识的最初探讨。这个传说的主要内容是:斯芬克斯是人面狮身的怪物,她守在海边一条通道的岩石上,问每一个过路行人同一个问题:有一样东西最先用四条腿走路,然后用两条腿走路,最后用三条腿走路,这个东西是什么？回答不出这个问题的人都被她吃掉了。英雄俄狄浦斯来到斯芬克斯面前说:"那就是人"。斯芬克斯于是坠海身亡。这就是西方人最先获得的关于人的观念。之后,各种关于人的观念便逐步得到发展。有学者曾经把西方人关于人的观念概括为九大类:宗教人、文化人、自然人（包括政治人、经济人、道德人）、理性人、生物人、文明人、行为人、心理人、存在人[1],并分别以这些词为关键词对历史上的人学观念进行了论述。人们都对人的问题总是感到迷惑,甚至著名哲学家也不例外。古希腊哲学家亚里士多德提出"人天生就是政治的动物"的观点,但他又认为"有些人天生自由,有些人天生就是奴隶"[2],人的本质到底是什么？马克思运用唯物史观对这一问题进行了揭示。

---

[1]　参见赵敦华:《西方人学观念史》,北京出版社 2005 年版,第 3 页。

[2]　[美]撒穆尔·伊诺克·斯通普夫等:《西方哲学史》（第七版）,丁三东等译,中华书局 2005 年版,第 137 页。

马克思在《关于费尔巴哈的提纲》中指出:"费尔巴哈把宗教的本质归结于人的本质。但是,人的本质不是单个人所固有的抽象物,在其现实性上,它是一切社会关系的总和。"①在马克思看来,人的本质是人在现实生活中形成的一切社会关系的总和,人是具体的、在社会关系中存在的。另外,他在《〈政治经济学批判〉导言》中更具体地指出:"我们越往前追溯历史,个人,从而也是进行生产的个人,就越表现为不独立,从属于一个较大的整体:最初还是十分自然地在家庭和扩大成为氏族的家庭中;后来是在由氏族间的冲突和融合而产生的各种形式的公社中。只有到18世纪,在'市民社会'中,社会联系的各种形式,对个人说来,才表现为只是达到他私人目的的手段,才表现为外在的必然性。但是,产生这种孤立个人的观点的时代,正是具有迄今为止最发达的社会关系(从这种观点看来是一般关系)的时代。人是最名副其实的政治动物,不仅是一种合群的动物,而且是只有在社会中才能独立的动物。"②

从这些论述中我们可以知道,人总是生活于特定社会中的人,促进人的社会化就是促进人的社会关系的不断丰富和发展,使人与社会相融合。思想政治教育就是要促进人的社会化,培育和促进受教育者对社会价值观的认同,让受教育者能适应社会、在社会中求生存、图发展。在这个意义上说,思想政治教育与价值观教育是一致的。

(二)思想政治教育的主要方法

第一,理论灌输法。列宁指出,"工人本来也不可能有社会民主主义的意识。这种意识只能从外面灌输进去"③。这为理论灌输提供了方法论的指导,同样也适用于价值观教育。把应该向学生灌输的价值观向学生灌输,可以充分发挥教育机构的优势,针对不同年龄的人进行价值观教育。这对于瑶族地区的人来说更为重要,因为他们能接受正规学校教育的平均年限比其他民族的少。

---

① 《马克思恩格斯选集》第1卷,人民出版社2012年版,第135页。
② 《马克思恩格斯选集》第2卷,人民出版社2012年版,第684页。
③ 《列宁选集》第1卷,人民出版社2012年版,第317页。

第二,榜样激励法。榜样的力量是无穷的,它可以起到感召、引导、激励他人奋发上进的作用。价值观教育的榜样,应该是具体的、身边的、有可比性的。就是说,要树立起在践行某种价值观中的先进分子,这个先进分子来自群众,能对其身边的人产生积极影响。例如,瑶族地区可以把劳动模范树立为榜样,引导人们消除懒惰的观念;树立文明经商成功的人为榜样,引导人们确立商业意识、竞争意识。

第三,说理教育法。通过摆事实、讲道理,用正确的价值观引导学生从具体事件中学习应当坚持什么、反对什么。不只是让学生知道社会倡导什么价值观,更要注重让学生运用这些价值观去对社会现象、校园事件进行评论,在讨论中真正做到明是非、辨真假、识善恶。瑶族农村的有权威的长者也可以做相应的工作。

要实施上面价值观教育的方法,需要适当的场所与阵地。家庭、学校、社区、社会都可以提供这样的阵地。对于不同年龄的人,应该选择不同的阵地。对于瑶族民众来说,他们主要生活于边远山区,家庭和学校是主要的阵地,社区、社会对一般人教育的机会并不多。同时,许多家庭由于家长受教育程度不高,也没能在价值观教育方面做很多工作。所以,学校教育是瑶族地区价值观教育的主要阵地,应该把价值观教育在学前教育、小学教育、中学教育、职业教育等少数民族地区人们容易参与的领域展开。

二、贴近生活:生活化的方法

增强瑶族民众对社会主导价值观的认同是瑶族价值观建设的重要内容。相对于制度化的方式就是要在学校教育中推进价值观教育,非制度化的方式要求把价值观建设与人们的日常生活结合起来,我们称之为生活化的方法。比如说,要让瑶族人树立"爱岗敬业"的价值观,其基本前提就是要让人们有"岗"、有"业",否则一切都无从谈起。真正有机会进入学校教育体系的少数民族群众无论是人数上、还是年限上都非常有限,这也从客观上使制度化的方式在价值观建设方面具有较大的局限性。而

171

生活化的方法则能让人们突破人数与时间的这种局限。

通过生活化的方法实现价值观建设,主要有两个具体途径:一是使人们生活保持原有形式,增加社会主导价值观的新内容;二是增加人们新的生活内容,并同时用适应时代发展潮流的价值观引导他们参与到这些新的生活之中。

第一种方法,就是要保持瑶族民众原有的家庭活动、家族活动、民间祖先祭祀活动、民间文艺活动、民间农事活动、民间宗族活动等的基本形式,在活动中增加社会主导价值观的内容。2008年8月笔者到都安县调研时,专门对都安县文联的蓝某某老师进行了访谈,到民族事务局查阅了相关文献资料。现将调研个案介绍如下。

个案1 家庭中的价值观灌输(根据调研材料整理)

通过访谈,都安瑶族自治县文联的蓝某某老师介绍了当地瑶族家族价值观教育的情况。都安布努瑶家庭中大人给小孩经常灌输一些价值观,形成了一些俗语。瑶族地区许多家庭都会采用这种方式对小孩从小就不断灌输他们所推崇的价值观,言传身教是其价值观传承的基本方式,这种方式能用青少年最容易理解的生活化语言进行价值观表述和传承。

个案2 生活禁忌中的价值观教育(根据调研材料整理)

生活禁忌是瑶族价值观教育的有效途径。提倡什么、反对什么,通过规定生活禁忌就可以做到了。例如都安、大化部分布努瑶妇女坐月(妇女产后一月内休息调养)五忌:一是洗婴儿水不能泼出门外,如泼出门外,怕儿子长大不听管教,而且到处流浪(提倡:不让自己的孩子流浪);二是做婴儿衣服时,衣袖一定要长过手两寸,否则孩子长大后变成盗贼,所以民间哪家孩子爱偷爱摸,人们总说他"因为你妈坐月时没包好你的手"(反对:偷摸行为);三是坐月的妇女不能在堂屋(大厅)内坐,而且要有专门的凳子,不能随意坐别人的凳椅(提倡:尊重别人);四是洗刷婴儿的屎尿片后不能晾晒在过道上,而且晒的片子不能高过人头,这是对过路人、对老人的尊重(提倡:讲卫生,尊重陌生人、老人);五是坐月妇女吃饭的餐具一定是专用的,而且吃饭时要独自在内房里。如要别人陪吃则只准家婆陪着吃(提倡:尊重家婆)。可见,瑶族人通过禁忌达到了价值观教育的目的,生活禁忌有利于瑶族价值观的传承。

这些家庭生活中靠言传身教、不断重复的价值观传承,其方式是生活化的,其内容如果能以社会主导价值观来进行改进,这一定是十分有效的,这也与上面提到的自然认同相似。在瑶族文学文艺生活方面,则可以引导当地文化人创作一些与社会主导价值观相应的作品,让人们在有空闲时能听到一些通俗易懂的小故事,就像"守株待兔""刻舟求剑""狼来了"等寓言一样,通过人们喜爱的小故事来进行价值观教育。在宗教仪式活动中,如"度戒"仪式中道德教育部分的"十戒"如果能与"八荣八耻"相结合,其实就是把否定性戒律"十戒"变为"十八戒",把肯定性戒律"十问"变为"十八问"(原来瑶族"度戒"仪式中的"十戒"内容参见本书第三章,"十问"内容一般如下:一问"洪水激荡",请你去不去? 二问"黑风暗雨",请你去不去? 三问"猛虎拦路",请你去不去? 四问"深更半夜",请你去不去? 五问"急救病灾",请你去不去? 六问"毒蛇拦路",请你去不去? 七问"翻山越岭",请你去不去? 八问"贫贱苦家",请你去不去? 九问"过河渡海",请你去不去? 十问"当坛受戒",请你去不去?[①])。当然,这种增加内容的具体做法只有当地人进行这方面的创作并实践,才能够有效进行。

第二种方法,就是要增加瑶族民众的生活内容,这主要依靠外界因素的介入。国家每年都有相应专项经费用于扶贫开发,如果瑶族民众能够对资金的使用拥有一定的发言权,那是最好的增加瑶族民众参与到政治生活、经济生活内容的直接办法。如何实行这种方法呢?

社会学里的参与式发展理论可以给我们以启发。20世纪60年代以后逐步形成的参与式发展理论是一种微观发展理论,它强调尊重差异、平等协商,在"外来者"的协助下,通过社区成员的积极、主动的广泛参与,

---

① 参见盘国会、盘艳明:《论瑶族古籍》,张有隽、玉时阶总主编:《瑶学研究——非物质文化遗产保护与传承》第6辑,香港展望出版社2008年版,第238—239页。

实现社区的可持续的、有效益的发展,使社区成员能够共享发展的成果。参与式发展的基本原则是:建立伙伴关系;尊重乡土知识和群众的技术、技能;重视项目过程,而不仅仅看重结果。"参与式"的理解主要有以下几个方面:其一,参与式是人们相互间的一种自愿贡献。其二,在农村发展中,参与式就是让人民自主参与项目的决策、实施、利益分配及监督和评估。其三,社区的参与意味着社区人们有权力和责任参与揭示自身的问题,指出自身的需要,评估自身的资源,并找出解决问题的办法。其四,参与式就是组织起来,通过自身努力,形成有效的控制和创造;强调当地人的参与,由外来者协调和帮助。促进当地人进行调查和分析,分享调查和分析的结果,达到使当地人自我分析、作出计划和采取相应的行动。"参与式发展"的思想核心就在于:强调了发展过程的主体是积极、主动的人,只有人的发展在项目实施过程中得到强化,这种发展才是可持续的、有效益的发展。①

以这个理论为指导,可以使得瑶族民众在扶贫开发中真正发挥主体作用,让瑶族民众在项目分析、项目决策、项目实施、项目监督、项目评估整个过程全程参与,共享项目利益或共同承担项目损失,这个过程对于瑶族民众来说就是直接参与到项目中,这是增加瑶族民众参与政治生活、经济生活的最为直接有效的办法。

三、借助传统:利用瑶族特有的传统方式培育新的价值观——以"度戒"仪式为例

瑶族传统文化中的一个最为重要的闪光点是"度戒"仪式,这个仪式的过程也是瑶族人价值观传承的过程,不过这一过程是历来瑶族人传承其传统价值观的。如果认真研究这一特殊的仪式,它同样可以用来培育现代价值观念,充分利用民间的文化资源推进瑶族地区的价值观建设。

张泽洪认为,瑶族"度戒"仪式,又称为度身、度法、过法、斋刀等,是

---

① 参见李小云:《谁是农村发展的主体》,中国农业出版社1999年版,第23—27页。

瑶族青年男子必经的宗教仪式①。瑶族人对于下一代能否了解祖先历史,品行是否端正,能否通晓各种待人接物的礼仪,能否举行各种宗教仪式活动祭祀祖先和神灵等,认为是至关重要的事情。据学者介绍,瑶族的每一个男子通常在15岁都要举行一次"度戒"仪式,最大的一般不超过25岁,26岁就超龄了,没有资格参加"度戒";经过"度戒",取得了法名,接受了戒律,才被正式承认为成年人的成员,编入瑶族的族籍,列入族谱的名册,否则被认为不是"瑶家"的人,没有社会地位。② 不同支系、不同地区的具体仪式会有所不同,但在传承瑶族传统价值观这一点上是共同的,尤其是其中的道德戒律内容一般都比较接近(如戒律的来源、戒律的数目、戒律的条款内容、戒律的功能没有太多不同)。下面以广西十万大山瑶族"度戒"为例(张泽洪研究道教文化在瑶族中的传播调查到的情况)对利用瑶族特有价值观的培育方式进行介绍。

(一)"度戒"的具体过程

这个仪式的过程一般要进行3—7昼夜,具体天数一般因家庭的经济条件不同而有所不同。但是,整个过程一般会包括下面几个主要的环节。③

一是聘请道公和师公。这是准备阶段,也是第一个环节。在瑶族的宗教观念中,包括有本民族的原生信仰,也受道教的影响,所以"度戒"中又有"度道"和"度师"两种形式,但一般是两戒一次性同度,所以要分别请道公和师公,这些道公和师公往往由瑶族当地人当中学识渊博、有教养的长者来担任。④

二是投坛。这种是仪式开始的环节。"度戒"之前,男子的父母一般

---

① 参见张泽洪:《瑶族社会中道教文化的传播与衍变——以广西十万大山瑶族度戒为例》,《民族研究》2002年第1期。

② 参见赵廷光:《瑶族祖先崇拜与瑶族文化》,中央民族大学出版社2002年版,第104页。

③ 参见张泽洪:《瑶族社会中道教文化的传播与衍变——以广西十万大山瑶族度戒为例》,《民族研究》2002年第1期。

④ 参见张泽洪:《瑶族社会中道教文化的传播与衍变——以广西十万大山瑶族度戒为例》,《民族研究》2002年第1期。

会把男子送到道公家中去禁闭修身。而这个过程一般要求受戒男子过上几个昼夜的隐居生活,这个过程就被称为投坛。这期间,道公要将孩子安顿在相对比较僻静的房间进行教化。

三是搭建云台。这个环节是为举行仪式营造一个神圣的场所。度师一般会在草坪上建造一座约七尺五高的天台,这个天台一般称为"云台"。

四是装坛。这个环节是为举行仪式营造一种特殊的氛围。"度戒"要在神台前装设两扇花坛,花坛下设五道拱门,每道拱门贴有对联,对联一般用汉字写成,内容是世代相传的,其中蕴含相应的价值观内容。

五是仪式正式开始。这是整个仪式的重点环节。当师父们带着受戒男孩围云台舞蹈三圈后,师父就从台后的楼梯爬上云台,边舞边喷甘露水,象征着要将戒台洗干净。之后,道公与师公各立于楼梯两旁,念动咒语并一板一拍地由下而上指引上楼梯(过去曾为"刀梯",每一级都是用锋利的刀锋做成,男子必须赤脚从刀锋上一级一级往上爬),让受戒者在师父的引导下,每步都上左脚,慢慢爬上云台。这个过程中,受戒男子会十分谨慎、严格按照师父的指示逐步完成,这也是周围观众认为最为紧张、心惊胆战的环节,但这一环节也增强了仪式的难度及严肃性。①

六是云台上的翻滚仪式。这个环节用来表示男子将真正成为瑶族大家庭的一员,获得在族内的新生。在云台下面,九位成年男子拉紧一张藤网,网上铺有主事师父的棉被,男扮女装的师父会抱着假婴站在藤网这边。在云台上面,受戒者两臂紧抱双腿,全身卷曲,缩成一团。这时,师公道公站于云台两旁,手举法刀,口中念念有词,一声令下,受戒男子便在师父的指导下急速往后仰翻,从云台上滚落到藤网之中,这是表示受戒男子从天降生,落入天神之母腹(棉被象征母腹)。此仪式极为重要,若受戒男子落入网内仍身不散、手不松,则表明翻滚仪式成功,师父们便将男孩

① 参见张泽洪:《瑶族社会中道教文化的传播与衍变——以广西十万大山瑶族度戒为例》,《民族研究》2002 年第 1 期。

扶起,轮流给他喂上一口糯米粑。若受戒男子落入网内便两手松脱、四肢朝天,就说明翻滚仪式不成功而成为一件终身憾事。①

七是受戒。翻滚仪式完成后,师父们又带领受戒男孩围云台舞蹈三圈后回到堂屋外,让其跪听师父朗诵贴在门旁的榜文,以阐述家中的经济情况及父母养育之恩等。这也是一种对男子进行的价值观教育(要学会感恩)。

八是度道。榜文读完,受戒男孩就步入堂屋中央,三拜祖先后坐下,进行"度道"仪式。首先,师父们敲锣打鼓围着受戒者边唱边跳。跳完后,师父拿来一把木梳和三枚铜钱,由道公将三枚铜钱用线拴在受戒男孩的头顶上成三角形。然后用木梳给他梳头,若梳东方就面向东,若梳西方就面向西,共梳四个方向。梳完头,道公含上一口酒(或水)喷在男孩头上,口中念念有词,另外三位师父便分别用剪刀剪下拴着铜钱的三束头发。铜钱落地,要马上检验"铜钱封"的结果(即看哪面朝上),以确定"度戒"的吉利程度(分大吉、吉和小吉)。受了"度戒",师父们便给受戒者戴上红顶(即头御),转三转以示完成。然后,将两卷戒文(瑶语称为"阴阳碟")重合在一起,放在一张小方桌上,边打开边向受戒者朗读,共有十大戒②:第一,不得冒犯盘王祖先。第二,不得骂天地日月星辰。第三,不得杀人放火、枉杀无辜。第四,不得隐经瞒教。第五,不得贪财恋色、调戏妇女。第六,不得嫌贫爱富。第七,不得辱骂师友。第八,不得怠慢父母。第九,不得拦路抢劫。第十,不得成师就忘了师恩。以上十大戒,根据支系的不同,可能顺序稍有出入,但内容基本一致。这是仪式中价值观教育最重要的一个环节,一般全村的人都尽可能来观看。

受戒者对十大戒必须无条件接受,戒文一式四份,分别盖上"三清道公印"和"三元师公印"、按上师父和受戒者本人的手印。然后,当堂烧毁

---

① 参见张泽洪:《瑶族社会中道教文化的传播与衍变——以广西十万大山瑶族度戒为例》,《民族研究》2002 年第 1 期。

② 参见张泽洪:《瑶族社会中道教文化的传播与衍变——以广西十万大山瑶族度戒为例》,《民族研究》2002 年第 1 期。

一份,两位师父(道公和师公)各留一份,受戒者终生留存一份,直到将来去世之时置于胸部随棺而葬,表示到了阴府还要进行对照检验。接着,接受"度戒"的男孩方可抬头看天。这时,屋内歌声四起,师父们领着受戒男孩载歌载舞,当歌舞达到高潮时,主事师父便发出"哦嗬"的吼声,于是,安排在一旁伴唱的歌男歌女便顿住歌声,纷纷抓起五谷撒向舞场中央,以示祝贺。①

九是送神仪式。这主要是禀告临坛就位的天庭地府诸位神灵撤班退位。受戒后,师父要为弟子取戒名。

到此,"度戒"仪式的全过程就结束了,受戒者完成了其"成人礼"仪式。

(二)"度戒"过程的价值观传承

"度戒"过程,体现了瑶族文化传承机制中传承主体、传承客体、传承内容、传承活动四大因素的有效运作,同时也是瑶族价值观传承机制有效运作的典型例子。

在这一仪式中,传承主体是七位师父;传承客体是接受度戒者;传承的内容主要包括族规族礼、宗教礼仪、基本道德(做人不得伤天害理,天地皆有神灵,人靠天意而生,靠天意而灭,遇事不能指天骂地;要尊敬老人,和老人同行时,天晴要跟在后面,天阴要走前面,帮老人开路打露水;为人要勤劳,不贪懒,不占人便宜;不得调戏妇女,不可欺负弱小;等等)、十大戒律(不得冒犯盘王祖先、不得骂天地日月星辰、不得杀人放火及枉杀无辜、不得隐经瞒教、不得贪财恋色和调戏妇女、不得嫌贫爱富、不得辱骂师友、不得怠慢父母、不得拦路抢劫、不得成师就忘了师恩);传承活动包括许多环节(煮酒择师、择定"度戒"日期、烧香拜师、基本道德教化、宗教礼仪教诵、技巧训练、叩拜祖先、动鼓开坛、静坐、云台上的翻滚、跪听榜文、度道、接受戒律、送神、送师)。

---

① 参见张泽洪:《瑶族社会中道教文化的传播与衍变——以广西十万大山瑶族度戒为例》,《民族研究》2002年第1期。

当然,瑶族各支系的具体情况各不相同,如十大戒律的内容就很不相同。据调查,广西十万大山山子瑶戒道的十条戒律是:

第一戒不孝敬父母,第二戒不忠,第三戒杀生,第四戒淫邪,第五戒偷盗,第六戒粗暴和贪婪,第七戒欺骗,第八戒骄傲,第九戒不义和无节制,第十戒轻浮。①

不管戒律的具体内容是什么,它都承载了瑶族成人仪式中的传统价值观,"度戒"活动十分成功地完成了对这些价值观的代代传承。这也体现了瑶族价值观传承的民族特色。

"度戒"仪式对接受度戒者来说具有调适心理的功能,这一仪式使年轻人的社会身份发生转变,促使接受度戒者修改自己的心理行为模式,以适应瑶族社会赋予他成人的责任与义务,这就是"度戒"所体现出的重要功能。"度戒"仪式还具整合瑶族社会的功能,它对加强社群关系、整合社会群体的重要性体现在:这不仅是接受度戒者个人的仪式,全村寨成员也成为仪式的对象,瑶人集体参与以接纳社会新成员,通过"度戒"仪式的伦理教育,教育年轻人如何做人,达到整合瑶族社会的效果。②

可见,这种方式的价值观传承本身是与瑶族社会中个体成长与群体存活紧密相关的,这一方面保证了参与者在仪式中的虔诚性,另一方面又保证了价值观传承的神圣性,使得这样的传承能产生持续和久远的影响。

(三)利用"度戒"仪式进行价值观教育

我们也应该看到,这十大戒律中所承载的价值观还是十分传统的、内容不丰富,基本不涉及经济生活、政治生活等领域。但是作为瑶族价值观传承机制的实例,它又是十分典型的,正是通过这一仪式使瑶族传统价值观能够在瑶族人的生活中产生积极作用,维系了瑶族人的社会整合和生生不息。

---

① 参见张泽洪:《瑶族社会中道教文化的传播与衍变——以广西十万大山瑶族度戒为例》,《民族研究》2002 年第 1 期。

② 参见张泽洪:《瑶族社会中道教文化的传播与衍变——以广西十万大山瑶族度戒为例》,《民族研究》2002 年第 1 期。

许多民族都有类似的成年礼,但一般都没有瑶族"度戒"仪式那么漫长、庄严。在调研中我们发现,"度戒"仪式中的价值观教育,远远比一般中小学学校进行的价值观教育更具有效性和影响力。瑶族价值观建设可以充分利用这一价值观传承的特色和优势。如果能把"度戒"仪式中有关价值观传承的形式保存下来,而对其价值观的内容进行现代转换,那就可以实现这一点。

例如,"度戒"之前的投坛阶段,师父便将徒弟带到火塘边坐下进行教化(对男子进行价值观教育)的内容作部分改进,这可以使男子在较为神圣的宗教仪式中接受价值观教育。即把原有的内容部分地增加适应时代特点的价值观,如:爱国守法、明礼诚信、团结友善、勤俭自强、敬业奉献;以热爱祖国为荣、以危害祖国为耻,以服务人民为荣、以背离人民为耻,以崇尚科学为荣、以愚昧无知为耻,以辛勤劳动为荣、以好逸恶劳为耻,以团结互助为荣、以损人利己为耻,以诚实守信为荣、以见利忘义为耻,以遵纪守法为荣、以违法乱纪为耻,以艰苦奋斗为荣、以骄奢淫逸为耻。"度戒"的其他环节也同样可以进行价值观的变更或者扩充。瑶学研究者徐祖祥在其《瑶族的宗教社会》一书中,对"度戒"过程所传承的价值观内容随各地方特点而有较大的可变性进行了论述,这说明人们是会根据时代需要对"十戒"的内容进行改变的,这说明"十戒"的具体内容是可以与时俱进的。

当然,至于如何增减、增减什么内容的具体操作,这些工作应当引导当地长者逐步改进才能真正实施。这也是尊重瑶族价值观传承传统、推进瑶族地区价值观建设的重要方法。

四、动员社会:以提高瑶族人的素质为目标,用具体措施加强瑶族价值观建设

人的素质,是指人的自然属性、社会属性和精神属性三个方面表现出来的相对稳定的品质和质量,它是历史的产物,与人所处的一定的社会制度和历史条件相联系。人的素质的构成要素是多层次、多侧面的,包括思想道德素质、科学文化素质、健康素质、政治素质、能力素质和心理素质等。在现阶段，提高人的素质就是实现传统的人向现代的人的转变，使之与现代社会相适应。要实现传统的人向现代的人转化，一方面要使人的社会性得到加强，使个人更多地参与各种经济活动、政治活动、文化活动和社会活动；另一方面要让人的个性得到提升，使个人能在各种经济活动、政治活动、文化活动和社会活动等实践活动中更具自觉能动性、创造性和自主性。只有瑶族人的社会性得到加强、个性得到提升，瑶族人才能更快地适应由传统社会向现代社会的转变，其经济活动、政治活动、文化活动和社会活动才得到适应现代社会发展的价值观的指导。由于瑶族人一般居住在边远山区，主要以农业谋生，提高人的素质对瑶族来说主要是提高少数民族农民的素质。由于各种原因，这并不是一个容易的过程。

我国近些年来对"三农"问题十分关心，出台了相当多的政策和措施。2009 年的中央一号文件(《中共中央　国务院关于 2009 年促进农业稳定发展农民持续增收的若干意见》)重点关注"三农"问题，这是中央从 2004 年以来第六年将一号文件的焦点放在"三农"问题。把这些政策措施结合到瑶族价值观建设中来，有利于调动更多资源推进瑶族价值观的建设。"三农"问题是以农民为主体、以农村为地域、以农业为纽带相互交织为一体的农民、农村、农业问题的总称。主要表现为：农村经济十分落后，城乡居民收入差距越来越大；农村市场发育严重滞后，农产品商品率极其低下，产供销体系没有建立，资源配置无法优化；农村人口众多，劳动力严重过剩；城乡居民在经济、政治、社会、文化上两极分化严重，形成城乡二元社会经济结构，造成城乡居民在基本权利和根本利益上的巨大差别；农村教育水平十分低下，社会保障制度没有建立，干群关系比较紧张，影响农村社会稳定。① 农民问题是"三农"问题的关键，而农民素质的提高又是解决农民问题的关键，也是加强以农民为主的瑶族地区价值观建设的关键。大量的农民，素质不高就会成为巨大的人口负担、造成人口

---

① 参见万树：《"三农"问题的现状、原因与对策透析》，《农村经济》2004 年第 1 期。

压力;相反,提高农民素质,加大对农民的人力资源开发,将会形成人力资本,同时提高农民消费水平从而拉动我国内需,活跃农村市场,这对我国缓和当今世界经济由于金融危机带来的经济发展放缓大势有积极意义。

瑶族地区民众主要是农民。瑶族价值观建设要以提高瑶族农民的素质为基础,才能使瑶族民众的价值观从传统向现代转化。要达到这样的目的,就应该有具体的措施,以下结合国家各级政府的政策走向,分别从农村教育体系、农村公共服务体系和农村精神文明建设三个方面应该采取的具体措施提出几点建议。

(一)健全和完善农村教育体系

2003 年 9 月,全国农村教育工作会议作出的《国务院关于进一步加强农村教育工作的决定》中指出:"农村教育在全面建设小康社会中具有基础性、先导性、全局性的重要作用。发展农村教育,办好农村学校,是直接关系 8 亿多农民切身利益,满足广大农村人口学习需求的一件大事;是提高劳动者素质,促进传统农业向现代农业转变,从根本上解决农业、农村和农民问题的关键所在;是转移农村富余劳动力,推进工业化和城镇化,将人口压力转化为人力资源优势的重要途径;是加强农村精神文明建设,提高农民思想道德水平,促进农村经济社会协调发展的重大举措。必须从实践'三个代表'重要思想和全面建设小康社会的战略高度,优先发展农村教育。农村教育在全面建设小康社会中具有基础性、先导性、全局性的重要作用。"[1]这一政策得到了各地方政府的积极响应。后来广西根据地方实际,出台了《广西壮族自治区人民政府贯彻落实国务院关于进一步加强农村教育工作的决定的意见》,其中强调"农村教育在全面建设小康社会中具有基础性、先导性、全局性的重要作用"的同时,还特别从广西的实际出发,指出:"我区农村教育工作基础薄弱,如果不奋起直追,则会拖延我区全面建设小康社会的步伐,进而影响全国实现小康目标的

---

① 国务院:《国务院关于进一步加强农村教育工作的决定》(国发〔2003〕19 号),中国政府网,2008 年 3 月 28 日,见 http://www.gov.cn/zhengce/content/2008-03/28/content_5747.htm。

进程。全区各级人民政府必须从实践‘三个代表’重要思想、加快富民兴桂新跨越步伐和全面建设小康社会的战略高度，优先发展农村教育”。关于农村教育的特殊地位，有关文件专门提到：“农村教育在构建具有中国特色的现代国民教育体系和建设学习型社会中具有十分重要的地位。农村教育面广量大，教育水平的高低关系到各级各类人才的培养和整个教育事业的发展，关系到全民族素质的提高。农村学校作为遍布乡村的基层公共服务机构，在培养学生的同时，还承担着面向广大农民传播先进文化和科学技术，提高农民劳动技能和创业能力的重要任务。发展农村教育，使广大农民群众及其子女享有接受良好教育的机会，是实现教育公平和体现社会公正的一个重要方面，是社会主义教育的本质要求”。① 广西壮族自治区人民政府则根据国务院文件要求，分析了广西的情况：“我区在人口众多、经济社会发展水平不高的条件下，经过广大干部群众的艰苦奋斗，实现了基本扫除青壮年文盲的目标，覆盖人口 71.12% 的地区基本普及了九年义务教育，农村义务教育管理体制改革取得了突破性进展，为提高劳动者素质，推动我区经济社会发展作出了重大贡献。但是，我区农村教育基础薄弱，质量不高，发展不平衡，城乡教育差距较大，教育为农村经济社会发展服务的能力不强。在新的形势下，我们必须进一步增强责任感和紧迫感，将农村教育作为教育工作的重中之重，通过发展农村教育，把我区沉重的人口负担转化为人才智力资源优势，更好地适应加快富民兴桂新跨越步伐，全面建设小康社会的需要”。这说明了广西地方政府已经认识到农村教育在全面建设小康社会中的重要意义。结合《广西壮族自治区人民政府贯彻落实国务院关于进一步加强农村教育工作的决定的意见》提出的政策安排，为了加强民族地区尤其是偏远山区的农村教育工作，建议采取以下措施。

第一，教育经费应有保障，政府要增加对农村教育的投入。一是落实

---

① 国务院：《国务院关于进一步加强农村教育工作的决定》（国发〔2003〕19 号），中国政府网，2008 年 3 月 28 日，见 http://www.gov.cn/zhengce/content/2008-03/28/content_5747.htm。

教育事业经费的保障制度。自治区、市县和乡镇各级政府应在财政预算内保障用于农村教育的资金,并且应该使该项资金逐步增长,增长幅度要高于财政性经常收入的增长,并使在校学生的平均教育费用逐步增长,要建立健全制度,规范相关经费管理,保证专款专用。为保证地方教育事业发展,民族地区的农村教育费用除国家拨款外,地方机动财力中应有相当比例用于教育;乡镇财政收入应主要用于办好教育;对农民征收的教育费附加所得,要保证用于教育,用于改善乡村学校的办学条件,同时要严格禁止各方面向学校征收费用,减轻学校的各种经济负担。二是各办学主体要广开门路,争取多方筹集民族地区农村学校的办学经费。农村教育事业发展,除各级政府增加教育投入外,还要发挥集体、个人办学的积极性,要动员社会力量办学,鼓励支持厂矿、企业单位和农村合作集资办学,鼓励农民投资或社会力量办学。三是针对民族地区实际情况,加大对瑶族农村小学的投入,提高对瑶族适龄儿童寄宿就读中小学的补助,让瑶族农民的小孩有更多学校可选读而不必每一天翻山越岭上学,解决民族地区孩子上学难的问题。

第二,教师是农村教育的关键,应提高农村教师的经济社会地位。农村教育发展,直接依赖于一支高素质的教师队伍,但农村教师素质较低、数量又少,每年还有不少教师流失,构成对农村教育的现实威胁,造成这一问题的主要原因是农村教师的经济和社会地位不高。各级教育行政管理机构要着力想办法提高农村教师的经济社会地位,改善农村教师的工作条件、生活环境,广泛提倡尊师重教的良好风尚,吸收优秀人才从事农村基础教育。对教师的工资,要加强"以县为主"的管理体制,通过县级财政管理、县级财政统筹发放、加大财政转移支付力度等方法,从根本上解决拖欠瑶族农村教师工资问题,解除广大农村教师的后顾之忧,调动农村教师安心从教的积极性。

第三,以提高农民素质为目标,发展农村义务教育。大力普及农村义务教育,提高农民平均受教育年限,是提高农民素质的根本对策。实行义务教育是农村现代生活和现代生产的迫切需要,是提高农民素质和培养农村现代化人才的奠基工程。重点是提高学龄儿童的入学率和巩固率,特别要重视农村女童的入学率与巩固率;抓好农村初中教育的普及工作。由于初中生已经能够参加部分生产劳动经营活动,所以应特别重视稳定和提高农村初中教育的普及率与巩固率,同时坚决依法杜绝社会上雇用童工的违法行为,依法保障每个农村儿童受教育的权利。严格防止少年儿童文盲(即新文盲)的产生,在此基础上大力扫除成年人文盲。

第四,以促进民族地区适龄人口就业为导向,发展农村职业教育。应根据民族地区实际,针对适龄人口的特点开展职业教育,使这些人口能掌握一种或者多种生产技能。对于接受过一定基础教育的农民,要实行多样、灵活、开放的办学模式开展农村职业教育,把教育教学与生产实践、社会服务、技术推广结合起来,加强实践教学和就业能力的培养。在开展学历教育的同时,大力开展多种形式的职业培训,适应农村产业结构调整,推动瑶族地区农村劳动力向二、三产业转移,增加瑶族地区劳动力的流动性。

第五,加快发展农村幼儿教育、扫盲教育、特殊教育和民办教育。广西农村的幼儿教育、扫盲教育、特殊教育和民办教育发展缓慢,尤其是瑶族地区,这已经远远不能满足广大农民家庭的需求,应当加大发展力度。

换言之,就是要健全和完善农村教育体系,通过各种教育,提高农民的文化水平和科技水平,提高农民通过劳动创造更多物质财富的能力,让农民自力更生,改善其生活环境,提高生活质量,从而达到提高农民素质的目的,推动民族地区价值观建设。

(二)建立健全为农民服务的农村公共服务体系

民族地区的农村公共服务体系对于社会主义新农村建设具有十分重要的意义。目前我国城乡差距的重要体现之一就是公共产品上的城乡差距较大。农村公共产品的普遍短缺,已严重制约了农村尤其是民族地区的发展,也是制约农民素质提高的主要因素之一。农村公共产品是指供应范围不同的农村居民消费、享用的,具有非排他性和公益性的各类物质或服务产品,涉及农村公共设施、公共事业、公共福利、公共服务等各个领域。① 具体包括:义务教育、优抚救济、社会保障、社会治安,文化、卫生、体育等社会事业,供水、供电、道路等公共基础设施,生态环境建设、环境综合整治,防灾减灾、气象、公共科技资源与服务、病虫害防治,行政、法律和社区服务等。② 农村公共服务是农村地区为满足农业、农村发展或农民生产、生活共同所需而提供的具有一定的非排他性和非竞争性社会服务,是不具备物质形态,而以信息、技术或劳务等服务形式表现出来的一种农村公共产品。改革开放以来,国家和人民的财富总量大大增加了,已经打下了一个为全民提供较好公共服务的坚实的物质基础。广西大部分农民不但解决了温饱问题,而且丰衣足食,相当一部分人的生活已经达到小康水平。但是,目前广西大多数农民都被摈弃在社会公共服务之外,大多数瑶族民众更是难以沐浴公共福利的阳光,2009 年之后有了相当大的改观。广西 2021 年全年财政收入 3027.89 亿元(比上年增长 8.1%)③,这说明广西建立健全农村公共服务体系的经济基础是具备的。

农村公共服务有生产性和消费性两大类。生产性农村公共服务主要包括:农业技术推广服务、农村水利灌溉系统、农业市场信息服务、农村交通、农业病虫害和畜禽防疫服务等。消费性农村公共服务主要包括:农村义务教育、农村公共卫生服务、农村医疗服务、农村社会保障、农村通信服务、农村文化服务、农村广播电视等媒体服务等。④ 对少数民族的农民来说,上面所列的每一项服务都是他们十分迫切需要的,这些服务也是改变这些地区人们生活水平的重要基础。

目前广西农村公共服务机构存在的问题与全国其他地方相似,主要有:一是农村公共服务供给对需求的动态反应性不强。由于行政体制改革滞后,计划体制色彩较浓,对农村公共产品的供给起决定作用的,往往

① 参见徐小青:《中国农村公共服务》,中国发展出版社 2002 年版,第 47 页。
② 参见徐小青:《中国农村公共服务》,中国发展出版社 2002 年版,第 47 页。
③ 参见广西壮族自治区统计局:《2021 年广西壮族自治区国民经济和社会发展统计公报》,2022 年 4 月 1 日,见 http://tjj.gxzf.gov.cn/tjsj/tjgb/ndgmjjhshfz/t11700299.shtml。
④ 参见徐小青:《中国农村公共服务》,中国发展出版社 2002 年版,第 47 页。

不是农村社区内部的需求,而是来自上级政府部门的收费和指令。农村公共服务供给决策程序基本是自上而下的强制性安排,农村公共服务供给以政府为主体,对来自民间方面的供给积极性调动不足,全区民间服务组织基本没有发展起来。政府这种强制性的供给制度安排,不能与农民的需求相对称,导致农民不需要的公共服务存在供给过剩现象,而农民需要的服务又远远供给不足,农村本来有限的农村公共服务资源就得不到合理的利用。二是农村公共服务机构的运行特点是管理色彩较浓、服务色彩较弱。当今县级政府农村公共服务机构的业务开展大部分是通过乡镇一级下设机构开展工作,县级机构主要是对乡级机构在业务上进行指导,布置工作内容,而乡镇级的农村公共服务机构大部分工作是搞管理,服务很少。这主要是因为财权由乡镇政府管理,人事权、事务权由上级主管局、站管理。由于乡镇政府的财权制约,农村公共服务机构不能很好地发挥服务工作。三是农村公共服务机构工作人员的专业技术水平不高。① 四是农村公共服务机构经费严重不足,许多"站"(如农技推广站)都出现无法正常运转的局面。

农村公共服务体系包括诸多方面的内容,每个地方都应该根据农民的实际需要而不断完善。从提高农民素质的角度,主要应该抓好以下几个方面的工作。

第一,建立健全农村养老保险制度。

农村人口数量是影响民族地区农民素质的一个重要因素。只有控制人口的数量,才能提高人口的质量。由于原来的计划生育政策是第一个孩子是女孩的父母还可以再生第二个小孩,而第一个孩子是男孩的父母则不可以再生第二个,这会造成男女比例失调。这实际上鼓励了没男孩户多生,也导致人口的快速增长。农民为什么会一定要生个男孩呢? 据调查,有85%的人认为是"为了年纪大时有人照顾",认为是"怕无后"的人约占10%。可见,晚年怕无人照顾是农民多生的主要原因。因此,建

---

① 参见徐小青:《中国农村公共服务》,中国发展出版社2002年版,第80页。

立健全农村养老保险制度,既能使农民晚年生活有保障,也能使农民在选择生育时更加理智,促进农民素质的提高。否则,在婚姻与生育方面,瑶族的传统价值观始终是难以改变的。

第二,建立健全农村卫生医疗保险制度。

公共卫生是人生存和发展的基本要求,是现代公民应当享有的最基本的公共产品。由于近些年来资金困难日益严重,我国原有的农村卫生保健体系已经不再发挥作用,多数农民缺医少药,许多农民家庭由于支付高昂的医疗费用而陷入贫困,部分地区农村长期存在的小病不看、中病能不看就不看、大病拖着看、重病不敢看等现象,农村因病死亡人口大大增加。农民看病就医困难,因病致贫、因病返贫问题突出。因此,建立健全农村卫生医疗保险制度,保障农民的身体健康,是提高农民素质的基本措施。一是要让广大干部群众充分认识建立健全农村卫生医疗保险制度的重要性,形成国家支持、群众参与、社会支持的政策环境。二是以保障农民基本医疗为目标,提高乡镇和村两级医疗卫生机构的软硬件水平,就近为农民提供方便、直接、优质的服务。三是要以农民重大疾病保障为重点,建立大病、重病社会统筹机制。对农民生存造成最大威胁的是一些大病和重病,这些疾病的治疗往往要花费农民数年的积蓄,有的农民甚至还要借贷。这部分医疗费用必须尽快纳入社会统筹,让全社会来负担,分散农民遭遇的健康风险,为农民分担他们难以抵御的重大疾病风险,只有瑶族民众能够较为方便地得到医疗保障,才能改变他们求助巫师、巫术治病的落后观念。四是提高管理水平,降低成本,提高资源的利用效率。如果能解决好这些问题,瑶族民众就会对各种巫师和巫术保持距离。否则,不找医师找巫师还是瑶族民众的可能选择。

第三,建立健全农村科技与经济信息服务制度。

农业生产水平的高低,直接影响农民的经济收入水平,从而影响农民的生活水平和生活质量,因此对农民素质的提高也有重要影响。提高农业生产水平,十分重要的措施主要包括:对农民进行农业科技推广、提供农村经济信息服务等。

　　随着科技的发展,农业科技逐步成为农民增收、农业与农村经济可持续发展的动力和保障。首先,政府需要大幅度增加对农业科研的投入,加快建立以政府为主导、社会力量广泛参与的多元化农业科研投入体系,形成稳定的投入增长机制。广西目前对农业科技的投入是属于低水平的,与农业科技的发展、农民对农业科技的需求是极不相称的。因此,必须加大对农业科技的投入。其次,要培养一批相对稳定的农村专业技术人员队伍。由于科研经费不足和科技体制不合理等原因,还有相当比例的农业科技人员处于闲置和流失状态。因此,应加快对农业科技力量和推广队伍的培养。在县以下基层单位和艰苦边远贫困地区工作的农业专业技术人员,给予应有待遇,以稳定其工作,充分发挥他们的作用。再次,要有针对性地邀请农业科技人员或有一技之长的乡土人才,为农民开展实用技术培训和讲座,为农民提供生产技术指导和技术咨询服务,在农业生产第一线为农民解决农业生产和经营中的实际问题。最后,要健全农业科技推广体系。另外,要加强农村人才市场建设,建立健全农村人才开发的机制和网络,及时捕捉辐射面广、经济效益高的"本土专家""田秀才"的典型,积极发展和扶持科技示范户。科技示范户土生土长,现身说法,农民易于接受。鼓励发展各种专业技术协会和民间科技组织,尊重农民的意愿、创造和选择,防止过多的行政干预。建立农村良种繁育基地以及技术咨询、技术服务等多种形式和渠道,开发农民自己的产品、技术和成果,以缩短科技成果转化为直接生产力的周期。

　　农村经济信息服务是在社会主义市场经济体制下不断提高农业综合生产能力的重要环节,是提高农业部门生产要素配置效率的有效平台。对广西瑶族的广大农民来说,气象,农作物病虫害、动物疫病及农业灾害的监测、预报、防治和处治,防汛抗旱,农产品市场信息等方面的信息是十分宝贵的,他们由于交通不便、市场意识不强等原因,对公共信息服务的需求是强烈的。因此,要建立健全农村经济信息服务制度。首先,要形成专业性强的信息收集与整理网络,为农民专门收集对农业生产具有重要意义的信息,并进行必要的处理,使之成为农民容易接受和理解的信息。

其次,要完善信息发布与服务系统,通过简报、墙报、广播、电视等,向广大农民及时发布信息,并做好咨询答疑等相关服务工作,为农民提供生产技术指导和技术咨询服务,解决农业生产和经营中的实际问题。让科学为瑶族农民服务,是让瑶族树立"以崇尚科学为荣、以愚昧无知为耻"观念的最有效途径。

(三)开展各种文明创建活动,推进农村精神文明建设,引导瑶族民众认同与现代社会相适应的价值观

农村精神文明建设的主要目标是:提高农民素质,增强农民对建设社会主义新农村这一目标的价值认同,帮助农民树立与现代文明相适应的价值观念,逐步在农村形成和谐的人际关系、良好的社会秩序,以及积极、文明、健康、向上的生活方式,在农村开展各种形式的道德建设活动,如:争创文明家庭、文明村、文明乡镇等。要从新时期农村工作的实际出发,坚持贴近实际、贴近生活、贴近群众,采取许多行之有效的措施,大力加强改进农村的精神文明建设,在各种文明创建活动中加强瑶族民众对我国主导价值观的认同。

第一,要加强农村宣传工作,认真贯彻落实党和国家的路线、方针和政策,使"生产发展、生活宽裕、乡风文明、村容整洁、管理民主"社会主义新农村建设的目标要求更广泛地被农民所知道和认同,并把农村全面建设小康社会的实践作为团结农民、教育农民、服务农民、提高农民素质的桥梁,充分发挥农民的自主意识、主动性、积极性和创造性。

第二,要在瑶族地区逐步消除求神问卜、打卦算命的迷信风气。每逢瑶族传统节日、庆典和纪念日,开展形式多样的文化娱乐活动,不仅邀请文艺团体到瑶族村镇演出,还要组织瑶族地区的党员、团员、村干部、民众自编自演一些短小精悍、反映农村新人新事、有乡土生活气息特点的小节目。以文明健康新风尚占领瑶族农村的思想阵地,把农民引导到学文化、学科学的道路上来,培育瑶族民众崇尚科学的理念,用社会主义荣辱观引领社会主义新农村的新风尚。

第三,要高度重视思想道德方面的建设,始终把培育和弘扬伟大的民

族精神作为重要任务,把引导农民解放思想作为重要内容,挖掘农村的传统美德,使"爱国守法、明礼诚信、团结友善、勤俭自强、敬业奉献"基本道德规范家喻户晓,深入人心,倡导与社会主义市场经济相适应的社会主义新风尚,解决农民的精神贫困问题。引导农民解放思想、更新观念、了解政策、热爱祖国。基层领导干部应当在为人民服务上下功夫,多为瑶族群众办好事、办实事,在解决实际问题中解决思想问题。

第四,要村内村外一起抓,把农村内部的精神文明建设与外部的精神文明建设结合起来。在瑶族农村内部主要引导农民开展创建文明户、文明村的活动,改善农村环境、增强服务和造福农民的能力。从外部来说,主要是着眼于统筹瑶族地区城乡经济社会发展,大力开展城乡共建、居民共建、三下乡、农村支教、送温暖献爱心等活动,引导全社会的力量关心和支持农民,为农民多办好事、多办实事,在共建中传播先进文化,把适应新形势的价值观通过各种文明创建活动深入人心。

第五,要加强农村法制宣传教育工作,提高瑶族民众的法律意识。只有加强农村法制宣传教育工作,提高农民的法律意识,才能使农民能够通过法律手段处理矛盾,促进农村社会的法治化进程,引导人们对法律制定、法律实施的价值认同,正确认识瑶族传统习惯法与我国现行法律的关系,让瑶族民众知法、懂法、守法。

五、民族地区价值观建设的前景

马克思和恩格斯在《共产党宣言》中指出:"资产阶级,由于开拓了世界市场,使一切国家的生产和消费都成为世界性的了。使反动派大为惋惜的是,资产阶级挖掉了工业脚下的民族基础。古老的民族工业被消灭了,并且每天都还在被消灭。它们被新的工业排挤掉了,新的工业的建立已经成为一切文明民族的生命攸关的问题;这些工业所加工的,已经不是本地的原料,而是来自极其遥远的地区的原料;它们的产品不仅供本国消费,而且同时供世界各地消费。旧的、靠本国产品来满足的需要,被新的、要靠极其遥远的国家和地带的产品来满足的需要所代替了。过去那种地方的和民族的自给自足和闭关自守状态,被各民族的各方面的互相往来和各方面的互相依赖所代替了。物质的生产是如此,精神的生产也是如此。各民族的精神产品成了公共的财产。民族的片面性和局限性日益成为不可能,于是由许多种民族的和地方的文学形成了一种世界的文学。"①这些批判资本主义的论述,精辟而深刻地分析了原来相对封闭的民族在市场经济冲击之下的前途和命运,其中还强调了精神领域。这其实也说明,像瑶族这样历史上相对封闭的民族,在"自给自足和闭关自守状态"被"各民族的各方面的互相往来和各方面的互相依赖所代替"的过程中,人们的价值观必然面临强烈冲击。

　　这种冲击,《共产党宣言》同样作了十分准确的描述:"生产的不断变革,一切社会状况不停的动荡,永远的不安定和变动,这就是资产阶级时代不同于过去一切时代的地方。一切固定的僵化的关系以及与之相适应的素被尊崇的观念和见解都被消除了,一切新形成的关系等不到固定下来就陈旧了。一切等级的和固定的东西都烟消云散了,一切神圣的东西都被亵渎了。人们终于不得不用冷静的眼光来看他们的生活地位、他们的相互关系。"②走进瑶族地区,我们可以发现:"素被尊崇的观念和见解都被消除"是一种事实或者至少是一种趋势,但人们大多数还没有能够做到"用冷静的眼光来看他们的生活地位、他们的相互关系"。换言之,瑶族民众与其他兄弟民族如汉族、壮族相比,还没有真正建立起一整套适应我们国家社会主义市场经济体制改革新形势的价值观,人们面对政治生活、经济生活、社会生活和文化生活的新变化时往往缺乏与我国主导价值观相应的坚定的价值观。例如,都安县布努瑶部分民众头脑中"国家"的概念是模糊的,他们对国家的认同是建立在"国家—我"的利益关系上,即只认识到国家必定会扶持他们,他们与国家之间更多的是一种依赖关系,在这样的基础上要进行"爱国主义"教育还是有相当大的难度。

---

① 《马克思恩格斯选集》第1卷,人民出版社2012年版,第404页。
② 《马克思恩格斯选集》第1卷,人民出版社2012年版,第403—404页。

他们有着"平等"的传统,有些地方的群众甚至习惯于平均主义,要让这种价值观转变为在社会主义市场经济体制下的"平等"价值观,也必须让他们在经济生活领域更多地平等参与、在政治生活领域有更多民主参与的机会才能够实现。人们的"香火"意识还很浓厚,试想,如果他们的老年没有保障,怎么让他们接受不生男孩的观念? 如果没有替代能源可用,怎么让他们不去山上砍柴? 如果没有其他副业,怎么让他们不养或少养山羊(山羊对于大石山区的植被破坏性很强)? 他们必须在生态保护与生活维持之间进行选择,他们有自己的价值观。在少数民族价值观建设的问题上,一定要记住梁启超先生的教导:没有新民而求新国家是"不胎而求子""蒸沙而求饭"。同理,在追求某种价值观得到认同时,必须培育这一价值观得以生长的沃土,这也就是马克思所说的"社会存在"的具体化。而加快民族地区经济社会发展,改善民族地区人民群众的生活,将是促进少数民族人民适应现代化发展形势、培育现代价值理念的基础性工作。

马克思曾说:"哲学家们只是用不同的方式解释世界,问题在于改变世界。"[①]如果只是从哲学的层面去论证瑶族人民的价值观应当如何,哪怕只是一种价值观比如"公平"也许要用去很大的篇幅,并且这也并非像笔者一样的凡人力所能及之事。即使做到了,也不过是马克思所说的"解释世界",而没有完成马克思所提倡的"改变世界"。研究瑶族的价值观,必须立足于现实,着眼于建设,期许能够在"解释世界"的同时对"改造世界"起到一定的推动作用。正如参与式发展理论揭示的一样,"外来人"相对于瑶族人而言,对瑶族价值观建设发挥作用的最好途径是让瑶族人能在其政治生活、经济生活、社会生活和文化生活中充当主人,但"外来人"应当为瑶族同胞提供一定的资金、技术、信息、咨询等支持。在这个意义上说,瑶族价值观建设必须通过瑶族生活的改善来实现。只有瑶族人民提高生活水平和生活质量,才能真正达成价值观建设的目标。

---

① 《马克思恩格斯选集》第1卷,人民出版社2012年版,第136页。

随着西部大开发、社会主义新农村建设、精准扶贫、乡村振兴战略等国家和地方相关政策推进实施,瑶族民众的生活已经逐步得到了改善。当瑶族人民过着与其他民族一样水平的现代生活时,瑶族人民的价值观建设相关问题将逐步得到解决。

当民族地区群众具备了传统与现代相统一的价值观,民族地区各族人民的明天一定会更美好!

主要参考文献

一、著作类

《马克思恩格斯选集》第 1 卷,人民出版社 1995 年版。

《马克思恩格斯选集》第 2 卷,人民出版社 1995 年版。

《马克思恩格斯选集》第 3 卷,人民出版社 1995 年版。

《马克思恩格斯选集》第 4 卷,人民出版社 1995 年版。

《马克思恩格斯选集》第 1 卷,人民出版社 2012 年版。

《马克思恩格斯选集》第 2 卷,人民出版社 2012 年版。

《马克思恩格斯文集》第 1 卷,人民出版社 2009 年版。

《马克思恩格斯文集》第 2 卷,人民出版社 2009 年版。

《马克思恩格斯全集》第 1 卷,人民出版社 1995 年版。

《毛泽东选集》第一卷,人民出版社 1991 年版。

《毛泽东选集》第二卷,人民出版社 1991 年版。

《毛泽东选集》第三卷,人民出版社 1991 年版。

《毛泽东选集》第四卷,人民出版社 1991 年版。

《毛泽东文集》第一卷,人民出版社 1993 年版。

《毛泽东文集》第二卷,人民出版社 1993 年版。

《邓小平文选》第一卷,人民出版社 1994 年版。

《邓小平文选》第二卷,人民出版社 1994 年版。

《邓小平文选》第三卷,人民出版社 1993 年版。

中央民族学院民族研究所:《马克思恩格斯列宁斯大林民族问题著

作选》(内部发行),1982 年印刷。

李德顺:《价值论》,中国人民大学出版社 1987 年版。

司马云杰:《文化价值论》,山东人民出版社 1990 年版。

赵馥洁:《中国传统哲学价值论》,陕西人民出版社 1991 年版。

袁贵仁:《价值学引论》,北京师范大学出版社 1991 年版。

王玉樑:《价值哲学新探》,陕西人民出版社 1993 年版。

胡振平:《市场经济与价值观》,上海社会科学院出版社 1998 年版。

李连科:《价值哲学引论》,商务印书馆 1999 年版。

漆玲、赵兴:《价值观导论——兼论马克思主义价值观》,天津人民出版社 1999 年版。

兰久富:《社会转型时期的价值观念》,北京师范大学出版社 1999 年版。

戴茂堂、江畅:《传统价值观念与当代中国》,湖北人民出版社 2001 年版。

刘永富:《价值哲学的新视野》,中国社会科学出版社 2002 年版。

王玉樑:《当代价值哲学》,人民出版社 2004 年版。

陈章龙、周莉:《价值观研究》,南京师范大学出版社 2004 年版。

陈章龙:《论主导价值观》,江苏人民出版社 2006 年版。

王玉樑:《21 世纪价值哲学:从自发到自觉》,人民出版社 2006 年版。

李德顺:《新价值论》,云南人民出版社 2004 年版。

王宏维:《社会价值:统摄与驱动》,人民出版社 1995 年版。

陈亚杰:《建设社会主义核心价值体系》,人民出版社 2007 年版。

杨中芳、高尚仁主编:《中国人、中国心——人格与社会篇》,远流出版公司 1991 年版。

魏秋玲:《国外青少年价值》,社会科学文献出版社 1992 年版。

中国社会科学院社会学研究所"当代中国青年价值观演变"课题组:《中国青年大透视:关于一代人的价值观演变研究》,北京出版社 1993 年版。

黄希庭、张进辅、李红:《当代中国青年价值观与教育》,四川教育出版社 1994 年版。

李银河:《生育与村落文化》,中国社会科学出版社 1994 年版。

杨德广、晏开利编:《中国当代大学生价值观研究》,上海教育出版社 1998 年版。

张书琛:《体制转轨时期珠江三角洲人的价值观》,人民出版社 2002 年版。

刘俊哲:《四川藏族价值观研究》,民族出版社 2005 年版。

万明钢主编:《多元文化视野:价值观与民族认同研究》,民族出版社 2006 年版。

赵德兴等:《社会转型期西北少数民族居民价值观的嬗变》,人民出版社 2007 年版。

石海兵:《青年价值观教育研究》,安徽人民出版社 2007 年版。

周明甫、金星华主编:《中国少数民族文化简论》,民族出版社 2006 年版。

李资源:《文明的呼唤——中国少数民族传统伦理道德研究》,广西人民出版社 2004 年版。

张有隽:《瑶学历史与文化》,广西民族出版社 2001 年版。

玉时阶:《瑶族文化变迁》,民族出版社 2005 年版。

覃乃昌主编:《广西世居民族》,广西民族出版社 2004 年版。

李萍、钟明华主编:《文化视野中的青年道德社会化》,中山大学出版社 2003 年版。

覃主元等:《大石山区的祥和村落——广西布努瑶社会经济文化变迁》,民族出版社 2007 年版。

韦标亮:《布努瑶历史文化研究文集》,贵州民族出版社 2004 年版。

宋涛等:《传统裂变与现代超越:西部大开发与西南少数民族生活方式变革问题研究》,民族出版社 2006 年版。

阿拉腾:《文化的变迁:一个嘎查的故事》,民族出版社 2006 年版。

韦标亮主编:《布努瑶社会历史》,广西民族出版社 2010 年版。

张有隽、玉时阶总主编:《瑶学研究——非物质文化遗产保护与传承》第 6 辑,香港展望出版社 2008 年版。

奉恒高主编:《瑶族通史》,民族出版社 2007 年版。

赵世林:《云南少数民族文化传承论纲》,云南民族出版社 2002 年版。

赵廷光:《瑶族祖先崇拜与瑶族文化》,中央民族大学出版社 2002 年版。

徐祖祥:《瑶族的宗教与社会:瑶族道教及其与云南瑶族关系研究》,云南人民出版社 2006 年版。

郭维利等:《盘村变迁》,民族出版社 2007 年版。

李小云主编:《谁是农村发展的主体》,中国农业出版社 1999 年版。

周建新等:《从边缘到前沿:广西京族地区社会经济文化变迁》,民族出版社 2007 年版。

张立文等:《传统文化与现代化》,中国人民大学出版社 1987 年版。

袁贵仁:《人的哲学》,工人出版社 1988 年版。

贺善侃:《当代中国转型期社会形态研究》,学林出版社 2003 年版。

陈宴清:《当代中国社会转型论》,山西教育出版社 1998 年版。

李兴武:《社会转型与人格再造》,黑龙江人民出版社 1992 年版。

罗荣渠:《现代化新论——世界与中国的现代化进程》,商务印书馆 2004 年版。

孙立平:《社会现代化》,华夏出版社 1988 年版。

孙立平:《传统与变迁》,黑龙江人民出版社 1992 年版。

孙立平:《失衡:断裂社会的运作逻辑》,社会科学文献出版社 2004 年版。

李辉:《现代思想政治教育环境研究》,广东人民出版社 2005 年版。

衣俊卿:《现代化与日常生活批判》,黑龙江教育出版社 1994 年版。

衣俊卿:《20 世纪的新马克思主义》,中央编译出版社 2001 年版。

衣俊卿:《文化哲学:理论理性与实践理性交汇处的文化批判》,云南人民出版社 2001 年版。

赵敦华:《西方人学观念史》,北京出版社 2004 年版。

郑永廷等:《人的现代化理论与实践》,人民出版社 2006 年版。

郑永廷、叶启绩、郭文亮等:《社会主义意识形态研究》,中山大学出版社 1999 年版。

郑永廷:《社会主义意识形态发展研究》,人民出版社 2002 年版。

叶启绩主编:《全球化背景下中国特色社会主义价值研究》,中山大学出版社 2005 年版。

叶启绩等:《当代中国经济与社会主义意识形态互动发展研究》,人民出版社 2010 年版。

叶启绩等:《当代中国社会主义意识形态与文化和谐发展研究》,人民出版社 2010 年版。

张小平主编:《和谐文化的理论与实践》,人民出版社 2007 年版。

张岱年:《文化与价值》,新华出版社 2004 年版。

苏国勋、张旅平、夏光:《全球化:文化冲突与共生》,社会科学文献出版社 2006 年版。

吴向东:《重构现代性:当代社会主义价值观研究》,北京师范大学出版社 2006 年版。

钟明华、任建涛、李萍:《走向开放的道德》,中山大学出版社 1994 年版。

［美］塞缪尔·亨廷顿:《文明的冲突与世界秩序的重建》,周琪等译,新华出版社 1998 年版。

［英］安东尼·吉登斯:《社会的构成》,李康、李猛译,生活·读书·新知三联书店 1998 年版。

［英］安东尼·吉登斯:《社会学》(第 4 版),赵旭东等译,北京大学出版社 2003 年版。

［德］盖奥尔格·西美尔:《社会学——关于社会化形式的研究》,林

荣远译,华夏出版社 2002 年版。

[美]马尔库塞:《单向度的人——发达工业社会意识形态研究》,刘继译,上海译文出版社 2006 年版。

[英]约翰·B.汤普森:《意识形态与现代文化》,高铦等译,译林出版社 2005 年版。

[英]大卫·麦克里兰:《意识形态》,孔兆政、蒋龙翔译,吉林人民出版社 2005 年版。

[英]C.W.沃特森:《多元文化主义》,叶兴艺译,吉林人民出版社 2005 年版。

[英]马克·J.史密斯:《文化——再造社会科学》,张美川译,吉林人民出版社 2005 年版。

[美]罗伯特·C.尤林:《理解文化:从人类学和社会理论视角》,何国强译,吉林人民出版社 2005 年版。

[美]雷迅马:《作为意识形态的现代化:社会科学与美国对第三世界政策》,牛可译,中央编译出版社 2003 年版。

[美]鲁思·本尼迪克特:《菊与刀》,黄学益译,中国社会科学出版社 2008 年版。

[美]培里等:《价值和评价——现代英美价值论集粹》,刘继译,中国人民大学出版社 1989 年版。

[美]塞缪尔·亨廷顿、劳伦斯·哈里森主编:《文化的重要作用——价值观如何影响人类进步》,程克雄译,新华出版社 2002 年版。

[英]泰勒:《原始文化:神话、哲学、宗教、语言、艺术和习俗发展之研究》,连树声译,广西师范大学出版社 2005 年版。

[英]弗雷泽:《金枝》,徐育新、张泽石、汪培基译,新世界出版社 2006 年版。

[英]安东尼·吉登斯:《现代性与自我认同》,赵旭东、方文译,生活·读书·新知三联书店 1998 年版。

[德]马克斯·韦伯:《新教伦理与资本主义精神》,于晓等译,生活·

读书·新知三联书店 1987 年版。

[德]赖纳·特茨拉夫:《全球化压力下的世界文化》,吴志成等译,江西人民出版社 2001 年版。

[英]约翰·汤姆林森:《全球化与文化》,郭英剑译,南京大学出版社 2002 年版。

[英]安东尼·吉登斯:《现代性的后果》,田禾译,译林出版社 2000 年版。

[美]詹姆斯·H.米特尔曼:《全球化综合症》,刘得手译,新华出版社 2002 年版。

[美]罗兰·罗伯森:《全球化:社会理论与全球化》,梁光严译,上海人民出版社 2000 年版。

二、论文类

张泽洪:《瑶族社会中道教文化的传播与衍变——以广西十万大山瑶族度戒为例》,《民族研究》2002 年第 1 期。

赵世林:《论民族文化传承的本质》,《北京大学学报》(哲学社会科学版)2002 年第 3 期。

秦红增、唐剑玲:《瑶族农民的生计转型调查研究——以广西大化县七百弄布努瑶为例》,《广西民族大学学报》(哲学社会科学版)2006 年第 6 期。

覃茂福:《布努瑶"密洛陀"女神崇拜的初步考察》,《广西民族研究参考资料》第 5 辑。

姚艳:《文化传承的困境——阿细跳月的个案研究》,《贵州民族学院学报》(哲学社会科学版)2006 年第 1 期。

余文武:《民族伦理的现代境遇及其教育研究——以云南、贵州、四川少数民族为例》,博士学位论文,中山大学教育学院,2005 年。

杨宜音:《社会心理领域的价值观研究述要》,《中国社会科学》1998 年第 2 期。

李德顺:《和谐文化建设需要处理好的几个关系》,《前线》2007 年第 2 期。

何颖:《以社会主义核心价值体系指导和谐文化建设》,《学术交流》2007 年第 7 期。

彭兆荣:《人类学仪式研究述评》,《民族研究》2002 年第 2 期。

祁庆富:《试论中国少数民族传统文化的价值结构》,《中央民族大学学报》(哲学社会科学版)2000 年第 1 期。

张进辅、张蜀林:《大学生的人生价值观和职业价值观及其相互关系的调查》,《心理学杂志》1989 年第 1 期。

袁贵仁:《关于价值与文化问题》,《河北学刊》2005 年第 1 期。

胡敏中:《论全球化进程中民族价值观的认同与冲突》,《宁夏社会科学》2004 年第 5 期。

刘毅:《日本人文化价值观的演进》,《日本研究》1986 年第 4 期。

刘放桐:《西方哲学近现代转型与道德和价值观的变更——对个体本位和个人主义的超越》,《天津社会科学》1998 年第 4 期。

高飞乐:《当今西方社会价值观念嬗变的后现代趋向》,《理论参考》2007 年第 3 期。

孟松林:《鄂伦春民族价值观的变化》,《民族团结》2000 年第 2 期。

孙美堂:《从价值到文化价值——文化价值的学科意义与现实意义》,《学术研究》2005 年第 7 期。

郑涌:《价值观的新课题:文化变迁中的西南民族价值观研究》,《西南大学学报》(社会科学版)2007 年第 3 期。

王军:《民族文化传承的教育人类学研究》,《民族教育研究》2006 年第 3 期。

李明锋:《全球化语境下的民族价值观之构建》,《学术交流》2006 年第 4 期。

侯阿冰:《少数民族价值观的结构、特征及变迁研究》,博士学位论文,西南大学西南民族教育和心理研究中心,2008 年。

罗国杰：《关于对传统道德批判继承的理论认识和方法原则》，《长白论丛》1997 年第 3 期。

李萍：《现代道德的传统承接：可能与实现》，《中山大学学报》（社会科学版）2004 年第 4 期。

唐贤秋：《现代化中的传统道德与传统道德的现代化》，《贵州民族学院学报》（哲学社会科学版）2004 年第 4 期。

郑晓云：《社会变迁中的傣族文化》，《中国社会科学》1997 年第 5 期。

郑晓云：《全球化与民族文化》，《民族研究》2001 年第 1 期。

黄应贵：《作物、经济与社会：东埔社布农人的例子》，《广西民族学院学报》（社会科学版）2005 年第 6 期。

满丁华：《从祝著节看民族民间文化的传承与保护——以广西巴马布努瑶祝著节为个案》，《河池学院学报》2008 年第 3 期。

玉时阶：《试论瑶族文化与瑶族族源的渊源关系》，《学术论坛》2001 年第 6 期。

黄钰：《瑶族族源新探——苗瑶同源论》，《广西民族研究》1993 年第 4 期。

彭谦：《瑶族的宗教信仰——祖先崇拜》，《黑龙江民族丛刊》1996 年第 2 期。

张涛、徐祖祥：《瑶族地区学校教育的历史发展与反思——一个山地民族教育发展的个案分析》，《西南民族大学学报》（人文社科版）2003 年第 5 期。

覃主元：《布努瑶民间法及其和谐社区秩序的构筑——以广西都安瑶族自治县下坳乡加文村为例》，《民族研究》2007 年第 3 期。

覃晚萍：《瑶族民间法的变迁及启示》，《广西民族大学学报》（哲学社会科学版）2007 年第 5 期。

李资源：《中国少数民族伦理道德的起源和发展规律研究》，《黑龙江民族丛刊》2004 年第 6 期。

石景斌：《关于都安布努瑶聚居石山山区农村教育问题的思考——

崇山等村调查观感之三》,《广西民族研究》1993 年第 2 期。

翁乾麟:《广西布努瑶经济生活管窥——兼论经济学与人类学的关系》,《广西民族研究》1991 年第 4 期。

秦红增、唐剑玲:《瑶族农民的生计转型调查研究——以广西大化县七百弄布努瑶为例》,《广西民族大学学报》(哲学社会科学版)2006 年第 S1 期。

韦秀美:《消费文化的变迁——以都安县下坳乡加文村加平队为例》,《广西民族学院学报》(哲学社会科学版)2005 年第 S2 期。

秦红增、唐剑玲:《定居与流动:布努瑶作物、生计与文化的共变》,《思想战线》2006 年第 5 期。

蓝正祥:《布努瑶的人生礼仪》,《广西民族研究》1992 年第 1 期。

叶建芳:《从原始宗教信仰看布努瑶朴实的经济思想意识——都安县下坳乡加文村原始宗教经济思想意识调查》,《广西民族学院学报》(哲学社会科学版)2005 年第 2 期。

郑威:《社会记忆:民族文学作为族群叙事文本——以瑶族创世古歌〈密洛陀〉的族群认同功能为例》,《广西民族研究》2006 年第 2 期。

罗康隆:《民族现代化道路的思考——瑶族布努支现代化历程的个案分析》,《民族论坛》1994 年第 2 期。

马世品:《少数民族现代化与传统文化的调适》,《广东职业技术师范学院学报》1996 年第 3 期。

郑永廷:《我国科学技术与社会主义意识形态面临的发展性课题》,《现代哲学》2004 年第 2 期。

叶启绩:《当代中国人的现代化发展:特点与分析》,《中山大学学报》2005 年第 4 期。

张有隽:《试论瑶族教育的历史发展》,《广西民族学院学报》1983 年第 2 期。

张有隽:《十万大山山子瑶农村公社探讨》,《广西民族学院学报》1983 年第 3 期。

索　引

附录 广西瑶族居民价值观调查问卷

尊敬的瑶族同胞：

您好！我们这项调查主要是想了解您对当今社会生活各个方面的态度、看法和观点，以及一些生活中的实际情况。这次调查是不记名的，调查的目的是用于学术研究，并且有关的调查资料将严格保密，请您不要有任何顾虑，根据自己的真实想法作答！

请您在一个问题的多项答案中，选择适合您的情况作答，并在这个答案的相应位置打上"√"号。

希望能得到您的支持与配合！

广西民族大学"广西瑶族居民价值观研究"课题组

2008 年 6 月 5 日

1. 您的性别：

(1)男 (2)女

2. 您的年龄：

(1)24 岁及以下 (2)25—34 岁 (3)35—44 岁

(4)45 岁及以上

3. 您现在的文化程度：

(1)识字很少或不识字 (2)小学 (3)初中 (4)高中或中专

(5)大专 (6)本科及以上

4. 您的婚姻状况是：

(1)未婚 (2)已婚有配偶 (3)离婚 (4)已婚丧偶

5. 您最近几个月的每月平均收入情况：

(1)300元及以下 (2)301—600元 (3)601—900元

(4)901—1200元 (5)1201—1500元 (6)1501元及以上

6. 您参加党派组织的情况：

(1)中共党员 (2)民主党派 (3)没有参加任何党派

7. 您现在从事的工作(职业)：

(1)国家公务员 (2)学校教职工 (3)企业员工 (4)在校学生

(5)农林牧及养殖业 (6)个体户 (7)商业、服务业人员

(8)军人 (9)其他职业

8. 您现在(工作或学习)居住所在地是：

(1)县城 (2)乡镇上 (3)农村 (4)都安县之外

9. 你对与自己利益相关的某项政策有不同意见时,是否想表达自己的意见？

(1)想 (2)不想 (3)看情况而定

10. 您认为现在政府官员(干部、公务员)与普通公民(群众、老百姓)之间的关系是：

(1)政府官员是公仆,公民是主人

(2)政府官员是主人,公民是仆人

(3)政府官员是"父母官",普通公民是"子民"

(4)平等关系,只是分工不同

(5)说不清楚

11. 您认为政府在制定法规时应当以什么为依据？

(1)领导人的批示 (2)宪法和人大颁布的有关法律

(3)公众的意见 (4)政府的需要 (5)其他

12. 您认为衡量一个国家或地区好不好的最重要的标准是什么？

(1)经济实力 (2)人均收入 (3)贫富差距 (4)社会公平

(5)社会安定 (6)个人权利与自由有充分的保障 (7)其他

13. 您对下列各方面状况的满意程度如何?

满意程度:(10—0,从高到低,请在相应框内打√)

代码	分数 评价内容	10	9	8	7	6	5	4	3	2	1	0
(1)	赚钱机会											
(2)	物价状况											
(3)	商品质量											
(4)	贫富差距											
(5)	社会治安											
(6)	民族团结											

14. 您同意"我作为一名瑶族人十分自豪"吗?

(1)非常同意　(2)同意　(3)说不清楚　(4)不同意

(5)非常不同意

15. 您同意"如果有机会让我选择,我会选择作为其他民族的一员"吗?

(1)非常同意　(2)同意　(3)说不清楚　(4)不同意

(5)非常不同意

16. 您同意"我与其他民族一样属于中华民族的一分子"吗?

(1)非常同意　(2)同意　(3)说不清楚　(4)不同意

(5)非常不同意

17. 您同意"瑶族人应该得到国家的政策扶持"吗?

(1)非常同意　(2)同意　(3)说不清楚　(4)不同意

(5)非常不同意

18. 您是否愿意接受普法教育?

(1)很愿意　(2)比较愿意　(3)一般　(4)不很愿意　(5)不愿意

19. 您学习法律主要是为了什么?（可多选）

(1)知法守法　(2)保护自己　(3)帮助别人伸张正义

(4)出于兴趣,多了解些法律知识　(5)其他

20. 假如您受到有权力或有势力的人的伤害,您会打算怎么办?

(1)低头忍受　(2)寻机报复　(3)找人调解说情,消除或减轻伤害

(4)找政府官员解决　(5)向报社、电视台、广播、网络等媒体投诉

(6)上告法院,通过法律途径解决　(7)不知该怎么办

21. 您对西部大开发政策与扶贫政策是否关心?

(1)很关心　(2)比较关心　(3)一般　(4)不太关心　(5)不关心

22. 您对社会主义市场经济体制的看法是什么?

(1)利大于弊　(2)弊大于利　(3)利弊相当　(4)有利无弊

(5)有弊无利　(6)说不清楚

23. 有人说"金钱不是万能的,没有金钱是万万不能的",您对这种观点认同吗?

(1)认同　(2)比较认同　(3)无所谓　(4)不很认同　(5)不认同

24. 您对外地其他民族的人员在您所在的地方从事工商业活动的态度是什么?

(1)欢迎　(2)比较欢迎　(3)一般　(4)不很欢迎　(5)不欢迎

25. 您对当地人外出从事工商业活动的态度是什么?

(1)赞同　(2)比较赞同　(3)一般　(4)不很赞同　(5)不赞同

26. 您认为把钱花在什么方面比较值得? (可多选)

(1)培养子女　(2)夫妻之间　(3)关爱父母　(4)提高生活水平

(5)提高自身素质　(6)捐助公益事业　(7)供奉寺庙

(8)自己花,及时享乐　(9)储蓄　(10)投资　(11)其他

27. 如果您有多余的钱可用时,以下哪一项是您的首选?

(1)投资　(2)储蓄　(3)消费　(4)捐赠　(5)其他

28. 您曾经向银行贷款过吗?

(1)没有　(2)有过　(3)不知道可以贷款

29. 您认为社会存在收入差距是否合理?

(1)合理　(2)比较合理　(3)一般　(4)不很合理　(5)不合理

30. 人应不应该有信仰？

(1)应该　(2)不应该　(3)说不清楚

31. 您现在有没有某种信仰？

(1)有　(2)没有　(3)曾经有过　(4)不想回答

32. 如果现在您有信仰,请问您信仰什么？（如果没有信仰,本题不必作答;如有多项信仰,可多选）

(1)社会主义、共产主义　(2)儒家学说　(3)道家学说

(4)佛教　(5)伊斯兰教　(6)基督教　(7)权威或道德典范

(8)什么也不信　(9)其他

33. 您认为下面的哪些道德是最值得提倡的(请选择其中的 3 项)？

(1)忠诚祖国和社会主义现代化事业

(2)对社会和他人有较强的责任感

(3)乐于接受新事物　(4)为人正直　(5)尊重他人、宽以待人

(6)乐于助人　(7)坚定自己的信仰　(8)适当克制自己

(9)积极进取

34. 您认为下列行为中哪几项是最不道德的(请选择 3 项)？

(1)说话不算数　(2)破坏公物　(3)随地吐痰　(4)偷盗

(5)拾到财物自己占有　(6)办事排队时插队

(7)路见不平,袖手旁观

35. 您现在努力工作,主要的目的是什么？（可多选）

(1)光宗耀祖,为父母争光

(2)实现人生价值,不能白活一回

(3)让自己的子孙后代生活得更好

(4)自己得到利益、实惠

(5)争口气,与别人比高低

(6)使自己所从事的事业兴旺发达

(7)为国家和社会作出更多的贡献

36. 您最赞同下列哪一种生活态度？

(1)平平淡淡,顺其自然　(2)有所作为　(3)人生短暂,及时享乐

(4)一定要出人头地　(5)听天由命

37. 您认为人生幸福主要体现在哪些方面?（可多选）

(1)健康长寿　(2)精神愉快　(3)物质富裕　(4)家庭和睦

(5)人身安全　(6)有知心朋友　(7)获得权力、地位、名誉

(8)事业有成

38. 您对下列各方面社会状况的满意程度如何?（请按项目评分）

满意程度:（10—0,从高到低,请在相应框内打√）

代码	评价内容 　　分数	10	9	8	7	6	5	4	3	2	1	0
(1)	学有所教											
(2)	劳有所得											
(3)	病有所医											
(4)	老有所养											
(5)	住有所居											

39. 您对不同民族之间通婚的态度是:

(1)认可　(2)比较认可　(3)无所谓　(4)不很认可　(5)不认可

40. 在选择结婚对象时,您最看重对方的是什么?

(1)经济收入　(2)社会地位　(3)家庭背景　(4)人品　(5)外表

(6)其他

41. 您对"多子多福"怎么看?

(1)赞同　(2)比较赞同　(3)无所谓　(4)不很赞同　(5)不赞同

42. 如果小孩的性别可以选择的话,您是否更喜欢男孩?

(1)是　(2)否

43. 您认为影响夫妻感情的主要因素是什么?（可多选）

(1)爱情　(2)性生活　(3)相互理解和信任　(4)孩子

(5)经济收入　(6)社会地位　(7)孝敬父母　(8)其他

44. 您对离婚问题怎么看？

(1)如果是夫妻感情破裂,离婚是正常的

(2)离婚是一件耻辱的事

(3)离婚会给孩子带来精神痛苦,一般不要采取这种形式

(4)要看具体情况而定

45. 您与别人交朋友时,最看重对方的什么？（可选择其中的2—3项）

(1)权位　(2)钱财　(3)名气　(4)才能　(5)见识广

(6)正直坦诚　(7)讲义气、重交情

46. 您认为每个人都应该参加医保吗？

(1)是　(2)否　(3)看情况　(4)没听说过

47. 您是否赞同国家退耕还林等生态保护的政策？

(1)赞同　(2)比较赞同　(3)无所谓　(4)不很赞同　(5)不赞同

您已经完成作答了,谢谢合作!

后　记

　　本书是笔者主持完成的广西哲学社会科学后期资助项目"广西瑶族价值观研究——以都安瑶族自治县布努瑶为例"（项目编号：14HQ02）的最终成果。

　　2006年9月到2009年6月，我在中山大学春晖园807室度过了三年美好的读博生涯。本书是我在博士学位论文的基础上写成的。感谢我的博士生导师叶启绩教授对我的培养和指导！正是他，在眼睛不便的情况下坚持指导我写作论文，让我顺利完成了学业！叶老师作为中山大学马克思主义理论专业最早的几名博导之一，在学院里是以哲学功底深、富于批判精神著称。对他指导的所有学生的学位论文都能提出尖锐、深刻的问题，他对学生既严格要求又关爱有加。叶老师的主要特点可用八个字概括："真究学问，善待学生"。能成为他的学生，与他在美丽的康乐园共处三年，实属幸运。

　　"写一本书就如抚养一个孩子，需要耐心、细心、爱心"。这是叶老师的教诲。这些年来，总觉得有些地方可以改进一下，所以修改的时间比较长，从初稿完成到现在已经过了相当长一段时间了。每当想修改时，又觉得有些东西可能保持原样比较合适，心理总有些矛盾。由于当年的认识水平和资料来源的限制，部分问题的认识还有待进一步提高。

　　开展此项研究、完成这部专著，是在许多人的支持和帮助下完成的。借此机会，我真诚地对他们的付出表示感谢！

　　中山大学郑永廷教授在选题时给予十分重要的指导，促成了我对少

214

数民族价值观问题的关注;感谢中山大学周全华教授在初稿出来后提出的修改意见和建议;感谢中山大学的李萍教授、钟明华教授、李辉教授、徐俊忠教授在课堂中传授为学之道、为人之道,分享其知识与智慧。康乐园中,芳草碧绿,鸟语花香,同学情谊,终生铭记。感谢吉志鹏、张广纯、彭小兰、卓高生等来自17个省区的博士研究生同学,我们共同经历的一堂堂课、一场场学术报告、一次次学术辩论、一轮轮角色扮演游戏、一场场球赛、一次次联欢会使得在康乐园的生活多姿多彩,尤其要感谢本书每个部分完成之后的最初读者和提出修改意见者。

感谢都安瑶族自治县文联的蓝永红老师,他在年近六旬之时带领我翻山越岭,深入瑶族村寨开展调研,还专门邀请当地老年、中年两代师公分别完成了瑶族宗教仪式的唱词吟唱表演。感谢在调研过程中给予我大力支持的都安瑶族中学的陈茂双老师,感谢都安瑶族自治县有关部门领导、乡镇领导和干部、中小学老师、学生家长、村干部和村民朋友对调研的积极付出,他们也为笔者写作专著收集相关材料提供了重要的帮助。

在开展研究的过程中,我经罗宗志博士的介绍专门拜访了瑶族研究老前辈、原广西瑶学学会会长张有隽老师。在张老师长期坚守的广西民族大学瑶族研究中心,他不仅就瑶族价值观建设的相关问题进行了指导,还专门为我提供了宝贵的瑶族历史文化研究资料,这些资料对完成本书的写作具有十分重要的作用。今天,张老师已经永远地离开了,瑶族研究中心原来所在的那栋极具历史沧桑感的木楼也成为历史。

最后,要感谢我的家人和亲戚朋友给予我的无私关怀和帮助。特别要感谢我在读博期间及之后先后离世的祖母梁凤卿女士、母亲梁月英女士,因为我不能在她们生命的最后时刻尽到自己应尽的责任,我对此深感内疚和遗憾。这本书,应该献给这两位平凡而又不平凡的女士。

由于作者水平有限,书中有不足及欠缺之处,欢迎读者批评指正。

黄焕汉

2023 年 12 月 21 日